꽃 같은
원로목사

꽃 같은 원로목사

김영동

크리스챤서적

 감사의 말씀

지난 1월 중순부터 2월 중순까지, 그날들은 내게 절박한 날들이었다. 전에 경험해 보지 못한 원로목사로서의 삶을 시작한 날들이었고, 일상이 허물어진 낯선 날들이었다. 정신이 흐릿하고 넘어지며 잠을 잘 잘 수 없었다. 그러나 그것은 당위였다. 40년 8개월이라는 목사로서의 삶이 끝나고 또 다른 삶의 질서 속에 들어왔는데 왜 충격이 없겠는가. 그것 또한 한 사람이 살아가는 삶의 과정 아니겠는가.

돌아보면, 모든 것이 감사했을 뿐이다. 하나님이 감사하고 사람들이 고마웠다. 나의 지난날들은 전적 주님의 은총이었고 저는 주님을 따랐다. 그래서 행복했고 평화로웠다. 그래서 지금은 또 다른 세상을 맞고, 또 다른 차원을 살게 하신 하나님이 너무나 따뜻하고 좋다. 그래서 내가 약 한 달 동안 주로 오후 시간에 잠깐씩 나와 적은 글이 이 책이다.

인생은 누구나 노년으로 간다. 노년은 늙은 자신이 아닌 소망의 하나님이 절실한 시기이다. 그래서 더욱 믿음을 생각할 수밖에 없다. 우리는 믿음을 믿는 사람이 아닌, 그리스도를 믿는 믿음의 사람들이다. 우리는 약하다. 그래서 기도한다. 믿음의 연습으로서의 기도를 믿는 것이 아닌, 기도하면 들으시는 하나님을 믿는다. 믿음은 이념이 아닌 행동이고 삶이다. 그래서 성경에는 그토록 많은 우리 행위와 삶에 대한 말씀이 있다. 나는 그것을 원로목사나 인생의 노년과 관련하여 조금 살폈을 뿐이다. 그것을 간략하게, 필요한 만큼만, 나름대로 이 책에 설명해 적었다. 쉽게 적으려 애썼고 욕심 없이 적었다.

이 책을 쓰면서 내가 떠올렸던 많은 은퇴목사님, 원로목사님, 그리고 노년을 보내는 사람들에게 고마움을 표한다. 더러는 긍정적으로, 더러는 부정적으로 보기도 했지만 모두 내가 생각을 정리하는 데 도움이 되었다. 그리고 나의 후임 권정리 목사님과 천상제일교회 교우들께 감사를 드린다.

특히 이 책의 추천사를 써 주신 증경총회장이신 김태영 목사님과 영남신학대학교 명예교수이신 최태영 목사님께 감사를 드린다. 이 책을 출판함에 있어 힘이 되어 준 아내 공현자와 물질적 도움을 준 동서 김장훈 집사와 처제 공현옥 집사께 진심으로 고마움을 표한다.

인생은 결국 홀로이다. 그 홀로는 주님을 절대 필요로 하는 시간이다. 그래서 함께여야 한다. 누구나 주님과 함께라면 세상은 바로 서지는 것이다. 하나님은 지금도 세상을 사랑한다. 그리스도 안에서. 이 책을 접하는 사람은 하나님을 사랑하길 바란다. 예수 그리스도 안에서. 할렐루야.

2023. 3. 31.
김영동 목사

추천사 1

김태영
(백양로교회 담임목사, 증경총회장, 한국교회봉사단 대표단장)

에벤에셀의 하나님을 찬양합니다. 누구에게나 어떤 직종에 종사한 사람이든지 은퇴의 시간은 다가옵니다. 그러나 은퇴 후 어떤 삶을 살는지를 미리 예상하고 새로운 목표를 세우고 준비한다면 이전보다 더 알차고 보람 있는 이모작 인생을 살게 될 것입니다.

김영동 목사님은 저와 함께 영남신학교에서 동문수학했고, 1979년 2월에 제25기로 졸업한 영신 동기입니다. 제가 40년 이상을 지켜보았지만 김 목사님은 한결같이 목사다움을 잃지 않은 목사님입니다.

김 목사님의 목회는 설교에 가장 큰 비중을 둔 목회였습니다. 설교가 '목회의 꽃'이라고는 하지만 이는 결코 쉬운 일이 아닙니다. 혼신의 힘을 다해 준비한 설교를 최선을 다해 선포했다고 해도 자신이 설교한 대로 살아가기란 무척 어려운 일입니다. 우리 김 목사님은 설교로 성도들에게 진리를 선포하고 설교대로 살기를 힘쓴 반듯한 분이셨습니다.

음식이 시간과 함께 썩는 것도 익는 것도 있듯이 사람도 시간과 함께 변질되기도 변화되기도 합니다. 은퇴한 목사님들의 여생이 예수님을 더 가까이 모시고 주님과 여주동행(與主同行)의 낙을 누리며 이전보다 더 아름답게 완숙하여 사무엘과 같이 한국교회 후배 목사님들과 성도님들을 위하여 기도를 쉬지 않는 삶을 살게 된다면 복된 노후가 되리라고 봅니다.

　사랑하는 목사님의 저서 『꽃 같은 원로목사』의 글에는 은퇴와 함께 분리되는 목회자와 성도의 차가운 사이를 안타깝게 여기며 여전히 포근한 둥지와 징검돌로 남고 싶은 원로의 역할을 고심하며 시무 목사님들과 함께 '잡힌 바 된 것을 잡으려고 달려가는 도상의 존재'로서 서로 줄탁동시(啐啄同時) 하여 이 무겁고 귀한 복음의 사명을 끝까지 감당코자 하는 마음이 역력합니다. 저도 김 목사님의 마음에 적극 공감하며 기꺼이 이 책을 추천합니다.

2023. 3. 4.

추천사 2

최태영
(목사, 영남신학대학교 명예교수)

1. 김영동 목사님의 저술에 추천사를 쓰는 것은 저에게 기쁨입니다. 김 목사님은 제가 평소 존경하는 어른으로서, 오랜 기간 개척하고 섬긴 교회에서 원로목사로 추대되신 분입니다. 원로목사를 주제로 쓰신 책이지만, 목회와 신앙 전반에 대해서 모든 신자가 알아서 유익한 내용의 책을 저술하셨습니다.

2. 제가 김 목사님을 존경하는 이유 중 하나는 목사님이 교회를 개척하여 은퇴하실 때까지 소신 있게 목회하셨기 때문입니다. 저는 김 목사님이 분명한 목회철학을 가지고 원칙이 있는 목회를 하셨음을 익히 듣고 알고 있었습니다. 이 책을 통해서도 교회가 무엇인지, 목회를 어떻게 해야 하는지에 대한 목회 원칙이 분명하신 분이심을 확인할 수 있습니다.

3. 이제 책의 내용에 대해서 살펴봅니다. '꽃 같은 원로목사'라는 제목이 처음에 생경하게 느껴졌습니다. 원로목사는 늙은 분인데 꽃이라니, 차라리 열매라든지, 뿌리에 비유하는 것이 더 낫지 않을까 싶었습니다. 그런데 원고를 다 읽어 갈 때쯤 꽃에 비유한 것이 상당히 의미가 있음을 느꼈습니다. 꽃나무에서 제일 화려한 때가 꽃을 피울 때임을 생각하면 원로목사는 역설적으로 가장 화려한 때라는 것에 공감이 되었기 때문입니다.

4. 이 책의 내용은 김 목사님께서 원로목사가 되신 후, 지금까지의 목회와 인생을 회고하시며 신앙과 목회에 관한 전반적인 내용을 자세하게 서술한 것입니다. 11가지 주제로 이야기하셨는데, 차례대로 '노화', '영광', '겸손', '신앙', '예배', '정결', '관계', '사랑', '교회', '긍정', '소망' 등입니다. 이것은 원로목사이신 김 목사님의 마음속에 가득 들어 있는 것이 무엇인지를 보여 주고 있습니다. 책을 읽어 보면 이 주제들이 서로서로 연결되어 있음을 알게 됩니다. 목사님은 신앙과 목회라는 하나의 대상을 11개의 주제로 11번 관점을 바꾸어 가며 조명하는 형식을 취하셨습니다. 신앙이 무엇인지, 목회를 어떻게 해야 하는지, 인생을 어떻게 살아야 하는지를 11번 다른 말로 해설한 것입니다.

5. 제가 이 책을 읽으면서 특히 눈여겨본 대목은 다음과 같습니다. "내가 하나님을 믿는 것보다 하나님이 나를 믿도록 믿어야 한다." "하나님은 우리의 3인칭이 아닌 2인칭이다. 하나님을 그로 보지 말고 당신으로 보아야 한다." "노년에 이르면 살 날이 얼마 되지 않는다고 직감하지만, 영원히 살 날이 우리 앞에 기다린다. 지난 세상 지난 가치보다 오고 있는 하나님의 나라와 그 가치에 준해 오늘을 살아야 한다. 영원히 살 날을 소망한다는 것은 지금 여기에 맞추는 것이 아니라 그때 거기에 맞추는 것이다." "예수님은 관계를 건설하신 분이다."

매력 없는 사람, 가치 없는 사람, 죄인에 대해 관계의 집을 지으셨다." "꽃 같은 원로목사가 되려면 꽃이 되어야 한다. 꽃이 되는 방법은 사랑이다. 주님께 대한 사랑, 사람에 대한 사랑이 진실하면 꽃이 된다." "세상에서 가장 하고 싶은 것이 성경적 교회였다. 성경이 말하는 그 교회를 만들고 싶었다. 그것이 즐거움이자 행복이었다." "예수를 닮아 가는 것을 자신의 마지막 과제로 알고 거기에 남은 힘을 쏟아붓는다. 후임을 존중하고 자신보다 교회를 생각해야 한다. 후임보다 자신이 먼저인 것은 무질서를 초래하고 교회보다 자신이 먼저라면 자신의 지난 사역을 저버리는 것이다."

6. 또 다음과 같은 말씀들은 은퇴를 앞둔 분들에게 현실적인 조언이 될 것이다. "원로목사가 사임한 교회를 더 이상 출석하지 않는 교회는 고장 난 교회이다. 교회는 원로목사의 사랑을 필요로 하고, 원로목사는 교회의 사랑을 필요로 한다. 그런 교회가 정상적인 교회요 아름다운 교회이다." "원로목사도 다른 교우와 같은 신앙생활을 한다. 만약 은퇴하였다고 다르게 한다면 그것은 그동안 진실한 목회를 하지 않았다는 증거가 된다."

7. 마지막으로 김 목사님이, 책 마지막에 쓰신 것처럼, 자유롭게 하나님만 믿는 믿음으로 공중에 나는 새들과 들에 핀 꽃들처럼 사는 '하나님의 꽃'이 되시기를 기도합니다.

2023. 3. 14.

차례

감사의 말씀 • 4

추천사_ 김태영(백양로교회 담임목사, 증경총회장, 한국교회봉사단 대표단장)　6
　　　　 최태영(목사, 영남신학대학교 명예교수)　8

시작하는 말　14

1. 노화　17
　1) 인생의 꽃　19
　2) 조화의 찬미　22
　3) 주님께 감사　25

2. 영광　28
　1) 노인의 무게　29
　2) 원로목사의 무게　31
　3) 무게, 곧 영광　34
　4) 존경을 피하는 존경　37

3. 겸손　41
　1) 자기를 줄이고 지워 가기　42
　2) 받기보다 베풀기　45
　3) 예수 닮기, 주고 섬기는 것　47
　4) 하나님이 보낸 후임을 존중하기　51
　5) 자신보다 교회를 생각하기　54

4. 신앙　56
　1) 성경이 정본이다　57

2) 자신이 선포하고 가르친 신앙 회상　　　　　61
　　3) 믿음으로 구원 얻는다　　　　　　　　　　64
　　4) 삶으로 표현되는 신앙　　　　　　　　　　67
　　5) 시급히 준비할 과제　　　　　　　　　　　71

5. 예배　　　　　　　　　　　　　　　　　　　76
　　1) 예배, 엎드리기　　　　　　　　　　　　　78
　　2) 주님과 만나는 사건　　　　　　　　　　　82
　　3) 주님과 눈 맞추기　　　　　　　　　　　　86
　　4) 주님의 영광을 섬기기　　　　　　　　　　89
　　5) 인생의 영원한 과제　　　　　　　　　　　93

6. 정결　　　　　　　　　　　　　　　　　　　98
　　1) 건강관리　　　　　　　　　　　　　　　100
　　2) 영적 정결　　　　　　　　　　　　　　　104
　　3) 육적 정결　　　　　　　　　　　　　　　108
　　4) 점점 더 갖출 품위　　　　　　　　　　　112

7. 관계　　　　　　　　　　　　　　　　　　　119
　　1) 하나님과의 관계　　　　　　　　　　　　121
　　2) 사람과의 관계　　　　　　　　　　　　　126
　　3) 거리 조정하기　　　　　　　　　　　　　131
　　4) 이어 가기　　　　　　　　　　　　　　　133

8. 사랑　　　　　　　　　　　　　　　　　　　137
　　1) 인생과 사랑의 과제　　　　　　　　　　　139
　　2) 욕심 버리기　　　　　　　　　　　　　　143

  3) 사랑하는 가치   148
  4) 성경의 중심 교훈   153
  5) 사랑의 아름다움   157

9. 교회   162
  1) 그리스도의 몸   164
  2) 마음 둘 곳   170
  3) 공동체의 신비   174
  4) 하나님이 뜻하신 어머니   179

10. 긍정   185
  1) 성경이 가르친 긍정, 하나님의 자녀   187
  2) 스스로 지킬 자아   191
  3) 마귀의 유혹과 손절하고   196
  4) 공동체 안에서의 꽃 같은 사람   201

11. 소망   207
  1) 이 몸의 소망 무언가   210
  2) 하나님의 어전   214
  3) 저 높은 곳, 하나님의 나라   218
  4) 소망으로 얻는 구원   223
  5) 떠나가기 쉽게 살기   228

끝맺는 말   234

시작하는 말

저는 지난해 즉, 2022년 성탄절 오후 3시에 원로목사가 된 사람이다. 저는 교회를 개척하여 30년 3개월 목회하고 은퇴한 목사이다. 돌아보면 험한 길 걸었다. 고난과 눈물 없이는 설명할 길이 없다. 가진 것 없었음을 감사한다. 그래서 하나님만 의지하여 지금까지 달려온 것이다. 이 단순한 사실이 내게는 밥이었다. 하나님만 의지함, 바로 그것을 먹고 살았다. 그래서 비교적 두려움도 없었고, 에너지도 넘쳤다. 하나님은 분명 나의 힘이었던 것이다.

우리 교회는 은혜 덩어리이다. 크지는 않지만 다 은혜이다. 저는 그것을 느꼈고, 알고, 자주 고백한다. 저는 약하기에 그럴 수밖에 없는 사람이다. 저는 죄와 허물로 죽은 사람이기에 제 안에 계신 그리스도밖에 표현할 것이 없다. 하나님과 그의 아들 예수 그리스도는 제 존재의 알파와 오메가이다. 이념이 아닌 현실이 그렇다는 것이다.

그런데, 제가 원로목사 추대식을 마치고 지난 두 주간을 보내는 중

이런저런 모임에서 몇몇 사람들을 만났다. 그들 중 은퇴목사, 원로목사, 그리고 원로목사를 모시고 목회하는 분들도 있었다. 그들은 하나같이 묻는다. "앞으로 어디서 사십니까?" "교회는 계속 나가십니까?" "후임 목사에게 부담이 될 텐데요" 등 모두 우려 섞인 말들이었다. 이해는 간다. 교회 현실이나 목회 현실도 알고 있다. 분명한 것은 이런 현실을 맞고 있다는 것이다. 그것이 바로 교회의 위기요 목사의 위기가 아닐까 생각한다.

나이가 들어 은퇴한 목사나 원로목사는 실제 교회에서 퇴물인가? 하나님께서 쓰고 버린 쓰레기인가? 아니다. 왜 한국교회는 교회의 원로에 대해 등을 돌리는가? 왜 은퇴한 사람에 대해 비난과 공격을 일삼는가? 여기서 우리는 마귀의 준동을 보아야 한다. 배턴을 넘긴 자와 배턴을 받은 자가 힘을 합해도 목회는 벅차다. 지금 현실은 확실히 그렇다. 그런데 왜 교회 안에 권력 다툼과 흡사한 양상이 나타나는가? 저는 이런 것과 관련하여 은퇴한 자, 원로목사 된 자가 어떠해야 함을 적고 싶은 충동을 느꼈다.

저는 사흘 전 잠이 잘 오지 않았다. 깊은 밤 떠오르는 상념을 즉시 핸드폰 노트에 메모했다. '꽃 같은 원로목사'를 말하고 싶었다. 바로 그때 그날 밤, 메모에 근거해 이 글을 적는다. 저는 지도 덕도 없는 사람이지만 감히 적어 본다. 한국교회에는 정말 훌륭한 은퇴목사나 원로목사가 많다. 그래도 적는 것은 그렇지 못한 현실이 있기 때문이다. 은퇴하셨거나 은퇴하실 분들, 그리고 원로목사이거나 원로목사가 되실 분들에게 조금이라도 생각거리가 되었으면 좋겠다.

꽃은 아름답다. 꽃은 향기롭다. 꽃은 누구나 좋아한다. 꽃은 처음부터 있는 것이 아니다. 때가 되어 피는 것이며 마지막에 피어 씨앗이 되는 것이다. 목사는 은퇴, 혹은 원로가 되면 죽음이 아닌 씨앗으로 가는 것이다. 그러자고 살았고, 그러자고 설교했던 것이 아닌가? 다 좋아하는 원로목사, 하나님이 꽃으로 여기는 사람, 그렇게 됨이 하나님의 뜻일 것이다. 그것이 바로 교회에 설치한 마귀의 함정을 피하는 것이 아닐까? 오직 하나님께 영광, 오직 교회의 평화와 성장이, 세계와 역사에서 곧 떠나야 할 하나님의 사람들이 이룰 최선의 과제가 아니겠는가? 경건함으로 시대를 보고 교회를 다시 한번 보자.

저는 누구를 가르치거나 무슨 교훈할 목적으로 이 글을 적는 것이 아니다. 저는 그럴 능력도 없고 그런 위치에 있는 것도 아니다. 이제 막 은퇴했고, 원로목사로는 초년생이다. 단지 스스로 생각해 본 것을 적을 뿐이다. 나는 지금 감사한다. 여기까지 달려온 것을 하나님께 감사드린다. 마지막이 감사면 다 감사이다. 목회자의 끝은 감사의 제사가 되어야 한다고 생각한다. 다 바쳐 감사를 표현하는 것, 그것이 하나님을 바라보고 달린 자의 결국이면 좋겠다.

1. 노화

    삶에 있어 필연적으로 오는 것은 맞아야 한다. 오는 죄나 악은 맞을 수 없다. 오는 마귀는 대적하고 물리쳐야 한다. 그러나 자연스럽게 우리에게 오는 것은 맞아야 한다. 왜냐하면, 그것이 바로 진리이기 때문이다. 어째서 진리인가? 하나님이 뜻하셨기 때문이고, 아무도 거역할 수 없는 질서이기 때문에 그렇다. 그렇다면 노화는 어떤가? 저절로 오는 것이고 누구에게나 오는 것이다. 그러면 맞아야 한다는 것이다. 맞을 바에는 즐겁게 맞아야 한다. 즐겁게 맞는 사람이 아름다운 사람 아니겠는가?

    사람들은 노화를 탓한다. 그리고 기피하는 경향을 가진다. 고려 말 유학자 예천 사람 우탁이 지은 탄로가(歎老歌)가 생각난다. "한 손에 막대 잡고 또 한 손에 가시 쥐고 늙는 길 가시로 막고 오는 백발 막대로 치렸더니 백발이 먼저 알고 지름길로 오더라." 세상은 온통 노화를 싫어해 그것을 막을 운동이나 건강식이나 약을 만들고 선전한다.

사람들 일반은 노화에 분노한다. 노화를 싫어해 흰머리를 뽑는다. 검게 물들이기도 한다. 나도 염색하라는 권면을 여러 차례 받았다. 그래야 젊어 보인다는 것이다. 이처럼 세상은 온통 젊어 보이려 노력하는 세상이다. 그것이 바로 세상 사람이 사는 길이며 잘 사는 것으로 세상은 안다.

이어령은 늙음을 서러워하는 감정에는 서로 다른 세 가지가 있다고 했다. 첫째는 뜻을 두고 다 이루지 못한 늙음, 둘째는 젊음을 즐기지 못하고 늙는 늙음, 셋째는 죽음에의 공포가 그것이다. 어느 정도 공감한다. 그래서 억지로 노화, 혹은 늙음에 대해 거부해 보는 것이 인간이기도 하다. 그리고 늙음을 서러워하며 그 서러움을 노래하는 것이 인간 일반의 정서이다. 그러나 성경은 죽음은 정복해야 할 원수로 보지만(고전 15:26), 노화, 즉 나이가 들어 가는 과정 그 자체를 극복해야 할 악으로 보지 않는다. 따라서 노화는 문제가 아니다. 노화를 경계하는 현대의 통속적 견해나 문화는 오히려 당황스럽고 건강하지 않은 정신에서 비롯되었다고 해야 할 것이다.

노화를 재촉하는 원인이 있다고 한다. 탈무드는 그것을 네 가지로 보았다. 공포, 분노, 아이들, 악처가 그것이다. 그것은 사실 우리의 삶이다. 삶의 내용이다. 삶이 우리를 노화로 데려다준다. 하나님이 인간을 노화로 데려간다. 그래서 늙는 것은 막을 길이 없고, 늙는 것은 감사로 받아야 한다. 목사 역시 한 인간이기에 노화와 무관하지 않다. 모든 사람이 가는 길을 가는 것이다. 그렇다면 지도자로서의 목사는 함께 즐거움으로 그 길을 가야 함이 자신의 품위가 될 것이다.

나는 생일이 빨라 나이 이제 만 71세를 앞두고 있다. 나는 지금까지 거의 노화를 생각해 본 적이 없다. 그래서 내가 늙어 간다는 의식 없이 여기까지 왔다. 에너지나 분별력도 거의 줄지 않았다. 쉬지 않고 120분이나 180분 강의도 어렵지 않았다. 어떤 젊은이들과 같이 있어도 불편함을 몰랐다. 그런데 은퇴하니 모든 상황이 달라졌다. 모든 일에서 배제된다. 노인이고, 정 안 되면 노인 행세를 해야 할 판이다. 한두 주 동안은 몸과 정신이 영락없이 쇠락함을 느꼈다. 그러나 그것은 내게 있어 짧은 잠깐이 되도록 나는 생각을 정리했다. 왜? 그것은 어차피 올 것이기 때문이다.

수명이 긴 것은 분명 복이라고 생각한다. 아무나 오래 사는 것이 아니고, 아무나 백발이 되는 것은 아니다. 우리에게 주어지는 시간은 당연히 누리는 것이 아닌 하나님의 선물이다. 따라서 우리는 긴 수명을 누릴 권리를 가졌다고 생각해서는 안 된다. 우리는 내일을 통제할 수 없고 자신이 죽는 시간을 선택할 수 없다. 우리는 항상 예수의 죽음을 몸에 짊어지고 사는 사람들이다(고후 4:10). 그렇다면 노화를 즐거움으로 받아야 한다. 노화를 즐거움으로 받으면 노화는 우리의 즐거움이다. 노화가 우리에게 질병이나 고난을 가져다준다면, 우리는 그리스도의 고난을 보면서 우리가 경험하는 고난을 해석하는 법을 배우면 된다.

1) 인생의 꽃

사람들은 젊음을 좋아한다. 청춘이 인생의 꽃이라 하며 청춘을 즐긴다. 세상 사람들은 아름다움을 젊음에 둔다. 그래서 멋지고 예쁜 사람은 한결같이 젊은이들에 대한 지칭이다. 부인할 수 없다. 젊음은 그 넘치는 미와 에너지, 그리고 그 건강이 가진 움직임의 선율에 있어 아름다움이 맞다. 적어도 젊음은 그 신체적 기능에서 최고의 역동성을 갖는다. 그 동작이 펼쳐질 때마다 그것은 아름답다. 정말 꽃 같은 아름다움이다.

어린이들 역시 그렇다. 아름답다. 아름다운 꽃이다. 여자나 남자를 떠나 어린이는 다 세상의 꽃이고 가정의 꽃이다. 그들 때문에 우리는 웃고 즐긴다. 그들 때문에 마음이 열리고 행복을 맞는다. 출산율이 낮은 지금의 어린이는 더더구나 꽃이다. 지금도 우리는 어린이날이나 어린이 주일을 지킨다. 어린이는 하나님이 주신 싫증 나지 않는 꽃이다. 거의 세상 때가 묻지 않은 그 마음의 청순함은 우리의 꽃이기에 충분하다.

그런데 어째서 노인이 꽃인가? 늙음은 미가 아닌 추의 의미가 더 적절하지 않은가? 그래서 사람들이 노인을 기피하는 것이 아닌가? 물론 그런 점이 없지는 않다. 노인은 대부분 병을 가졌고 느리다. 신체적 기능이 떨어져 잘 못 보며 잘 못 듣는다. 남의 도움을 받아야 할 처지에 있는 사람이 노인이다. 그러나 노인은 경험 덩어리이다. 그들은 더 많은 삶을 가졌다. 노인은 젊은이들이 걸을 길을 앞서 걸은 사람들이다. 화려하다 할 수는 없지만, 여전히 아름답다. 그래서 성경은 이렇게 말한다. "젊은 자의 영화는 그의 힘이요 늙은 자의 아름다움은 백발이니라"(잠 20:29). 노인은 어둠 같으나 사실 빛에 더 가깝다. 히브리인들의 격언이다. "집 안에 노인이 있다는 것은 좋은 간판이다."

성경은 노인을 존중한다. "너는 센 머리 앞에서 일어서고 노인의 얼굴을 공경하며 네 하나님을 경외하라 나는 여호와이니라"(레 19:32). 성경은 나이로 사람을 말하지 않는다. 노인은 존경과 특별한 명예, 그리고 돌볼 가치가 있는 자들로 나온다. 또한, 노인은 특별한 책임을 지기도 한다. 그들은 믿음 전승에 있어서 전형적인 모범이다. 그래서 가르치는 것과 조언하는 일에 있어서, 또한 다음 세대를 바로 세우는 일에 있어서, 기둥 같은 역할이 요구되기도 했다. 공동체 안에서 노인은 지혜의 표상 같은 존재였다.

교회에서 노인은 결코 무시되지 않았다. 특히 장로회 정치를 하는 장로교는 더더욱 그렇다. 장로교라는 말 presbyterian은 장로와 관련이 있다. 장로라는 말 presbyteros는 영어로 elder인데 '더 나이가 많은'이란 비교형용사이다. 장로라는 말 없이는 회당 제도나 교회 제도를 잘 설명하기 힘들다. 공동체 안의 지도력은 보편적으로 나이 많음과 관계되어 있음을 알 수 있다. 따라서 나이가 많다는 것, 목사가 나이 많아 은퇴했다는 것은 하나님으로부터, 그리고 공동체로부터 배제됨을 의미하지 않는다. 오히려 흔들림이 없는 말씀 전승의 기둥 같은 역할이 요구된다. 교회와 신앙의 전승 그 역사에서 우리는 전 세대 없는 후 세대를 생각할 수 없다.

노서지곡(老鼠知穀)이란 말이 있다. 늙은 쥐가 곡식 있는 곳을 안다는 뜻이다. 세상에 생명 있는 것은 모두 먹거리가 필요하다. 먹어야 한다. 그래서 먹거리를 위해 움직이고 일한다. 그렇다면 사람에 있어서 곡식의 무게는 곧 생명의 무게이다. 양식을 위해 일한다는 것은 인간 존재의 필연이다. 영적 양식도 마찬가지이다. 영적으로도 살아야 하기 때문이다. 바로 이때 중요한 것은 아는 것이다. 곡식을 모으는 행위 이전에 곡식 있는 곳을 아는 것은 더더욱 귀한 가치이다. 인생 노년은 힘은 줄어들었지만, 지혜는 그렇지 않다. 자신뿐 아니라 공동체를 위해 양식과 가치관을 모음에 있어 상당 부분 지혜를 가졌다고 보아야 한다.

따라서 노년으로서의 원로목사는 꽃이고, 아니면 꽃이 되어야 한다. 꽃은 자신을 위해 있기보다 보는 이를 위해 있다. 꽃은 자신의 행복을 사출하여 보는 이들을 행복하게 한다. 미와 향기를 가진 꽃은 세상에 행복과 평화를 선사한다. 그런 꽃이 되는 것은 지도자가 가진 사명 같은 것이다. 왜냐하면, 그것은 노쇠, 즉 늙고 쇠하는 것을 넘어서는 것이기 때문이다. 원로목사가 꽃으로 피고, 열매로 결정되는 것은 신앙의 극치 아닐까.

우리는 늙어 간다고 흥분할 필요는 없다. 꽃잎이 떨어진다고 장미 포기가 울부짖지는 않는다. 꽃잎이 떨어지는 것이 문제가 아니라 꽃이 피지 않거나 꽃이 못 되는 것이 문제이다. 꽃은 피어 있을 때도 좋지만 떨어질 때도 좋다. 떨어져야 꽃의 의미가 오는 것 아닐까? 그 식물의 종은 꽃이 떨어진 이후에 확정되는 것이니까.

2) 조화의 찬미

조화의 정본은 만물이다. 만물은 그 종과 개체에 있어 인간 이성이 다 알 수 없는 경지이다. 그런데 만물에는 충돌이 없다. 정확하게 하나를 이루어 존재하는 신비의 세계이다. 그것이 거기 있는 것은 다 이유가 있어 있다. 사람이 잘 모르고 무엇을 배제하거나 파괴하면 그것은 하나님이 지으신 모든 피조물의 결함이 된다. 만물은 아름다운 조화로 자기 길을 가고 자기 세계를 형성한다는 것이다.

만물은 하나님의 창조물이다. 그렇다면 하나님은 조화의 창조자요, 조화의 원천이요, 조화의 진리인 것이다. 우리는 하나님을 믿는 사람들이다. 따라서 마지막에 이르면 조화를 물어야 한다. 삶에 있어서 항상 조화의 지평을 평가해야 한다. 그것이 바로 평화의 개념이다. 생뚱맞은 자신을 만들어서는 안 된다. 썩지 않은 밀알 하나의 단독성처럼 독특한 자신이 아닌(요 12:24) 하나님의 말씀과 그의 뜻, 그리고 자연과 세계, 또한 교회 공동체와 사람들 사이에서 조화를 이루어야 한다. 하늘에 별이 많아도 그 모든 별이 조화를 이루어 존재하기에 충돌이 없고 아름답다. 자연은 자기 길을 가며 조화롭게 하나님을 찬미한다.

원로목사는 조정의 능력을 가져야 한다. 다른 말로 조화를 만들어 내어야 한다는 것이다. 공동체는 항상 죄인들의 공동체이다. 교회는 항상 그렇게 돌아간다. 세상 끝 날까지 찌그덕거리는 상태를 면할 길이 없다. 이때 중요한 것은 잘 조정하는 것이다. 조정해서 조화를 만드는 것이 연장자로서, 또 진정한 지도자로서의 원로목사가 지닐 가치요 영향력이다.

문제가 일어나는 사람이나 공동체의 모습은 항상 안타깝다. 무엇이 그런가? 균형을 상실했다는 것이다. 그래서 불안하다. 자주 기울어진 운동장에 서는 불안이다. 누구 하나만 중요한 것이 아닌 다 중요하다. 지도자나 피지도자나, 의인이나 죄인이나 하나님 앞에, 그리고 하나님의 역사 앞에는 마음의 별과 같이 다 소중하다. 그래서 상대를 지우고 자신을 표현하려는 행동은 지도자의 금물이다. 공동체에 있어서 치우치는 것 역시 그렇다. 특히 교회 공동체 안에서 원로목사는 균형추와 같은 역할이 필요하다.

글씨의 잘 씀은 한 자 한 자의 문제이지만 더 중요한 가치는 고르게 쓰는 것이다. 그림의 표현은 어느 한 부분도 중요하지만, 전체의 조화에서 완성도가 나온다. 인생도 신앙도 그렇다. 하나님의 말씀인 성경을 그 전체로 지닌 조화여야 건강한 인격, 건강한 신앙이다. 부분적으로 강조하고 치우치면 이단이거나 이단에 가깝다. 자신이 하던 일도 중요하나 후임자가 와서 하는 일도 그만큼 중요하다. 그 전체를 따로 읽을 것이 아닌, 하나로 읽어야 한다. 교회의 원로목사가 자신 안에 조화의 미(美)나 그 미적 가치 없이는 조화로운 리더십을 발휘할 수 없는 것 아닐까?

은퇴하면 사람은 누구나 그 사역과 삶의 마지막에 이른 것이다. 마지막에 서서 어른이 되려면 가치에 있어서 통전성을 이루어야 한다. 그러려면 자연 마음과 생각의 그릇이 커야 한다. 평화, 곧 샬롬은 끊임없이 조화의 가치를 드러낸다. 원로목사는 이를 위해서 지금까지 일했고 또 달려온 사람이다. 그것이 바로 하나님의 세계를 지상에서 누리는 방법이 아닐까. 이런 점에서 조화의 찬미는 지나치지 않는다. 그것이 바로 마무리이다. 원로목사를 두고 하나님이 뜻하신 삶과 신앙의 마무리인 것이다.

예수는 하나님이 세상을 사랑하신 결과로 세상에 오셨다(요 3:16). 그가 오셔서 사신 것, 사역하신 것을 보면 놀라운 조화이다. 하나님의 뜻에 반하는 것은 물리치시고 하나님의 뜻에 합한 조화를 이루셨다. 말하자면 창녀와 세리 같은 죄인에 대해서도 하나님의 나라를 허락하신 것이다. 자신을 십자가에 못 박는 사람에 대해서도 용서의 기도를 하셨다. 기울어진 세상을 바로잡아 평화를 창조하셨다. 세계와 인간은 그리스도 안에 나타난 하나님의 세계, 그 조화를 세세토록 찬미한다. 또 그래야 한다.

성직자가 백발이 되어 평화를 위해 일하는 조화의 미와 가치를 가진다면 그는 또 다른 차원에서 사역하고 있는 것이다. 이때 주의할 것은 조화에 가장 장애가 되는 무질서와 더러움이 자신 안에 있어서는 안 된다는 것이다.

3) 주님께 감사

나는 지금을 감사한다. 항상 지금을 감사한다. 나의 지금은 하나님의 은혜이고 하나님의 작품이다. 바울은 "내가 나 된 것은 하나님의 은혜로 된 것이니"(고전 15:10)라고 하지 않았는가. 내게도 그렇다. 지금이 좋고 지금이 영화롭다. 나의 행복은 지금의 과제이다. 내게는 하나님이 그것을 항상 '지금'이란 그릇에 담아 주신 것이다.

사람들은 세월이 고장 나길 바라고, 자신의 젊음을 되찾기 바란다. 그것을 존재의 최상 과제로 여기기도 한다. 그래서 가던 길을 멈추려고 부단히 뒤를 돌아본다. 나는 그럴 리가 절대 없지만, 하나님께서 나를 청년 시절로 돌려 청년으로 만들어 준다면 싫다. 그때가 불행했던 것은 아니다. 그때는 그때 좋았지만, 지금은 지금이 좋다. 나를

10년, 혹은 20년 전으로 돌려 준다면 나는 소름이 돋는다. 그때도 좋았지만, 지금이 더 좋다. 그때는 사실 지금을 위해 있었던 것이 아닌가. 어제도 좋았으나 오늘은 더 좋다. 나는 걸은 길을 걷고 싶지 않다. 새 길을 걷고, 앞으로 가고 싶다. 어차피 사람은 앞으로만 가는 것이니까.

우리는 늙음이나 은퇴를 어둠이 아닌 빛으로 알고, 거기서 행복을 끌어내는 것이 오늘의 사명이요 과제이다. 서정주의 「국화 옆에서」란 시이다. "한 송이의 국화꽃을 피우기 위해 / 봄부터 소쩍새는 / 그렇게 울었나 보다 // 한 송이의 국화꽃을 피우기 위해 / 천둥은 먹구름 속에서 / 또 그렇게 울었나 보다 // 그립고 아쉬운 가슴 조이던 / 머언 먼 젊음의 뒤안길에서 / 인제는 돌아와 거울 앞에 선 / 내 누님같이 생긴 꽃이여 // 노오란 네 꽃잎이 피려고 / 간밤엔 무서리가 저리 내리고 / 내게는 잠도 오지 않았나 보다" 우리는 지금 먼 길, 험한 길 걸어 여기에 왔다. 나름대로 긴 역사를 가졌다는 것이 큰 의미가 아닐까. 돌아보면 모든 것이 은혜였고 감사이다. 삶에 있어 우는 소쩍새도 천둥도, 차디찬 무서리도 우리의 의사와 관계없이 우리를 여기까지 데려다준 하나님의 손길이었던 것이다.

사실 사람은 다 죄인이다. 우리는 자주 신학적으로 전적 타락을 말한다. 그런 내가 이렇게 부름을 받고 달려갈 길을 다 달리고 믿음을 지켜 여기에 있다(딤후 4:7). 그것 자체가 감사 아니고 무엇인가? "이제껏 내가 산 것도 주님의 은혜라"는 찬송가 가사가 마음에 와닿는다. 세상 많은 사람은 끝까지 달리지 못했고, 또 못 한다. 중간에 낙심하고, 질병과 사망으로 모든 것을 그만두고, 명예롭지 못하게 명에를 벗는 자들도 적지 않다. 이런 세상에서 보잘것없는 자가 주의 일을 하다가 이제 은퇴하고 원로목사가 된 것은 주님께 크게 감사할 일이 아닐까? 지금만이 아닌 영원히 감사할 일임이 내게는 분명하다.

찬송가 384장 4절은 이렇게 되어 있다. "나의 갈 길 다 가도록 예수 인도하시니 그의 사랑 어찌 큰지 말로 할 수 없도다 성령 감화 받은 영혼 하늘나라 갈 때에 영영 부를 나의 찬송 예수 인도하셨네 영영 부를 나의 찬송 예수 인도하셨네" 그렇다면, 정말 그렇고, 그렇게 고백한다면 우리 영혼은 감사의 물결로 행복해질 것이다. 이는 곧 우리의 현실이 감사와 찬송으로 승화한 것이다. 예수 없이 우리는 없는 것이다.

은퇴한 다음 원로목사가 되어 감사가 죽으면 그것은 은퇴자의 무덤이다. 그것은 목회자요 지도자였던 우리로서는 생뚱맞은 현실이 된다. 그것은 하나님의 현실, 믿음의 현실과는 사뭇 상충된다. 거기 바로 우리의 대적 마귀가 있다. 하나님의 사람이 마귀를 끌어들인 현실이라면 그것이 바로 저주에 해당되지 않을까? 주님께 감사는 원로목사의 마땅한 태도요 품위인 것이다. 감사는 우리에게 있어 마지막에 드릴 제사가 아닐까.

2. 영광

　교회는 영광이란 말을 많이 사용한다. 영광은 오직 하나님의 것이기 때문에 우리는 꿈도 못 꾼다. 다른 사람보다 지혜와 능력과 재능이 뛰어나다 해도 영광을 가질 순 없다. 무슨 목회에 성공했다 해도, 그것이 곧 영광을 가져도 된다는 것은 아니다. 그것은 영원히 맞다. 우리가 하나님의 자녀 된 것은 "우리에게 거저 주시는 바 그의 은혜의 영광을 찬송하게 하려는 것"(엡 1:6)이다. 우리가 그리스도 안에서 하나님의 기업이 된 것은 "우리가 그리스도 안에서 전부터 바라던 그의 영광의 찬송이 되게 하려 하심"(엡 1:12)이다. 우리가 진리의 말씀을 듣고 믿어 성령으로 인치심 받은 것도 "그의 영광을 찬송하게 하려 하심"(엡 1:14)이다. 목사직은 그 시작도 마지막도 영광을 하나님께 돌림이 깨끗함에서 그 정당성을 말할 수 있는 직책 아닐까?

　그럼에도 불구하고 우리가 누릴 영광이 있다. 하나님이 그의 영광을 공개하신 것은 그의 자녀 된, 그의 일꾼 된 사람의 영광도 감안

하신 사실이라 믿는다. 우리는 비천했고 지금도 그렇다. 미약하고 악하고 죄가 많다. 그런 우리가 주님과 그의 사역에 동참함은 참으로 영광이다. 하나님의 은혜는 우리 인간에 있어 최고의 영광이다. 그러고 보면 지금까지 우리가 걸어온 길은 영광의 길이었다. 주의 종은 주님과 함께 십자가를 지는 사람이다. 바로 그 십자가를 지는 것이 우리에게는 무한 영광이다. 원로목사는 바로 이 영광을 가질 것과 유지할 것이 요청된다.

궁극적으로 우리는 하나님의 영광에 참여한다. 그 영광의 나라로 지금 우리가 가고 있으며, 우리는 장차 천국의 영광을 향유할 것이다. 세상에서는 그 영광이 희미했으나 거기 가면 그것은 찬란한 낮과 같을 것이다. 그때를 바라며 지금을 포기함이 올바른 영광의 길 아닐까.

1) 노인의 무게

노인에게 필요한 것은 무게이다. 아이나 청년에게는 쉽잖은 것이 존재의 무게이다. 존재의 무게는 항상 지나온 삶의 궤적과 함께한다. 그에게 축적된 세월과 경험, 바로 거기서 생겨나는 지혜와 흔들림 없음은 사람의 무게이다. 경로효친 사상은 당연하다. 성경도 그렇게 가르치고 세상 도덕도 그것을 말한다. 우리 믿는 이들이나 교회 공동체도 같다. 축적된 하나님의 말씀과 그 말씀에 대한 삶은 젊은 사람에게서 찾기 힘들다. 그래서 잠언은 "백발은 영화의 면류관"(잠 16:31) 이라고 한다. 그것은 한마디로 노인에게 돌리는 존재의 무게에 대한 지칭일 것이다.

아브라함과 이삭과 야곱의 노년을 보라. 특이하지만 모세의 생애 그 마지막을 주목해 보라. 단연 권위가 있었다. 그 백성에게는 천금 같은 무게였다. 아들의 난을 피해 도망 온 다윗을 섬기는 바르실래를 보라(삼하 19:32). 나이 80이었으나 그의 깔끔한 정신과 왕에 대한 섬김과 하나님께 대한 태도는 만감이 교차하는 무게이다. 이 무게가 그들의 삶 처음부터 있었던 것은 아니다. 모두 그들의 노년에 얻은 소득이었다. 물론 모든 노인이 다 그렇다는 말은 아니다. 그렇다고 노인은 다 별 볼 일이 없다는 뜻도 아니라는 것이다.

노인에게는 보편적으로 남다른 지혜가 있다. 제가 아는 고인이 된 한 권사님은 나이 백 세를 살면서 자신보다 학력이 높은 딸들, 그리고 그 손자 손녀들을 건강하고 훌륭하게 지도하는 것을 보았다. 잘 보면 하나님 다음으로 노인은 지혜의 원천 같다. 솔로몬의 아들 르호보암은 이 사실을 몰랐다. 그래서 노인, 곧 어른의 말을 듣지 않아 분국의 비운을 맞았던 것이다(왕상 2:8). 욥기 12장 12절에는 "늙은 자에게는 지혜가 있고 장수하는 자에게는 명철이 있느니라"라고 했다. 그래서 나이가 많은 세대는 집안에서 말할 권리가 있다(신 25:7-9). 노인은 자신의 경험을 통해 얻은 지혜를 후대에 전할 사명을 가졌다. "하나님이여 내가 늙어 백발이 될 때에도 나를 버리지 마시며 내가 주의 힘을 후대에 전하고 주의 능력을 장래의 모든 사람에게 전하기까지 나를 버리지 마소서"(시 71:18).

요즘 세상은 노인에 대해 존경의 정신을 잃어 가고 있다. 세상뿐 아니라 교회도 세상의 영향을 받아 노인을 소홀히 하는 경향이 있다. 이런 풍조는 바람직하지 못하다. 참을 수 없는 가벼움이다. 우리의 부모 세대는 우리를 든든히 지탱하게 하는 지혜 덩어리이기 때문이다. 노인에게 준 하나님의 선물은 젊은이들이지만 젊은이들에게 준 하나님의 선물은 노인이라 해야 하겠다.

2) 원로목사의 무게

원로목사는 교회에서 그 모든 직무가 끝난 것으로 사람들은 생각한다. 아니다. 원로목사는 원로목사의 지도력이 있다. 따라서 교회에서의 원로목사는 무게가 있어야 한다. 노인에게 있어서 가벼움은 명백한 수치이다. 원로목사는 어떤 경우에도 경박스럽지는 않아야 한다. 그것이 은퇴한 사람의 인격이고 원로목사의 품위이다. 원로목사가 사람들에 의해 언행이 가볍고 삶이 경박스럽다는 평가를 받으면 지도력은 없어진다. 특히 사람들의 말을 들었을 때는 더더욱 그렇다. 교회에서 원로의 인격과 지도력을 위해서는 교회나 다른 사람을 탓하지 말고 자신의 무게를 만들어 내어야 한다.

먼저, 침묵의 무게가 필요하다. 사람은 입이 있다. 입은 먹는 것과 말하는 도구이다. 입이 있다는 것은 말함을 전제한 것이다. 그럼에도 불구하고 인간은 말과 함께 존망을 같이한다. 대부분 힘든 사람은 언젠가 자신이 말한 곳에 머문 것이다. 사람은 어느 날 보면 자신이 말한 곳에 와 있다. "죽고 사는 것이 혀의 힘에 달렸나니 혀를 쓰기 좋아하는 자는 혀의 열매를 먹으리라"(잠 18:21). 삶은 상당 부분 말한 대로 되는 것이다. 그래서 말을 줄이는 것이 그 사람의 무게가 된다. "만일 누가 말하려면 하나님의 말씀을 하는 것 같이 하고"(벧전 4:11).

왜 그런가? 사람은 가벼울수록 말이 많기 때문이다. 노인이라 하더라도, 은퇴목사나 원로목사 하더라도 말이 많으면 무게를 상실한다. 권위는 없고 가벼운 존재, 가벼운 지도자로 떨어지고 만다. 사람의 눈에는 잘못이 들어온다. 얼마든지 널렸다. 그것이 바로 세상이다. 그럼에도 불구하고 은퇴한 사람이 그때마다 말을 한다면 한낱 잔소리에 불과하게 된다. 무엇이 좀 잘못될 때도, 눈에 거슬리는 것이 있음에도 불구하고 말을 줄여야 한다. 즉 침묵해야 한다는 것이다. 왜냐하면, 그것이 지도자의 무게이기 때문이다. 하나님도 세상도 이런 무게 있는 지도자를 찾으신다. 원로목사, 혹은 노인이 되어서도 그 사람이 가랑잎같이 가볍다면 그것은 영광과는 거리가 먼 것이다.

다음으로, 우리는 말씀의 무게를 가져야 한다. 원로목사는 사실 평생 말씀 따라 걸은 사람들이다. 그것을 가르쳤고, 외쳤고, 실천해 왔다. 그랬는데 은퇴했다고 그 말씀을 버리거나 떠나거나 가벼이 여긴다면 자기 인생을 겨로 만드는 것이다. 목사의 무게는 정히 말씀의 무게이다. 그것이 바로 목사의 영광이다. 우리가 처음 사역자로 나설 때 하나님은 말씀과 약속만 주셨다. 모세 역시 부름받았을 때 지팡이와 약속의 말씀뿐이었다. 말씀은 확실히 목회의 보증이요 가는 길의 자본이었다. 거기에만 집중함이 목사직의 중심사였다. 그런데 바로 그 말씀의 무게를 상실한다면 목사는 마지막에 자신을 은혜의 정당성에서 폐기하는 것과 다름없다. 하나님의 말씀은 하나님을 믿고 따르는 사람, 특히 하나님의 일을 하는 사람에게는 영광의 무게이다. 은퇴하여도 목사는 스스로가 말씀을 묵상하는 복 있는 사람, 말씀을 따라 사는 진리의 사람이어야 한다. 원로목사는 가르치고 설교할 일이 없어서 말씀을 멀리하기 쉽다. 사실 하나님의 말씀은 가르치기 전, 설교하기 전, 자신의 영적 양식이었다. 이 말씀의 권위가 충만한 사람, 그래서 말씀의 영광과 권위를 가진 자가 됨이 바람직한 목사의 무게이다. 원로목사가 성경을 읽고 신학을 익혀 말씀의 충만을 이룸은 자신과 교회에 덕이 되는 무게임이 분명하다.

  또한 원로목사의 무게는 그리스도의 무게이다. 목사는 그리스도 안에 있는 하나님의 사람이다. 그리스도의 종이요 그리스도를 따라 그의 십자가를 지고 사는 삶을 산다. 목사는 그리스도만을 위함에서 자신과 자신의 직의 정당성을 누린다. 따라서 원로목사 역시 그리스도와의 관계가 어떠하고, 또 어떻게 맺어 가는가가 자신의 가치가 된다. 은혜는 그리스도 안에 있다. 원로목사의 생명과 영광이 그리스도 안에 있다. 그리스도를 가벼이 여기는 자는 진짜 가벼운 자이다. 목사의 무게 그 핵심은 그와 함께 하는 그리스도의 무게이다. 그리스도와의 끝없는 교제, 그리스도를 닮아 감, 그리스도를 위하는 삶, 그리스도와 함께하는 영성이 관심사가 되어야 한다. 그렇지 않은 사람이 있겠냐만, 그래도 염려되는 것은 자신이 무엇이 된 줄로 알고 그리스도를 무시하는 것이다. 사람은 늙으면 자연 무엇이 되는 존재가 아니다. 은퇴목사나 원로목사가 되었다고 자연 무엇이 된 것이 아니다. 바울은 이렇게 말했다. "내가 이미 얻었다 함도 아니요 온전히 이루었다 함도 아니라 오직 내가 그리스도 예수께 잡힌 바 된 그것을 잡으려고 달려가노라 형제들아 나는 아직 내가 잡은 줄로 여기지 아니하고 오직 한 일 즉 뒤에 있는 것은 잊어버리고 앞에 있는 것을 잡으려고 푯대를 향하여 그리스도 예수 안에서 하나님이 위에서 부르신

부름의 상을 위하여 달려가노라"(빌 3:12-14).

목사는 하나님의 저울에 부족함이 없기를 노력해야 한다. "메네 메네 데겔 우바르신"(단 5:25). 벨사살 왕의 교만이 목사의 마지막이어서는 안된다. 원로목사의 무게는 그리스도의 무게이다. 그래서 확고히 그리스도와 결합하고 교제하며 의지해 그리스도 안에 나타난 하나님의 영광을 관조해야 한다. 지금 교회에 나타나는 부작용 중 하나는 원로목사의 가벼움으로 인한 폐해이다. 결코 적지 않은 폐해이다. 그리스도도 말씀도 보이지 않고 이기적 자신과 가벼운 말이 분별없이 낭자하고 있는 현실은 대단히 마음 아픈 일이다.

3) 무게, 곧 영광

원로목사가 무게를 가진다는 것은 하나님과 교회와 목회에 반하는 길을 가는 것이 아닌가? 그렇지 않다. 목사이든 교인이든 세상과 역사에 대해 가질 무게는 바로 그 정체성과 부합한다. 그러려고 하나님은 우리를 세상에 둔 것이 아닐까? 참을 수 없는 가벼움보다 더 우스꽝스러운 사람은 우리의 신앙과 정신이 허용하지 않는다. 교회는 권위나 권력을 누가 가질 것인가는 생각할 필요가 없다. 이미 정해진 것이다. 하나님과 그의 아들 그리스도가 갖는다. 그러나 모든 교회 구성원이나 목사, 그리고 원로목사는 흔들리는 세상에서 무게를 가져야 한다. 그것이 바로 우리의 신학적 존재론적 과제가 아니겠는가?

'무게'는 곧 '영광'과 관계된다. R. 레어드 해리스 등이 편집한 구약원어신학사전인 THEOLOGICAL WORDBOOK OF THE OLD

TESTAMENT에서 영광에 해당되는 말 '카보드'는 그 어휘군 전체를 '무게'로 보았다. 그것은 아람어를 제외한 셈족어에 등장하는 일반적 의미이다. 키텔이 편집한 신약성서신학사전인 THEOLOGICAL DICTIONARY OF THE NEW TESTAMENT도 영광에 대한 구약의 용례에 있어서는 같은 의미로 보았다. 영광은 곧 무게에 대한 지칭이다. 그것은 개인적 명성에 관한 용법이기도 했다. 높은 사회적 지위와 부를 소유한 사람은 자동적으로 무게를 가진 인물이 되었다. 하나님 앞에서나 그가 사는 사회 앞에서 비중 있는 사람됨이 곧 영광이라 할 수 있다.

우리는 예수를 믿는다. 예수를 믿고 예수의 영광을 본다. 예수 그리스도의 화육과 거기에 나타난 영광은 대단히 구체적이다. "우리가 그의 영광을 보니 아버지의 독생자의 영광이요 은혜와 진리가 충만하더라"(요 1:14). 예수의 오심과 그의 삶은 하나님의 영광의 현시였다. 그에게서 표현되는 영광은 하나님의 영광이다(요 5:41). 그것이 바로 자신의 영광이었다. 그래서 그는 십자가를 앞두고 창세 전에 하나님과 함께 가졌던 그 영광으로 자신을 영화롭게 해 주시기를 하나님께 기도했다(요 17:5). 그리고 그리스도는 자기의 것인 그 영광을 제자들에게도 주셨다(요 17:22). 그 영광이 바로 우리에게 있어 하나님의 무게이며, 우리 존재의 근원적 무게인 것이다.

구약에서 하나님의 영광이 사람들에게 보이도록 나타난 예들이 있다. "그들이 광야를 바라보니 여호와의 영광이 구름 속에 나타나더라"(출 16:10). 십계명을 주시기 전 "여호와의 영광이 시내 산 위에 머무르고"(출 24:16), 회막을 세우고 모든 치장을 끝냈을 때 "구름이

회막에 덮이고 여호와의 영광이 성막에 충만"(출 40:34)하였다. 또한 솔로몬이 성전을 세우고 봉헌할 때도 영광이 충만했다. "제사장이 그 구름으로 말미암아 능히 서서 섬기지 못하였으니 이는 여호와의 영광이 여호와의 성전에 가득함이었더라"(왕상 8:11). 이런 모든 영광, 곧 무게는 그리스도께 집중된다. 그리스도는 우리 존재의 무게 추이다. 그리스도의 사람이 그리스도의 무게를 가짐은 곧 그의 영광인 것이다. 원로목사가 주의 영광에 참예하는 것은 당위다. 이는 모든 그리스도인이 참여할 하나님의 준비된 영광이다.

무게 없음의 성경적 반대는 영광, 곧 하나님의 영광이다. 영광의 기본 의미는 앞에서 본바 실제가 지닌 무거움과 견고함이다. 이런 영광의 외적인 측면, 곧 세상적 측면은 세상이 말하는 가치와 관계된다. 그것은 번영과 부와 영웅적 행위와 업적과 명예일 수 있다. 그러나 그런 것들은 사람이 기억할 때만 가치를 지니다가 시간이 지남에 따라 퇴색되고 마는 것이다. 반대로 하나님의 영광과 우리가 지닐 그의 사람으로서의 영광은 하나님의 하나님 되심과 우리가 그의 종 됨에서 나타난다. 무게와 진지함이 세상 것과는 다른 것이다. 세상 영광은 일시적이지만 하나님의 영광은 궁극적 영광이다. 왜 그런가? 그것은 그분의 실존에서 흘러나오기 때문이다.

우리가 원로목사라 해도 하나님을 거부하면 스스로 궁극적 근거와 단절되고 만다. 가랑잎처럼 가볍고 입김같이 사라진다. 하나님을 떠나면 실체가 없어 공허해질 뿐이다. 저울에 달아보니 부족함이 보이고(단 5:27), 바람을 낳은 것 같고(사 26:18), 바람에 날려 없어질 풀포기 인생이 되고 만다(사 57:13). 하나님께 신실하지 못한 사람이라면 원로목사라 하더라도 끝은 '이가봇'이다. 곧 영광과 무게, 그 실체가 모두 사라져 버리는 것이다(삼상 4:21). 교회와 세상에서 그리스도 안에 나타난 하나님의 영광의 회복, 그래서 무게를 가짐이 원로목사 된 우리에게 있어 시급한 사명이라 하겠다.

4) 존경을 피하는 존경

존경이란 말 히브리어의 카베드(kabhed) 역시 '무거움'의 뜻을 가진다. 그것은 무엇을 소중히 여기고 가치 있게 여기는 행위에 대한 묘사이다. 그래서 존경의 대상이 되는 것은 모든 지도자가 바라는 바이다. 교회에서 나이에 있어 어른이 되고, 직분에 있어서 비중을 가지면 자연 존경이 따른다. 그러나 타인으로부터 받는 존경은 사실 사랑에 대한 대가이다. 사랑의 밭을 갈고 사랑의 농사를 열심히 지은 자가 거두는 열매가 바로 존경이다. 이런 존경이 있다는 것은 공동체의 영광이 된다.

기독교는 사랑의 종교이고 교회는 사랑 공동체이다. 이 사랑에서 시작하여 하나님을 향한, 그리고 세상을 향한 인간 행위가 결정된다. 인간 행위 중 사랑의 행위는 인간이 가질 가장 좋은 가치에 해당된다. 따라서 존경의 원인으로서의 사랑의 헌신을 결한 상태에서 존경받을 것을 말하는 것은 사기나 비슷하다. 그래서 노인이나 원로목사에 있어서 존경은 요구하는 권리가 아니라 섬기는 의무와 관련된다. 이 점에서 현금의 교회적 정황은 좋지 않다. 원로목사가 존경에서 멀어져 교회에서 배척받는 경우를 더러 본다. 이런 것은 원로목사 그 자신과 교회를 위해서 극히 선하지도 아름답지도 못한 것이다.

그렇다면 우리는 아예 존경을 피해야 한다. 사람에게 추앙과 존숭을 받을 때가 가장 불행한 때로 알아 애통하고 기도해야 한다. 사람은, 원로목사라 해도 존경에는 배부름과 만족을 모른다. 그래서 자기 중심성과 자기 우상화를 이루기 십상이다. 스스로 취한 영광, 스스로 즐기는 무게는 하나님과 사람 앞에서 자신을 죽음으로 이끄는 끈이기 쉽다. 존경을 원하는 사람은 사실 아무것도 존경하지 않는 길을 가는 경향이 있다. 원로라 하더라도 그렇게 되면 그것은 자가당착이다. 그러면 그는 자신을 절대적 군주로 삼는 것이고, 자신을 모든 것 위에 두는 꼴이 되고 말기 때문이다.

사람은 하나님을 존경해야 한다. 디도서 1장 16절이 말한 대로 "하나님을 시인하나 행위로는 부인하니"가 되면 안 된다. 사람들은 하나님을 높이고 존경하는 체하면서 하나님 대신 자신이 상상해 낸 것을 숭배하는 경향이 있다. 사람은 하나님께 대한 그릇된 개념을 품음으로 결국 자신이 만들어 낸 우상을 숭배한다. 사람은 사람의 뜻에 따라 하나님을 존숭하지 말고, 하나님의 말씀과 그 뜻에 따라 하나님을 경외하고 존경해야 한다. 어른이나 원로목사가 자주 빠지는 함정은 목회가 끝남에 따라 하나님께 대한 사랑의 느슨함이 아닐까?

어른은 존경을 피해야 한다. 반대로 여전히 주님과 남을 존경해야 한다. 자신이 존경을 이룰 때 그것은 하나님과의 관계도 다른 사람들과의 유대도 튼실하게 한다. 예수는 차별이 없으셨다. 낮은 계층의 사람, 가난한 사람, 병든 사람, 세리나 창기 같은 죄인, 그 누구에 대해서도 존중하는 마음을 가지셨다. 그것이 바로 그가 가진 무게이고 사랑이셨다. 많은 교회는 지금 그 구성원 서로에 대한 존경심을 잃고, 서로에 대한 사랑의 등불은 꺼져 가고 있다. 내가 존경하지 않으면 내가 존경받지 못한다. 그것은 마치 한 원리같이 공동체에 흐르고 있다.

우리가 한 사람으로 세상에 태어났다면 죽는 순간까지 모든 시간을 하나님을 높이고 사람을 존경하는 사명에 써야 한다. 어린아이나 어른, 남녀를 불문하고, 가진 자와 못 가진 자, 선한 자나 비록 죄가 있는 자라 해도, 그 한 생명, 그 한 영혼을 존중해야 한다. 그것이 바로 사랑이다. 그것이 바로 하나님의 뜻이다. 존경받는 것을 피해 존경하는 자가 되면 하나님과 그의 백성 공동체인 교회에서 소중한 가치를 가질 것이 명확하다.

사람들은 자주 자기 무게나 다른 사람들로부터 존경받는 것을 말하면 권위를 떠올린다. 맞다. 권위가 있어야 한다. 그러나 그 권위는 권위를 가지려 하면 없어지는 권위이다. 목사라 하더라도 권위주의에 빠진다면 그것은 진짜 가벼운 것이며 권위 없음에 해당된다. 노인의 섭섭함은 존경을 받으려 함에서 나온다. 존경받는 것을 당연한 것으로 생각했는데 다른 사람이 존경해 주지 않기 때문에 섭섭해지는 것이다. 그리고 그 섭섭함은 진짜 자신을 초라하게 만드는 독이 된다. 사람의 가치는 자기 안에 있는 것이 아니고 그리스도와 타자에 대한 행동과 그 태도에서 나타나는 것이다.

성경은 존경받는 자의 특징을 말한다. 그것은 한 마디로 그리스도 안에 거하는 것이다. 그리스도 안에 있는 자는 그의 말씀, 즉 그의 교훈 안에 있고 그리스도 안에 나타난 하나님의 말씀으로 사는 자이다. 그는 낮아짐의 실천자요, 십자가를 짐에 앞장선 자이다. 세상 끝

날까지 하나님께 엎드려 경배하는 모습이 특징이고, 기도하는 모습이 주를 이룬다. 이런 사람은 존경을 멀리해도 세상과 교회 공동체가 존경을 즐겨 바치는 대상이 되는 것이다. 존경의 함정은 스스로 존경받으려 함이다. 그것이 바로 사람으로서의 무게 없음인 것이다.

3. 겸손

사람에게 있어 교만은 근원적이다. 그것은 인간성의 지옥이다. 그것이 타락의 원천이고 사람을 타락하게 하는 마귀의 중심 수단이다. 그래서 우리에게 있어 죽는 순간까지 극히 금할 사안이 교만이다. 교만은 위장술이 강하다. 교묘한 교만이 많다는 것이다. 겸손을 가장한 교만이 사람에게 들어오는 것은 그 사람의 영적 장애를 목적한 것이다. 그리고 인간성과 존재론적 파멸을 겨냥한 것이다. 골로새서 2장 18절에는 '꾸며낸 겸손'을 말한다. 그것이 바로 인간에 대한 마귀의 영악함이다. 이런 것들이 신앙의 세계나 교회 공동체에 적지 않다는 현실을 우리는 어떻게 보아야 하는가?

잠언의 말씀이다. "교만에서는 다툼만 일어날 뿐이라"(잠 13:10). "교만은 패망의 선봉이요 거만한 마음은 넘어짐의 앞잡이니라"(잠 16:18). 원로목사는 인생의 석양에 이른 사람들이다. 그럴 때 교만이 온다는 것은 인격의 슬픔이다. 우리는 스스로 자신은 교만과는 관계

없는 사람인 양 여긴다. 그것이 곧 교만의 첩경이다. 그래서 우리는 상시로 자신과 자신의 신앙과 인격을 점검해야 한다. 원로목사에게는 죽는 순간까지 자신에게 교만이 일어나거나 들어오지 못하도록 인격을 지키는 것이 진실로 영적 과제가 된다. 사람은 모른다. 교만이 겸손의 옷을 입고 있기에 깊은 곳을 들여다보지 않으면 남은 알 수 없다. 그러나 하나님은 다 아신다. 하나님은 교만한 자를 물리치신다고 하셨다(약 4:6).

1) 자기를 줄이고 지워 가기

겸손의 과제는 십자가 앞에서 성찰된다. 십자가를 떠나면 진정한 겸손을 말하기 힘든 것이 성경과 기독교의 본질이다. 십자가는 교만으로 인하여 넘어진 인간을 일으키는 하나님의 방법이다. 교만으로 인하여 죽은 인간을 십자가가 살린다. 그것이 사람에 대한 하나님의 은혜, 그 중심을 차지한다는 것이다. 십자가 없는 구원, 십자가 없는 회복, 십자가 없는 영광은 성경이 말한 바 없다. 그런데 우리가 만약 그런 것을 상상하고 추구한다면 우리는 이교도의 성향을 가진 것이다.

영어에 "The cross is 'I' crossed out"란 말이 있다. 십자가는 '나'를 지워 버린다는 뜻이다. I를 세로의 막대기로 보고 가로의 막대기로 I를 지워버리는 모양이 십자가이기 때문이다. 십자가의 정신과 의미는 항상 자신을 부정하는 것이다. 원로목사에게 잘 안되는 것이 자기 부정일 수 있다. 그리스도를 믿는 자는 자기를 부인하고 자기 십자가를 지고 그리스도를 따라야 한다(마 16:24). 이 점에서 자신을 지우는 것은 십자가의 정신과 맞아떨어진다. 인간의 병은 하나님 앞에서 자신을 지우지 못함이 아닌가? 자신이 살고자 하면 십자가도 없고 주님도 없는 것이다.

겸손은 자신을 줄이는 것이다. 그것이 진정 자신을 낮추는 것 아닐까? 사람들은 다른 사람을 줄여 자신을 키우려는 생각을 많이 한다. 다른 사람의 물질이나 명예나 역할이나 영향력을 줄이려 한다. 그리고 그것을 자신에게로 돌려 자신을 채우고 자신을 선전하려 한다. 그래서 더 받으려 싸우고 더 가지려 피를 흘린다. 그것이 바로 탐욕이다. 그것이 바로 겸손이 없다는 뜻이다. 겸손하면 나타나는 확실한 특징 하나가 자신을 줄인다는 것이다. 자신을 비워 다른 사람을 채운다. 자신 때문에 다른 사람이 돋보이게 한다. 그것이 바로 노년을 사는 사람, 원로목사에게는 마땅히 가질 겸손의 덕성이라 해도 될 것이다.

우치무라 간조는 겸손을 자신의 가치를 아는 것으로 보았다. 즉 겸손은 하나님 앞에서 자신이 티끌이라는 것을 깨닫는 것이다. 그렇다면 우리는 티끌인 자신을 숭상해서는 안 된다. 자기중심주의와 이기주의에 빠지는 것은 지독한 교만의 폐해일 것이다. 우리가 티끌이라면 우리는 우리를 줄여야 한다. 모든 것은, 그리고 모든 유익은 하나님과 다른 사람에게 돌려야 한다. 그것이 자신과 자신에게 주어진 시간과 기회를 살리는 것이다. 원로목사는 특히 자신이 아닌 하나님을 찾아야 할 시간과 자리에 왔다는 것을 알아야 한다.

우리에게는 한 어두운 공간이 있다. 자신이 겸손하다고 생각하는 공간이 그것이다. 거기서 겸손은 완전히 사라진다. 자신이 겸손하다고 생각하는 것은 겸손이 아닌, 이미 교만이다. 그래서 "다 서로 겸손으로 허리를 동이라"(벧전 5:5)는 말씀을 굳게 잡아야 한다. 많은 그리스도인이 자신은 교만과는 무관하다고 생각한다. 그러면서 그것으로 헛된 자기 긍정과 자기주장과 자기 이익을 추구한다. 세상이나 교회에서 자기를 지키고 키우는 것, 그것 하나만이 삶이고 신앙이라 생각한다면 극히 성경적이지 않다.

영성의 대가 로욜라의 이냐시오는 겸손의 덕행을 넘어 그리스도인들의 삶을 요약한다. 그가 말하는 겸손의 세 단계는 이렇다. 첫째는 필요한 겸손이다. 이는 구원에 필요한 겸손으로서 만사에 있어 하나님의 법도에 순명하는 것과 관계된다. 둘째는 완전한 겸손이다. 완전한 겸손은 고의적인 작은 죄도 범하지 않을 만큼 하나님을 충실히 섬기는 것이다. 그래서 가난보다 재물을, 불명예보다 명예를, 단명보다 장수를 취하려는 마음을 쓰지 말 것을 말한다. 셋째는 가장 완전한 겸손이다. 이는 그리스도를 본받아 부유하거나 영예롭거나 이 세상에서 지혜로운 자로 여겨지기보다는 그리스도와 함께 가난하고 그리스도와 함께 치욕을 당하며 그리스도와 함께 미련한 자로 여겨지기를 더 원하는 것을 말한다. 이러한 겸손은 원로목사인 우리가 주목하여 보고 걸을 신앙의 길이 아니겠는가?

자기를 줄이고 지워 가는 것은 확실히 평화의 길이다. 노욕은 건강과 신앙의 독이다. 자신의 무엇이 아닌 자신, 그 자체를 줄이고 지움은 하나님 앞에 아름다워져 가는 모습임이 분명하다. 줄이는 것은 비움으로 가는 과정이다. 자꾸 줄이면 결국은 비워지고, 그러면 짐은 가볍다. 바로 여기에 세상에서는 찾기 힘든 원로목사의 쉼이 기다린다.

2) 받기보다 베풀기

사람들의 삶은 관계로 짜여 있다. 관계망은 삶과 생명을 지탱하는 틀과도 같은 것이다. 이런 삶의 관계망은 대부분 주고받는 것을 골격으로 한다. 주고받는 것이 원활하게 일어나야 관계는 균형과 지탱을 이룬다. 사람은 홀로 살 수 없도록 되어 있다. 인간 사회는 사회적 존재로서의 인간이 가진 사회적 관계의 가치를 지켜야 한다. 이런 뜻에서 천상천하 유아독존의 인간은 없다. 있다면 교만하고 왜곡된 인간인 것이다.

에리히 프롬은 소유보다 존재여야 옳은 사람으로 보았다. 존재는 소유를 넘어선 개념이다. 왜곡된 소유는 존재를 파괴하는 틀이다. 믿음의 조상 아브라함은 존재를 위해 소유를 포기한 대표적인 사람이다. 그런데 우리가 살고 있는 이 세상을 보면 온통 소유의 욕망이 끓고 있는 용광로 같다. 존재의 가치나 존재화의 노력은 잘 보이지 않는다. 바로 여기에서 삶의 왜곡과 불협화가 파생된다. 이런 것들이 세상과 인간을 한 악한 죄 덩어리로 묶고 있다. 원로목사인 우리는 예외인가?

교만은 인간의 길을 방해한다. 항상 생명과 삶의 적으로 그것이 있다. 교만은 사회적 존재로서의 인간에 대한 존재화의 역기능이며, 관계의 적이다. 왜인가? 욕심 때문이다. 대부분의 교만은 욕심을 노예로 둔다. 무엇을 계속 모으며 쌓으며, 받기에만 치중하는 생의 모양새가 그것이다. 마치 숨을 들여 쉬기만 하는 것 같다. 들숨과 날숨이 우리가 숨 쉬는 방법이다. 좋은 세상, 좋은 공동체를 지향하는 사람의 태도는 다른 사람을 배려하는 겸손에 있다. 인생 노년에 받는 것만 생각하거나 그쪽으로 생각이 기울어진 것은 신앙과 인격에 있어 바람직하지 못한 것이다.

겸손의 적극성은 받기보다 베푸는 것이다. 겸손은 자신을 낮추는 것이지만 그것만으로는 겸손을 말할 수 없다. 자신을 적극적으로 낮추는 것은 베푸는 것이다. 끊임없이 주고 베푸는 것은 자기 겸손을 아름답게 꾸미는 것이다. 원로목사가 자신을 낮추는 것과 함께 무엇을 자꾸 나누고 베푸는 것은 어려울 수 있다. 나눌 것이 거의 없는 경제적 약함을 지니기도 하고, 도리어 도움을 받아야 삶과 품위를 유지할 처지에 있는 분들도 있다. 그럼에도 불구하고 노인이나 원로목사는 주는 것을 좋아하는 품성을 이루어야 한다.

성경 말씀이다. "흩어 구제하여도 더욱 부하게 되는 일이 있나니 과도히 아껴도 가난하게 될 뿐이니라"(잠 11:24). 주어도 불어나는 것이 물질이고 아껴도 없어지는 것이 물질이다. 우리의 삶에는 습관에서 오는 허점이 있다. 그것이 무엇인가? 교회나 사회에서 지도자로 산 사람은 누구로부터 받는 것에 익숙해 있다는 것이다. 심지어는 받는 것을 기다리고, 받았을 때, 하찮은 것을 준다고 주는 자를 비판하기도 한다. 받는 함정에 빠져 주는 복된 통로를 만들지 못한 경우도 많다. 그래서 가졌는데도 줄 줄은 모르고 받는 것만 아는 일이 자주 보인다. 사용할 줄 모르면 가진 것의 가치가 무엇일까? 원로라면 묻고 또 물어야 할 것이다.

베푸는 것은 참으로 겸손한 것이다. 그것은 항상 즐거운 겸손으로 경험된다. 우리에게는 자신과 자신이 가진 것으로 베풀고 나누는 것만큼 인생의 좋은 가치와 환경을 만들어 가는 일이 많지 않다. 그것은 확실히 겸손의 그림이다. 원로목사로서 감사함으로 베풀어 가는 삶의 길이 우리를 흥분시킬 것이다. 이병필 목사의 시집 제목인 『서서 타는 촛불』과 같이 자신을 줄여 남을 밝히는 것은 겸손한 자가 얻을 축복일 것이다.

하나님은 겸손한 자와 함께 걸으며 낮은 자에게 자신을 계시하시며, 작은 자에게 자신을 주시며 순결한 영혼들에게 자신을 보이신다. 그러나 교만한 자들에게는 자신을 숨기시는 하나님이시다. 노인이나 원로목사인 우리에게서 하나님이 자신을 숨기시면 우리는 무슨 가치와 의미를 갖겠는가? 비록 부유하지 못하고 가진 것이 적지만 더 가지려 싸우지 말고 그나마 가진 것을 베풀어 가는 인생의 저녁은 쓸쓸하지 않을 것을 확신한다.

3) 예수 닮기, 주고 섬기는 것

겸손의 원본은 무엇인가? 겸손의 근본은 어디인가? 겸손의 원천과 그 본을 찾아야 사람은 겸손의 길을 갈 수 있다. 세상과 교회는 겸손을 삶의 덕목으로 자주 언급한다. 아우구스티누스는 기독교인의 덕목 그 첫째도 둘째도 셋째도 겸손이라 했다. 그는 겸손이 없는 그리스도인은 생각할 수 없었다. 그렇다면 그 근거는 무엇인가? 성경이다. 성경이 말하는 겸손을 가장 자명하게 보려면 어디로 가야 하는가? 우리는 항상 물으며 순례의 길을 간다. 원로목사는 더더욱 성경에 길을 묻는 지혜를 가져야 한다고 생각한다.

예수는 겸손의 근본이다. "말씀이 육신이 되어 우리 가운데 거하시매"(요 1:14)라는 말씀을 주목하라. 그의 낮아지심, 그리고 그의 에스케노센, 즉 우리와 함께 거하심을 생각해 보라. 그것은 자신을 케노시스, 즉 비우심이다. 왜 그랬던가? 우리를 구원하시기 위해서였다. 동시에 가난한 우리를 부요케 하시기 위해서였다(고후 8:9). 세상과 인간이 원한 바도 없는데 그리스도께서 이렇게 행동하심은 우리가 가질 겸손의 근본이 되신 것이다.

마음은 행동의 틀이다. 예수의 모든 행위는 그의 마음과 관련을 가진다. 예수는 자기 마음을 표현하신 적이 있다. "나는 마음이 온유하고 겸손하니 나의 멍에를 메고 내게 배우라 그리하면 너희 마음이 쉼을 얻으리니"(마 11:29). 온유와 겸손이 예수의 마음이다. 온유와 겸손은 분리하기 힘들다. 절묘한 조화이다. 겸손은 온유를 부르고 온유는 겸손과 짝한다. 원로목사에게 예수를 본받는 이 겸손, 이 예수의 마음은 가장 든든한 영생을 향한 자산 같은 것이다. 반대로 우리의 마음에는 교만이 거하고 교만의 실체로서의 마귀가 집을 짓는 경우가 많다. 그렇다면 원로라 해도 평안은 거리가 먼 것이다.

예수는 십자가에 못 박혀 돌아가시기 전날 밤, 제자들과 마지막 저녁을 잡수시던 중 자리에서 일어나 제자들의 발을 씻기셨다. 발을 씻기는 것은 종이 할 일이다. 그런데 그가 제자들의 발을 씻기셨다. 그것은 그가 겸손이 무엇인지를 가르치신 것이다. 그것은 당시 헬레니즘 세계의 가치관을 전복시켰다. 선생이 제자의 발을 씻김이 참 겸손의 실체이다. 왜 그랬던가? 제자들에게 옳은 길을 보이기 위해서이다. "너희가 나를 선생이라 또는 주라 하니 너희 말이 옳도다 내가 그러하다 내가 주와 또는 선생이 되어 너희 발을 씻었으니 너희도 서로 발을 씻어 주는 것이 옳으니라"(요 13:13-14). 겸손이라면 어떤 모습도 타당하고 아름답다. 주님이 옳다는 것이 우리에게 옳은 것이다. 높은 자가 낮은 자의 발을 씻김이 참으로 높은 것이다.

예수 닮은 신앙과 인격은 인생의 최적이다. 예수와 관계없이 신앙을 말하고 인격을 말하는 것은 우리에게 있어서는 불법 같은 것이다. 예수가 왜 발 씻음으로 겸손을 표현하셨던가? 본을 보여 주기 위해서였다. "내가 너희에게 행한 것 같이 너희도 행하게 하려 하여 본을 보였노라"(요 13:15). 예수가 본을 보여 주신 것은 따라오라는 것이다. 그것은 우리가 달려갈 길이요 우리가 행할 과제이다. 그러나 그리스도인들이나 원로목사가 이런 본을 받아들이고, 또 그렇게 살고 있는가? 주님을 닮아 가는 그 은혜를 떠나 향방 없이 달리고 허공을 치는 듯 살아가고 있는 모습은 아닐까 생각해 본다.

예수를 닮는 것은 겸손의 극치이다. 예수를 닮는 모습에 있어 핵심은 주고 섬기는 것이다. 그것은 그가 세상에 왜 오셨는지를 보면 명확해진다. "인자가 온 것은 섬김을 받으려 함이 아니라 도리어 섬기려 하고 자기 목숨을 많은 사람의 대속물로 주려 함이니라"(마 20:28). 이는 원로목사의 핵심 가치가 된다. 세상을 떠날 날이 가까운 사람은 세상에 왜 왔는지를 생각해야 한다. 세상에 왜 왔는지를 모르면 삶이 헛되게 되고, 삶이 헛되면 떠나는 날이 힘들어진다. 마지막이 절망과 통곡이 아닌 따뜻한 주님의 품이 되도록 예수를 닮고 그의 삶을 닮아 가면 우리는 참으로 겸손한 삶을 이루게 된다.

섬김을 받으려 함은 겸손이라기보다 교만이고 세상 못된 가치관의 한쪽이다. 그것을 잡고 있으면 그게 삶과 생명의 독이 된다. 섬김을 받는 것은 자신이 높은 줄 착각을 일으킬 때가 많다. 높은 자리와 섬김 받음에는 저절로 교만이 준동한다. 쉼 없이, 끝까지 섬겨, 예수의 섬김을 본받는 것은 예수의 사람, 바로 그의 제자다움이 될 것이다. 따라서 원로목사는 평소에 가르치고 설교한 대로 섬김의 길을 멈추지 않아야 한다. 그것이 바로 겸손으로 가는 과정이기 때문이다.

주는 것이 겸손임을 우리는 예수께 배운다. 그는 주시기 위해 오셨고 자신까지 주셨다. 가진 것을 넘어 목숨을 내놓으셨다. "자기 목숨을 많은 사람의 대속물로 주려 함"은 우리 전인격을 변화시키는 가치이다. 좋은 사람, 훌륭한 사람, 의로운 사람, 선한 사람, 성공한 사람, 귀한 사람만을 위함이 아니었다. 가난하고 못 배운 사람, 병들고 약한 사람, 소외되고 버림받은 계층을 위해서 그는 죽었다. 특히 세상 누구도 좋아하지 않는 죄인을 위해서 자신의 목숨을 대속물로 주심은 그 가치와 겸손의 깊이가 너무 심오해 설명을 불허한다.

노년을 사는 사람이, 원로목사가 되어서도 줄 줄 모르고 받을 줄만 아는 것은 예수와는 다른 길을 걷는다고 볼 수 있다. 어떤 의미에서 예수를 잘 모르는, 예수와는 낯선 관계라고 해야 할지 모른다. 잘 주고 많이 주면 하나님께로 가는 길이 대로가 되지만, 주지 않고 받기만을 원한다면 하나님께로 가는 길이 무너지고 말 것이다. 원로목사는 때로 믿음의 조상 아브라함을 생각해야 한다. 하나님은 아브라함에게 "너는 복이 될지라"(창 12:2)라고 하셨다. 원로목사가 세상과 교회에 복이 될 수는 없을까? 주고 섬김으로 겸손을 실천해 예수를 드러내면 가능하지 않을까 생각한다.

4) 하나님이 보낸 후임을 존중하기

겸손은 타인을 존중하는 손이다. 타인을 존중하려면 자신을 낮추어야 한다. 자신을 남보다 높인다는 자체가 일종의 교만일 수 있다. 그래서 그리스도인들은 타자 앞에 자신을 낮추어야 한다. 왜냐하면, 겸손을 위해서이다. 타인을 존중하기 위해서이다. 다른 사람을 존중하는 자세는 자신을 낮춤에 있다. 그것이 겸손의 모습이다. 우리가 하나님을 섬긴다면 하나님이 지으시고 보살피는 그 사람을, 그가 어떠한 사람 누구든, 존중하는 것은 우리의 당위인 것이다. 이 점은 원로목사일수록 더 성숙하게 추구할 가치로 보인다.

원로목사는 후임을 둔 목사이다. 그래서 원로목사의 생각과 일은 하나님의 섭리를 따른다. 하나님이 후임을 선택하셨고, 자신을 원로목사로 세우셨다. 그렇다면 원로목사가 그 후임을 존중하는 것은 너무나 당연하다. 참으로 그것은 아름답고 자연스럽다. 이는 세계와 인간의 가치를 넘어 하나님의 섭리에 참여하는 것이다. 이는 곧 하나님의 구속 사역을 정면에서 보는 것이고, 하나님과 그의 뜻을 송축하는 것과 같다. 풀러 신학교의 앤더슨이 말한 대로 목회는 '하나님의 목회'이기 때문이다. 나를 쓰신 분도 하나님이요 그를 쓰시는 분도 하나님이시기 때문이다. 나도 그도 하나님의 일을 한다는 점에서 내가 그를 존중할 가치를 얻는 것이다.

후임으로 온 목사는 겸손과 신중함으로 하나님 앞에 서야 한다. 자신이 할 일은 자신이 계획한 일이 아니고, 부임한 교회와 전임자에 대한 학습이 먼저이다. 그 학습은 쉽지 않은 과제이다. 그 교회 전통을 알아야 하고, 그 교회 지도자를 알아야 한다. 그 교회 역사와 전통에서 하나님이 역사하신 내용을 구체적으로 읽어야 하고, 자신의 전임자에 대한 하나님의 뜻과 섭리도 알아야 한다. 목사가 부임한 지 3년도 안 되어 문제가 일어나는 것은 흔히 이 학습을 생략하는 어리석음과 무례와 무질서의 결과물인 것이다. 목회는 이어받아 가는 것이다. 그러려고 부임한 자가 후임 목사이다. 무슨 자기 세계를 만들려고 점령해 온 것이 아니다. 교회 전통과 전임자 지우기는 하나님 앞에서 범하는 자가당착이다. 자신도 하나님의 종이지만 앞에 있었던 모든 사역자도 하나님의 종이었다. 그때 그 사람들에게 역사하신 하나님이 자신을 쓰시기 때문에 이미 하나님이 은혜로 이루신 교회와 전임자들에 대해 아는 데 게으르지 않아야 한다. 그리고 시간이 흘러도 보다 정확하게 알고, 확실하게 하나님의 뜻을 깨달아 그 사역을 이어 가는 것이 목회이다. 그것은 후임자의 과제이다.

그럼에도 불구하고 후임은 전임자에게 있어 하나님이 주신 가슴 뛰는 선물이다. 특히 원로목사에게는 더더욱 그렇다. 특별히 그가 훌륭하고 무엇을 잘 해서가 아니다. 하나님이 하셨고 하나님이 그를 쓰시기 때문이다. 도덕성이 뛰어나고 판단력과 지적 성숙도가 탁월하고 조화로워서도 아니다. 후임의 리더십이 확실히 좋아서만은 아니다. 그런 것과 관계없이 목사라면 또 다른 목사를 존중함이 성경적이고 신학적이기 때문이다. 그런데 인간적으로 원로목사가 후임을 적대하거나 멸시한다면, 그에게 하나님은 도대체 누구인가?

원로목사는 후임 목사를 위해 기도할 책임이 있고 지지하고 지켜 줄 책임이 있다. 그를 하나님이 뜻하신 훌륭한 목사가 되도록 함께 섬길 가치를 깨달아야 한다. 그것이 바로 원로목사가 지닐 겸손이다. 하나님의 일은 사람이 훌륭해야 잘 되는 것이 맞지만, 어떨 때는 그렇지도 않다. 왜인가? 하나님의 일은 하나님이 하시기 때문이다. 하나님은 미련한 자를 들어 지혜 있는 자들을 부끄럽게 하시기도 하고 세상의 약한 것들을 택하사 강한 것들을 부끄럽게 하시기도 하기 때문이다(고전 1:27). 하나님과 그의 뜻을 읽지 못하면 목사는 자신과 후임에 대한 미스 리딩이 끝없이 반복될 수밖에 없다.

후임을 존중하는 것은 신학적인 관점에서 더 정당성을 얻는다. 그리스도는 그리스도인의 목자이시다. 그는 "선한 목자"(요 10:11)이시다. 그것은 그의 지도력에 대한 말씀이다. 그의 지도는 언제나 선함의 연속이고 선함의 충만이다. 바로 그 예수가 우리 교회에 한 목사를 목자로 보내셔서 당신의 양들을 위탁하셨다. 누가 이 일에 대해 비판하겠는가? 다만 하나님과 우리의 영원한 목자이신 그리스도께 대해 감사와 찬양을 드릴 뿐이다. 원로목사인 자신 역시 그 목자에게서 오는 말씀을 들어야 하고, 그의 지도를 받아 하나님께로 가야 하는 질서 속에 있다. 그것은 후임과의 관계가 아닌 하나님과의 관계에 근거하는 의미 아니겠는가? 이 관계를 중시함이 원로목사의 무게일 것이다.

지도자 교체에서 사람이 겸손을 상실하면 교회는 교만한 마귀의 전쟁터가 되고 만다. 많은 교회에서 갈등과 분쟁은 들불같이 맹렬하다. 겸손은 자기를 이기는 것이다. 원로목사에게 겸손은 더욱 그렇다. 성령님의 도움으로 자신이 사랑했던 주 예수 그리스도와 하나님의 말씀에 이르러야 한다. 하나님의 말씀으로 자기를 지배케 해야 한다. 자신과 교회를 오직 말씀 아래 두어야 한다. 그러므로 우리는 족히 하나님이 보내신 후임을 존중하는 원로목사의 반열에 서는 것을 영광으로 알아야 한다. 그것이 바로 겸손이기 때문이다.

5) 자신보다 교회를 생각하기

정년이 되어 은퇴하면 목사의 환경은 극도로 악화된다. 무슨 다른 환경이 아닌 영적 정신적 환경이 그렇다는 것이다. 원로목사도 그 시무 시에는 쓰임새가 좋았다. 그러나 은퇴하면 그것이 사라진다. 쓰임새가 있다면 목회와는 거의 다른 장이다. 은퇴자는 평생 눈물 흘리며 섬기고 헌신하던 자리를 떠나야 한다. 이 말은 원로목사에게 있어 이사 간다는 것이 아니고 사역에서 배제된다는 뜻이다. 그때 오는 공허감은 필설로 형용하기 어렵다. 사실 당하는 자만 아는 고통이다.

대부분의 관계는 끊어지고 사람들은 떠난다. 더러는 할 일도 다시 찾아야 하고, 갈 곳도 줄어든다. 기쁜 날보다 우울한 날이 많고, 그 적막감은 태산 같은 공포로 마음에 들어찬다. 머리는 방향 잃은 새같이 떠돌고, 놀이터에 놀고 있는 아이들이나 물끄러미 훔쳐본다. 자신이 사람이나 공동체에서 소외됨을 강하게 느끼고, 그래서 헛되고 헛됨 앞에서 서성이는 자신을 자주 본다. 이때까지 보지 못했던 낯선 사람이 바로 자신이다. 그러면 안 된다는 것을 알면서도 섭섭한 마음이 왜 안 들겠는가?

그래서 사람은 그 허전함과 허탈감을 견디지 못하여 겸손을 상실하기 쉽다. 그래서 약하고 악한 말을 하며 다투고 문제를 일으키기도 한다. 은퇴한 사람을 누가 알아주겠냐마는, 그럼에도 불구하고 원로목사라면 그 현실에 대한 성경적 이해가 있어야 한다. 자기 이익이나 자기 섭섭한 것에 집착하면 교회보다 자신이 앞서는 모양새가 된다. 자기 위주로 사고하고 행동한다면 그야말로 하나님의 세계에서 가져안 될 교만이 된다. 자신이 소중하지 않은 것은 아니지만, 자신이 전부가 된다면 그것은 성경에 상충하는 모습이 아닐까?

목사는 하나님의 부르심을 받고 교회를 위해, 교회의 머리이신 그리스도를 따랐다. 교회는 곧 그의 몸이라고 성경은 말한다. 교회를 위해 있던 자가 교회에 반하는 모습을 지니면 진실로 자기 왜곡이고 자기 사명의 왜곡 아닐까? 20년 이상 목숨을 걸고 사역한 것은 구원의 방주, 하나님의 백성 공동체, 선교적 직무를 가진 사명 공동체로서의 교회를 위함이었다. 그렇다면 원로목사는 어떤 경우도 교회를 위함에 그 존재와 언행을 집중해야 마땅하다. 교회 위에 군림할 수 없고, 그래서는 안 된다는 것이다.

목사에게도 개인으로서의 자신이 있다. 그것이 되어야 그의 관계도, 그의 일도 된다. 자신 역시 하나님 앞에 소중한 존재이다. 하나님의 손에 잡혀 쓰임 받은 몸이고, 바로 그 몸을 이끌었던 마음이다. 목사 역시 개인의 삶이 있다. 가정이 있고 가족이 있고, 오늘과 내일을 사는 사람이다. 육신을 가졌기 때문에 물질도 필요하고, 세상을 살자니 세상의 것도 가져야 한다. 그럴지라도 원로목사는 항상 자신이 섬기던 교회를 자신보다 더 생각하는 것이 옳고 정당하다. 비록 사람들이 알아주지 않아도 좋다. 하나님과 깊은 관계를 누리며 그의 백성 공동체로서의 교회의 영광에 참예함을 영광으로 알아야 한다. 결론적으로 겸손이 없으면 영광으로 걸어가는 발이 없는 것과 같다 하겠다.

4. 신앙

　원로목사는 평소 자신의 사역에서 신앙, 혹은 믿음이란 말을 입에 달고 살았다고 본다. 믿음으로 구원받고, 믿음으로 승리하고, 믿음으로 살아야 한다고 외치고 가르쳤다. 그런데 이렇게 평생 목회한 사람에게 믿음, 혹은 신앙이란 말이 왜 필요한가? 하나님을 믿지 않는 사람에게나, 또 초신자에게나 할 말이 믿음이라 생각할 수 있다. 그러나 그것은 아니다. 믿음은 우리에게 있어 항상 현재적으로 작동하는 말씀의 원리이고 하나님께 대한 관계의 원리이다. 그래서 원로목사에게는 더 근본적이고 절실한 개인적 과제가 신앙인 것이다.

　전에 한경직 목사께서 자기를 찾아와 덕담을 청하는 젊은 목사들에게 "목사님들, 신앙생활 잘 하십시오"라고 했다는 말을 들은 적이 있다. 신앙은 목사가 다른 사람에게 촉구하는 청구서가 아닌 자신에게서 끌어낼 청구서이다. 믿음은 하나님을 믿는 것이다. 더 정직하게 말하면 하나님이 보내신 그 아들 예수 그리스도를 믿는 것이다. 다시 말해 그것은 하나님의 약속을 믿는 것이다. 그것은 타인의 과제가 아닌 먼저는 자신의 과제이다. 원로목사는 믿음에 있어서 스스로 실패자가 되지 않음이 만년에 지킬 중심 교훈 아닐까?

1) 성경이 정본이다

'신앙'이란 말의 동사는 '믿는다(believe)'이다. 신앙생활에 있어 이 점이 문제이다. 신앙이란 이념은 있고 믿는다는 행동이 없으면 성경의 믿음은 아니기 때문이다. 사람은 노년이 되면 행동이 줄어든다. 잘못하면 믿음의 행동도 줄어들 수 있다. 사도 요한은 믿음을 말할 때 신앙이란 명사는 단 한 번 쓰고(요일 5:4) 믿는다는 동사로 믿음을 표현했다. 그리스도인들은 노쇠해도 그 정신과 삶에 있어 하나님을 믿는 믿음의 역사는 강건해야 한다. 만약 그것이 줄어든다면 영혼의 병을 얻게 될지도 모른다.

우리가 믿는 믿음은 하나님의 말씀을 믿는 것이다. 하나님의 말씀은 인간에 대한 하나님의 약속이다. 그 약속을 믿는 믿음이 하나님을 믿는 믿음이다. 하나님께 대한 자신의 모호한 감성이나 이념을 믿는 것이 아니다. 포이에르바허는 "신학은 인간학"이라 했다. 냉철한 관찰이다. 인간이 말하는 신은 인간 자신이 투영된 자신의 창작이란 것이다. 그러나 우리는 자신이 만들어 낸 하나님이 아닌 철저히 성경 안에 계시된 하나님을 믿는다. 이는 바로 하나님의 말씀을 믿는 데서 정리된다. 성경을 멀리하고 또 하나의 하나님의 말씀인 설교를 혹평한다면 원로목사도 믿음이 쪼그라들 수밖에 없다. 세월이 갈수록 말씀이 가깝고 확실할 때 우리는 믿음을 바로 세울 수 있다.

성경의 핵심은 화육된 말씀인 그리스도이다. 그리스도는 하나님 자신의 계시이다. 그는 "나를 본 자는 아버지를 보았"(요 14:9)다고 하셨다. 하나님은 그리스도 안에서 가장 완전하게 자신을 계시하셨다. 그래서 신약 없이 구약을 이해할 수 없고, 예수 없이 하나님을 믿으면 유대교가 되고 만다. 참으로 하나님을 믿는 것은 예수를 믿는 것이다. 예수를 확실히 믿을 때 그것은 성경을 믿는 것이고 성경을 따라 사는 것이 된다. 왜냐하면, 성경이 사람에게 주어진 목적은 믿음을 세움에 있기 때문이다. 우리에게 있어 기억의 등불이 깜박거리고 신경이 둔하여 무엇을 자꾸 떨어뜨릴 때, 우리는 더더욱 예수를 명료하게 기억하고 예수를 따라 살며 그를 사랑해야 한다.

그럴 리가 없지만, 우리가 성경으로부터 멀어진다면 자연 성경의 중심인 그리스도께도 멀어진다. 그 간격은 인간이 극복할 수 없는 간격이다. 그래서 사람은 불행해지고 슬퍼진다. 걱정과 근심이 지배한다. 노쇠와 함께 두려움이 엄습한다. 왜 그런가? 믿음에 문제가 있기 때문이다. 성경에서 믿음이란 모든 것을 하나님께 맡기는 것(To Commit to God)을 의미한다. 자기 길을 여호와께 맡기는 것(시 37:5), 자기 행사를 여호와께 맡기는 것(잠 16:3)은 믿는 자의 특권 같은 것이다. 원로목사는 자신을 그리스도께 맡기는 일에 문제가 있다면 안 되기 때문에, 성경을 가까이하여 자기 믿음 세움에 각별해야 한다고 본다.

파스칼은 그의 『팡세』에서 믿는 데에는 세 가지 방법이 있다고 했다. 그것은 이성과 습관과 영감이다. 교회는 이성과 습관을 배제하지 않는다. 믿음은 자기 정신을 열어 증거를 받아들여야 하고, 습관으로 그것을 견지해야 하며, 참되고 유익한 결과를 위해 영감에 겸손히 자기를 바쳐야 한다. 이를 성립시키는 절대 과제는 성경에 있다. 성경 없이 믿음을 말하는 것은 어리석음이기 때문이고, 동시에 그 셋은 바로 그리스도의 십자가의 능력을 헛되이 돌리지 않음이기 때문이다. 따라서 원로목사는 이성을 계시 아래에 두어야 하고, 일생 신앙생활의 한 습관의 전통을 지켜야 하며, 말씀 안에 나타난 영감으로 무장해야 한다. 신앙은 이따끔씩 일어나는 섬광 같은 것이 아니기 때문이다.

신앙은 말씀에서 일어난다. 성경은 믿음을 세우는 하나님의 말씀이다. 세상에는 옳고 그른 것이 섞여 사람의 판단을 흐리게 하는 것이 많다. 교회와 영적 세계에도 그렇다. 성경은 신앙에 있어서 진리와 거짓을 재는 기준이며 저울이다. 그래서 정경이란 말을 쓴다. 그래서 믿음은 성경 말고는 그 무엇에도 의지하거나 지지를 요하지 않는다. 성경은 모든 참된 영성의 규범이며 표준이다. 칼뱅은 하나님의 말씀을 없애 버리면 신앙은 사라진다고 했다. 하나님의 말씀은 우리 생활의 원천이다. 그 말씀이 교회의 특성인 것이다. 원로목사는 하나님의 말씀을 가까이함에 있어 현직에 있을 때보다 진보해야 자신의 믿음이 바로 되는 것이다.

본회퍼는 "그리스도께서는 모든 성경 속에서 신앙으로 거기에 의지하는 사람들에게 그 자신을 나타내 보이신다"고 했다. 하나님의 말씀인 성경은 예수 그리스도를 말한다. 따라서 예수 그리스도를 믿는 믿음은 오직 성경과 성령에 의해서만 가능해진다. 성경의 인도를 받지 않는 믿음은 없다. 왜냐하면, 성령은 성경 안에서, 혹은 성경과 함께 역사하기 때문이고, 성경은 그리스도를 보여 주고 믿게 하기 때문이다. 그래서 교회는 성경을 놓으면 빈손이고 성경을 떠나면 빈 집이 되는 것이다. 성경은 믿음의 정본인 것이다.

인생 노년은 말씀을 특히 가까이할 때다. 이 점은 원로목사에게도 예외는 아니다. 왜냐하면, 믿음을 세우고 지키기 위해서이다. 성경을 자기 곁에 두라. 그것은 자기 안에 있는 죄와 죽음의 독을 제하기 때문이다. 성경을 항상 읽고 묵상하여 자기 머리에 두라. 그것은 우리의 신랑 그리스도께 대한 믿음의 순결을 이루기 때문이다. 하나님의 말씀으로 자신을 깨끗하게 하는 믿음은 항상 세례의 의미를 반복하고 있다. "이는 곧 물로 씻어 말씀으로 깨끗하게 하사 거룩하게 하시고"(엡 5:26).

나이가 들면 듣는 것이 둔해질 수 있다. 모든 듣는 것이 힘들어지면 하나님의 말씀 듣는 것도 지장을 초래한다. 사람이 하나님의 말씀을 듣지 못한다면 사람은 생명의 싹을 틔울 수 없다. 특히 믿음의 역사나 믿음의 열매를 기대할 수 없다. 믿음은 들음에서 난다. "그러므로 믿음은 들음에서 나며 들음은 그리스도의 말씀으로 말미암았느니라"(롬 10:17). 원로목사는 목사이지만 겸손하게 말씀 들음에 열려 있어야 한다. 자칫 여기 교만이 깃들면 들려오는 말씀을 비판하고 멸시하는 오만에 빠질 수도 있기 때문이다.

사람은 누구나 길을 가는 것이다. 인생길은 험하고 복잡하다. 그리스도인들은 더욱 힘든 좁은 길을 걸으며, 진리 위에 있어야 한다. 그러므로 성경으로, 성경 안에 나타난 하나님의 말씀으로 충만해지는 것은 인생 마지막에 이룰 열매 같은 것이다. 죽음의 그늘이 자신

위에 드리울 때, 원로목사라 하더라도 "주의 말씀은 내 발에 등이요 내 길에 빛이니이다"(시 119:105)라고 고백할 수 있어야 한다. 그것이 바로 성경이 말하는 믿음이다.

2) 자신이 선포하고 가르친 신앙 회상

사람에게 있어 귀중한 가치 하나가 지행일치, 언행일치, 신행일치이다. 자기가 말한 것으로부터 자신을 제외하는 것은 존재의 거짓이다. 자신은 정히 자신의 사고와 행위의 기초 위에 두어야 한다. 그리스도를 반석으로 삼고 사는 자는 더더구나 그렇다. 자신에게 없는 자신은 사상적 영적 미아요 사기이다. 진정한 자아는 자아의 이중 구조가 아닌 하나의 통전적 정체성으로 표현된다. 성경도 그의 행위를 보면 그를 안다고 했다. 나무는 열매를 보아 아는 것이다. "이러므로 그들의 열매로 그들을 알리라"(마 7:20). 이런 측면에서 원로목사로서의 행위는 곧 그가 가진 믿음의 고백이다. 이 점이 부족하여 교회와 우리는 세상으로부터 지탄받고 있는 것 아닌가?

원로목사에게 있어서 무엇보다 중요한 한 가지는 자신이 현직에 있을 때 가르친 것을 생각해 내는 것이다. 힘써 외쳤고 애써 가르친 사실에 대해 내용 회상이 중요하다. 왜냐하면, 그것이 지금 자신이 실천할 믿음의 과제이기 때문이다. 자신이 말했던 것과 이율배반적 행위나 삶은 자신을 초라하게 만든다. 성경은 믿음을 말하는 책이기 때문에 제대로 성경을 가르친 목사라면 믿음을 만들어 내어야 한다. 자신이 선포한 말씀에서 스스로 믿음을 건져 내지 못한다면 그 가르침은 명백히 거짓이었다. 자신에게도 영향을 끼치지 못하는 말씀으로 다른 사람을 움직이려 했음이 명료하기 때문이다.

목사직은 한 마디로 디다케와 케리그마로 표현할 수 있다. 예수가 세상에 계실 때 가장 힘썼던 사안이 디다케였다. 그의 가르침은 죄와 죽음으로부터 사람을 구원하고 건져 내는 구속적 디다케였다. 하나님과 그를 믿는 믿음을 세우는 가르침은 구원의 능력을 수반한다. 이 가르침은 죄인에게 있어 영혼의 등불 같은 것이다. 예수의 가르침은 하나님과 그의 나라에 대한 가르침이다. 그 가르침은 죄와 어둠을 물리치는 가장 좋은 방편이었다. 예수의 가르침은 가르침을 받는 자신, 즉 인간이 누구이며 왜 있는지를 깨우쳐 자신을 돌아보고 회개에 이르며, 복음을 받아들여 새사람이 되게 하는 가르침이었다. 복음서는 예수의 가르침을 가장 잘 표현하고 가장 잘 묘사한 내용의 수집이다. 그뿐만 아니라 예수의 선포, 곧 그의 케리그마는 교회의 몫이었다. 하나님이 보내신 하나님을 계시하는 그의 아들 예수 그리스도의 십자가 사건과 부활 사건은 사도들과 교회에 주어진 핵심 케리그마였다. 바로 거기에 믿음의 역사가 수반된다. 교회의 사도성은 중요한 신학적 맥이다. 그렇다면 교회에서 사역한 목회자로서의 원로목사는 교회가 가질 선포를 행했고 지켜 왔던 주역이라 할 수 있다. 그래서 원로목사는 죽는 순간까지 자신이 가르치고 선포한 것을 지켜야 한다.

소중한 것은 그 지킴에 있어 모범을 보일 때 그 가치는 비중을 갖게 된다. 가치 역설(力說)에 치중했으면서도 스스로가 그 가치에 역행하는 삶을 지향한다면 얼마나 우스꽝스러운 모습일까? 교회에는 사역자가 가르쳤던 복음과 말씀이 있는데 정작 그것을 가르친 은퇴자에게는 없다면 이 현상을 어떻게 설명해야 할까? 사실 교회보다도 근원적으로 하나님이 쓰신 그의 사람에게서 진리나 복음은 진주처럼 살아 빛을 가져야 할 것이다. 그것이 바로 목회자가 가져야 할 신앙이요 지혜 아닐까 생각해 본다.

한 목회자는 자신이 표현한 복음에 대한 결과 이전에 자신 안에 그것이 새겨져 있어야 한다. 그래서 자신은 일생 살아 있는 복음의 표석 같아야 한다. 무슨 말이나 소리가 없어도 하나님의 말씀과 그 복음이 묻어나고 표현되어야 한다. 하나님은 그러자고 한 돌이 아닌 한 인격을 선택한 것이 아닐까? 우리는 나이가 들면서 자주 우리가 가르쳤던 것이 자신에게서 지워지고 우리가 선포했던 것이 흔들리는 것을 본다. 그것은 자신과 자신의 영혼이 흔들리는 것이다. 흔들리는 것은 자주 가치 상실의 증세가 아닐까 생각한다.

세상의 모든 것은 때가 있다. 가르칠 때가 있고 그것이 열매 맺을 때가 있다. 가르치면서 열매가 되는 현상도 있다. 그러나 가르친 다음 열매를 기다리는 것은 상식이다. 우리가 가르치고 선포할 때는 열매를 염두에 두고 마음과 정신을 쏟았다. 지금 은퇴하고 원로목사가 된 다음은 자신에게서 그 열매를 추론하고 계수해야 한다. 물론 사람은 약하다. 죄가 많아 아무것도 할 수 없고 어떤 열매도 기대할 수 없는 모습이 있다. 그럼에도 우리는 하나님의 말씀에 대한 평가를 낮추어서는 안 된다. 하나님의 말씀은 열매를 위한 것이다. 열매 맺는 인격을 만들어 내는 것은 오직 말씀 외에 존재하지 않는다. 하나님의 아들 그리스도는 성령 안에서 이 점에 주력했음을 우리는 안다.

우리가 전적 타락, 전적 무능인 것은 신앙인이라면 이미 알고 있다. 그러면 인간은 아무것도 할 수 없고 종래 능동적인 삶을 포기하고 하나님의 인형이 되어야 하는가? 아니다. 우리의 타락과 무능을 우리보다 더 잘 아시는 분은 하나님이시다. 성경은 바로 그분이 우리를 사랑하셔서 우리에게 주신 삶의 규범으로서의 말씀이다. 우리가 아예 성립시킬 수 없고 그 실천에 있어 전적 무능이라면 하나님은 어떻게 우리에게 말씀하실 수 있겠는가? 인간의 가능성은 하나님의 말씀에 있다. 말씀 안에서만 허락되고 열린다. 하나님이 말씀하셨고 그것을 받아 가르치고 선포한 자라면, 그의 말씀 안에서 열린 가능성을 읽고 결국 그것을 우리 삶의 열매로 보여 주는 것이 진리의 사람, 그 특징이 아니겠는가?

3) 믿음으로 구원 얻는다

토마스 아퀴나스는 구원에 있어서 사람에게는 세 가지가 필요하다고 했다. 첫째는 믿어야 할 것을 앎, 둘째는 바라야 할 것을 앎, 셋째는 해야 할 것을 앎이 그것이다. 이는 물론 구교적 신학이 반영된 것이다. 그러나 믿음을 말하는 우리가 가질 구원 체계와 상반된다고는 할 수 없다. 이 셋은 사실 구원 맥락에서 우리가 견지할 태도와 관계된다. 믿음은 맹목이 아닌 지식이기 때문이다. 구원에 있어 지식은 꼭 필요하다. 전에 선지자 호세아는 "내 백성이 지식이 없으므로 망하는도다"(호 4:6)라고 했다. 예수는 소위 '대제사장의 기도'로 알려진 기도에서 이렇게 말씀하셨다. "영생은 곧 유일하신 참 하나님과 그가 보내신 자 예수 그리스도를 아는 것이니이다"(요 17:3). 그렇다면 자연 우리는 믿음의 대상, 바람의 대상, 행동의 대상을 알아야 구원 얻는 믿음을 생각해 낼 수 있다.

그러나 동시에 구원은 우리가 하거나 우리가 이루는 것이 아니다. 다시 말해 인간 구원은 인간의 행위나 인간의 작품이 아니라는 것이다. 구원은 하나님의 것이며, 하나님의 주권에 의해 하나님이 이루시고, 이루실 것이다. 하나님은 자신 구원에 있어 전적 무능인 인간을 아셨다. 그래서 인간을 구원하는 방편으로 그의 아들 예수 그리스도를 세상에 보내셨다. 그리스도가 십자가를 지심으로 흘린 피가 우리의 죄를 속한다. 그의 죽으심과 부활은 우리가 죄에 대해 죽음과 구원받아 다시 살아남의 증표이다. "피흘림이 없은즉 사함이 없느니라"(히 9:22). 따라서 구원은 전적 우리에게 주어지는 하나님의 은혜라 해야 함은 당위이다. "너희는 그 은혜에 의하여 믿음으로 말미암아 구원을 받았으니 이것은 너희에게서 난 것이 아니요 하나님의 선물이라"(엡 2:8).

이렇게 볼 때 구원은 기독교 신학에 있어서 중심적인 사상을 이루며 기독교 윤리의 기초를 이룬다 하겠다. 구원을 가능케 하는 객관적인 근거는 하나님과 그가 보내신 그리스도의 죽음과 부활이다. 동시에 구원은 그리스도 안에 나타난 하나님의 역사에서 그의 용서와 구속 행위를 믿음으로 받아들이는 것이다. 바로 그런 자에게 선물로 주어진 것이 구원이다(행 15:11). 이런 차원에서 구원은 칭의와 관계되고 죄 용서와 관계된다. 동시에 구원은 화해와 상관되고 그리스도의 죽음과 부활에 연합하는 일로 정의되기도 한다. 명확하게 구원은 하나님의 자녀가 되는 것이다.

우리가 구원의 서정을 말할 때 가장 중시하는 한 가지는 칭의와 성화이다. 그것 자체를 분리해 보기도 하며 하나로 읽기도 한다. 폴 틸리히는 중생, 칭의, 성화는 구원 체험의 세 측면이어서 시간상의 앞뒤 순서와 의미상의 우열을 가리기 어려운 것이며 상호 불가분리적이라고 했다. 또한 이 셋은 교파마다 강조점을 달리한다. 경건주의, 복음주의 전통에서는 중생을, 루터교회 계통에서는 칭의를, 개혁파 교회에서는 성화를 강조하는 경향이 있지만, 모두 각각 다른 두 요소를 배제하지 않는다는 특성을 지닌다. 구원에 있어 인간이 지켜야 할 이런 신학적 윤리적 의무와 책임을 배제하지 않는 것이 성경의 입장임이 확실하다.

원로목사는 그 존재가 석양에 걸린 사람임을 부인할 수 없다. 다른 사람보다 구원에 대한 생각이 깊을 수밖에 없다. 늙어도 사람은 사람인지라 죄와 죽음이 주는 공포가 엄습하는 것을 감지함이 그 실존이다. 세상사에 매여 자신의 구원 문제를 저버린다면 그것은 그야말로 성경과 복음에서 빗나간 길에 서는 것이다. 세상 떠날 날이 가까우면 구원이 더욱 가깝다. 그날을 희망하고 준비하는 정신은 참으로 선하고 아름다운 사람의 자태가 될 것이다. 그래서 성경은 "여호와는 나의 빛이요 나의 구원이시니"(시 27:1)라고 한다. "너희와 함께 한 여호와가 구원하는 것을 보라"(대하 20:17)고도 했고, "이스라엘아 여호와를 바랄지어다"(시 130:7)라고도 했다. 그것을 아는 것과 그 행위가 바로 믿음이다.

칭의는 믿음으로 받고, 구원도 그렇다. 이 둘은 다 하나님이 하신 일이다. 하나님이 그리스도 예수의 피로 우리를 의롭게 하실 것을 믿는 것이 믿음이고, 하나님께서 그리스도를 믿는 자를 구원하신다는 믿음이 우리가 지킬 믿음이다. 사람이면 누구나 마지막까지 붙들 가치는 그리스도이다. 그를 믿는 믿음이다. 그리스도는 우리에 대한 구원의 주님이시다. 그를 믿고 그에게 순종하며 그를 따라 사는 것이 곧 믿음 생활인 것이다. 하나님의 인류 역사에 결정적 개입은 이 하나뿐이며, 인간에 대한 구원 계획도 한 그리스도를 통한 것뿐이다. 따라서 원로목사는 믿음으로 구원 얻는다는 사실, 이미 아는 사실이지만, 헛되이 알지 않도록 기도하면서, 또한 그리스도께 순종하면서 믿음을 세워야 한다.

사람이 늙어 가면서 믿음이 흐려지는 것을 우리는 종종 본다. 원로목사도 예외가 아닐 것이다. 마귀는 우리의 믿음을 지우려 한다. 세상과 세상 가치에 눈이 멀면 그리스도와 천국이 보이지 않을 수 있다. 이제 비록 힘이 없고 가난해도, 그리스도로 부함을 누려 천국에 이르는 구원의 소망을 만들어 내는 믿음의 사람됨에 있어 장애가 없도록, 우리는 깨어 있어야 하겠다.

4) 삶으로 표현되는 신앙

믿음에 대해서 그리스도인들이 자주 빠지는 함정은 이원론(dualism)이다. 그것도 명확히 그릇된 헬라 철학적 듀얼리즘에 자주 빠진다. 그 결과 믿음이 한 고상한 이론, 혹은 고상한 이념이 되고 만다. 이러한 현상은 성경에 역행하는 것이다. 성경이 말하는 믿음은 사실이고 실재이다. 믿음은 단지 철학이 아닌 우리 인생이고 우리 삶이다. 그것이 바로 믿음의 참된 자리이고 믿음의 지향점이며 그 결과가 된다 하겠다.

우산을 준비한 소녀 이야기가 있었다. 어떤 마을에 극심한 가뭄이 들어 농작물이 메말라 가고 가축들이 죽어 갔다. 주민들은 함께 비 오기를 기도하기 위해 산으로 갔다. 기도하는 동안에 비는 쏟아졌다. 그러나 우산을 갖고 온 사람은 한 소녀밖에 없었다. 비 오기를 기도 했지만 비 올 것을 믿은 사람은 소녀 하나뿐이었던 것이다. 무엇을 말하는가? 우리의 믿음이 현실성을 갖지 못한다면 뿌리 없는 믿음이고, 그렇게 공중에 떠 있는 믿음은 열매를 맺지 못한다는 것이다. 믿음은 확실히 현재, 즉 시간 안의 문제이며, 세상, 즉 '지금 여기서'의 문제인 것이다.

믿음은 마음의 것이 맞다. 마음은 믿음을 받아들이고 키우고 지키는 곳이 맞다. 그러나 믿음은 마음에만 두기 위해 있는 것이 아니다. 믿음은 간직할 목적으로 주어진 것이 아니기 때문이다. 믿음은 그 작용과 역사에 있어서 변화와 구원을 견인하기 때문에 마음에서 밖으로 나와야 한다. 다시 말해 믿음은 이념에서 현실로 넘어와야 한다는 것이다. 믿음은 믿는 자가 가진 어떤 소유물이 아니다. 믿음은 믿는 자를 변화시키고 구원하는 하나님의 선물이기 때문이다. "사람이 마음으로 믿어 의에 이르고 입으로 시인하여 구원에 이르느니라" (롬 10:10). 따라서 믿음은 침묵이 아니다. 박해와 고난 가운데서도 그리스도에 대한 시인(是認)과 고백으로 그 정체성을 지켰던 것이 믿음이다. 따라서 믿음은 안에 있지만 동시에 밖에도 있는 것이다. 안에만 있는 믿음은 유사 믿음이 아닌가 의심해야 할 것이다.

믿음은 하나님의 행위에 대한 인간의 바른 응답에 해당한다. 그러면서 그것은 약한 인간이 강한 하나님으로부터 구원과 강함에 대한 확약을 얻는 한 방법인 것이다. 그래서 짐멀리는 믿음은 여호와의 언약에 응답하는 아멘을 의미한다고 보았다. 하나님은 자식 없는 아브라함에게 하늘의 별을 가리키면서 그의 후손이 그렇게 많게 될 것이라고 약속하셨다. 아브라함은 그것을 믿음으로 하나님 앞에 섰다. 그것은 구체적이고 사실이다. 그럴 때 그는 의로운 사람이 된 것이다. "아브람이 여호와를 믿으니 여호와께서 이를 그의 의로 여기시고"(창 15:6). 하나님 앞에 바로 서지 못하고, 하나님의 영광과 은혜를 표현해 내지 못하는 믿음은 믿음이 아직 있을 곳에 있지 않다는 의미가 될 것이다.

믿음은 보이지 않는 것을 보여 주는 것이다. 믿음은 하나님의 것을 인간과 인간의 세계에 통역하는 것이다. 히브리서는 이렇게 믿음을 정의했다. "믿음은 바라는 것들의 실상이요 보이지 않는 것들의 증거니 선진들이 이로써 증거를 얻었느니라"(히 11:1-2). 믿는 자는 믿음을 숨길 수 없다. 인간과 세계는 하나님의 자녀가 믿음을 표현해 믿음으로 사는 보배로운 장(場)이다. 따라서 우리가 믿는다면, 그 믿음은 표현되어야 한다. 원로목사는 자신이 가진 믿음을 삶으로 표현함에서 현직에 있는 이상으로 가치를 가질 수 있다고 본다. 삶이 곧 믿음 덩어리이게 할 때에 신앙도 인격도 성숙을 말할 수 있다.

우리가 말하는 믿음은 경건한 삶의 한 모범이다. 경건에 있어서 처음부터 끝까지 거부할 수 없는 원리가 믿음이다. 그렇다면 그 모범은 정신에서, 혹은 마음에서 삶으로 표현되어야 한다. 그것이 바로 믿음에 대한 진실이다. 삶을 가지지 못한 믿음은 땅에 심어지지 않은 씨앗 같아서 열매와 수확을 기대할 수 없다. 한국교회의 그리스도인들이 가진 신앙의 문제점으로 자주 지적되는 실천과 삶이 없는 말씀의 지식과 또 그런 식으로 그리스도를 믿는 믿음은 믿는 자가 사실상 그 믿음의 대척점에 있는 어리석음일 수밖에 없다. 믿음의 꽃은 이 세상과 현재에서 그 실천으로 얻고, 동시에 이런 믿음이 미래 천국과 영원한 구원의 보증이 된다고 하겠다. 현재에 살아 있지 않는 믿음은 미래에도 없는 믿음이다.

원로목사는 핍절의 시점에 와 사는 사람이다. 특히 건강이 점점 약해져 가는 것과 질병과 병이 가져다주는 아픔이 가깝다는 것을 실감한다. 동시에 물질적인 부분도 미약해질 수밖에 없다. 대인관계는 줄어들고, 행동과 활동은 그 멈추는 날을 전제로 불안하게 살아간다. 그러나 그것은 자연스러운 이치이고 복된 환경이다. 바로 이때 진실로 필요한 것은 표현되는 믿음이다. 다 받아들이는 자연스러움과 가난과 아픔과 슬픔까지 즐기고 누리는 믿음이 필요하다. 바로 이 세상의 것을 끊고 떠나면서 즐거움과 향기를 낼 수 있는, 하나님이 하신 모든 일에 대한 아멘이 가능한 덕성은 원로목사가 가진 믿음의 아름다운 자태가 될 것이다. 우리에게 상존하는 세상 문제의 해결보다 세상과 죄와 죽음으로부터의 구원을 기뻐하는 믿음이 노년의 과제가 아닐까?

어떤 사람이 믿음이란 영어 단어 FAITH를 한자씩 풀어 문장을 만들었다. 그래서 믿음이란 Forsaking all I take Him이라고 했다. 이 문장의 이니셜을 모으면 FAITH, 곧 믿음이 된다. 믿음은 "모든 것을 다 버리고, 나는 주님을 취합니다"란 뜻이다. 그렇다. 믿음은 세상 모든 것을 버리고 주님을 취하는 것이다. 버리되 즐겁게 버리는, 그래서 행복하게 떠나가는 성경적 복음적 메시지를 가진 사람, 그런 인격과 신앙이어야 한다. 이 세상을 버리고 하나님의 나라를 취함에 있어 자연스러움을 표현해 내는 성숙이 원로목사에게는 잘 표현되어야 할 믿음 아닐까 생각한다.

5) 시급히 준비할 과제

나이는 존재의 갈 길을 재촉하는 측면이 있다. 그렇다면 노년에 핵심적으로 해결해야 할 과제는 무엇인가? 떠나는 것보다 중요한 것은 갈 곳이다. 갈 곳이 있어야 떠나는 것이 쉬운 것 아닐까? 사람들은 죽음을 두려워한다. 그것은 당연하다. 왜인가? 갈 곳이 없거나 갈 곳이 불확실하기 때문이다. 죽음 후 자기 갈 곳이 영화롭다면, 그리고 영생이 있는 하나님의 나라의 문이 열린다면 사람이 왜 죽음을 저주하고 슬퍼하겠는가? 따라서 원로목사도 한 사람이기에 날마다 자신에게 적용해 상기시키고 각인할 것은 구원 얻는 믿음일 수밖에 없다. 천국이 없는 것 아니지만 거기 갈 길을 잃으면 없는 것과 진배없다. 떠나는 자에게 있어 떠나갈 곳에 매이는 것보다 근본적인 불의와 불행은 없는 것이다.

세상을 떠나갈 때 우리는 무엇을 가지고 가는가? 단 하나 인격이다. 자아이다. 어떤 자아인가? 믿음의 자아이다. 믿음을 가진 자를 하나님은 구원하신다. 하나님이 보내신 그리스도를 믿는 믿음은 세상 끝이 오면 올수록 마치 미국 가는 자가 비행기 표를 챙기듯 해야 한다. 우리는 믿음으로 구원 얻기 때문에 믿음이 없는 것보다 자신에게 더 나쁜 것은 상상조차 할 수 없다. 따라서 힘써 믿음 생활하는 것은 믿는 성도의 과제임과 동시에 노년에 이른 원로목사의 과제임도 분명하다. 우리의 생명과 삶은 물질에 있는 것이 아니다. 진실로 욕심을 버리고 믿음으로 와야 한다. 세상 명예도 아니고 체면도 아니다. 세상에 있는 것이 아닌 하나님이 은혜로 주신 그리스도를 믿는 믿음을 확실히 세워야 한다.

우리에게 있어 은퇴는 믿음의 은퇴가 아니다. 원로목사는 믿음 위로 올라가는 괴물 됨을 말할 수 없다. 정직히 내려앉아 믿음을 준비함에 본을 보일 때이다. 진실로 한 인간이 되어 다른 사람을 위한 기도 못지않게 자신의 믿음에 있어 알뜰해야 한다. 믿음을 영혼의 진주로 누리고, 믿음을 생명의 숨으로 여겨야 한다. 믿음은 가장 확실한 자신의 힘이며, 가장 위로가 되는 하나님의 선물임을 잊지 않아야 한다. 믿음이 보증하는 언약의 실체들을 상상하며, 현재에서 내일을 얻어 내는 믿음은 그 실제와 사실에 있어 시급하다. 그럴 때만 우리에게는 항상 은혜의 때와 구원의 날이 기다린다. "보라 지금은 은혜 받을 만한 때요 보라 지금은 구원의 날이로다"(고후 6:2). 이때에 대한 메시지를 놓치지 않는 것은 노년의 지혜임이 확실하다.

세상에는 때를 놓친 피조물도 많고, 때를 놓친 인생은 더 많다. 시간의 긴박성은 존재의 긴박성인 것이다. 우리는 모두 현재에 있지만 긴박한 현재에 존재하는 위기적 성향을 가졌다. 따라서 때를 아는 것, 자기 때를 아는 것, 그리고 그때에 맞게 사는 것은 탁월한 지혜이다. 인생은 때에 살고, 때에 준비하며, 때에 떠나는 것이다. 그렇다면 진실로 원로목사인 우리에게 과제는 무엇인가? 준비이다. 구원 얻는 믿음을 준비하는 것이다. 열매 맺는 믿음을 준비하는 것이다. 곧 구원의 영광이 나타날 사건으로서의 믿음은 하나님이 그리스도 안에서 우리를 두고 뜻하신 것이다. 그렇게 될 때 우리는 자신이나 자신의 가족이나 자신이 사역한 교회에 대해 기쁨이 되는 것이다.

날 때는 준비가 없었으나 죽을 때는 준비가 필요하다. 죽음을 피해 어리석게 떠돌지 않아야 한다. 잘 준비해야 성경적 사람이 된다. 즉 믿음의 사람이 된다는 것이다. 저는 여기서 한 초점만 말하고 싶다. 그것은 그리스도를 따라가는 것이다. 믿음은 사실 그리스도를 따라가는 사건이며, 그리스도를 따라가는 과정이다. 그리스도께서 "내가 곧 길이요 진리요 생명이니 나로 말미암지 않고는 아버지께로 올 자가 없느니라"(요 14:6)라고 하신 말씀의 의미가 무엇인가? 그리스도인은 그를 따라야 한다는 것이다. 목사는 그것을 믿음으로 가르쳤다. 믿음은 결국 그리스도를 따라 하나님 아버지께로 가는 구원 사건의 실행 아닐까? 문제는 우리가 믿음을 말하면서도, 믿음을 준비한다고 하면서도 그리스도를 따름에 있어 미흡하거나 실패한다는 점이다. 목적지는 안 가도 안 되지만 덜 가도 안 되는 것이다.

인생의 끝은 진정한 의미에서 끝이 아니라 새 창조의 시간이다. 죽음을 모든 것의 끝으로만 아는 것은 성경도 인생도 모르는 처사이다. 우리의 끝은 위대한 나라를 맞는 기회의 문이다. 세상에서 한 번도 경험할 수 없었던 새 인생, 새 세계를 이루고 맛보고 누리는 시간이다. 그래서 죽음의 시간은 또 다른 창조를 향한 시간이다. 그래서 믿음의 선진들에 대한 상고(相考)나 관찰은 필수적이다. 『디자인 생각』

이란 책에 나오는 디자이너 헨리크 토마셰프스키는 그의 작품 모두에 만족하지 않았다. 그래서 항상 새로운 영감을 추구하기 위해 미켈란젤로나 라파엘로 같은 거장의 작품을 감상했다. 그러면서 그가 하는 말은 "이것은 창조를 향한 나의 부단한 노력이다"라고 했다. 우리의 마지막은 사실 손을 놓는 시간이 아닌 새 창조를 향한 가슴 뛰는 시간의 절정일 게다. 그렇다면 우리는 그 시간이 언제일지 모르니 시급히 믿음을 굳게 세워야 한다는 것이다.

믿음에 있어 우리가 주의할 것은 내가 하나님을 믿는 것보다 하나님이 나를 믿도록 믿어야 한다는 것이다. 다시 말해 믿음에도 거짓이 있다는 것이다. 그 대표적인 예는 마태복음 25장에 나오는 두 종류의 종 비유나 주님이 다시 오실 때 있을 양과 염소의 구분이 그것이다. 한 달란트 받은 종은 아무것도 하지 않았다. 염소 편에 있어 마귀와 그 사자들을 위하여 예비된 영원한 불에 들어가야 될 자들도 아무것도 하지 않았다. 아무것도 하지 않은 믿음은 없다. 이 놀라운 사실을 우리는 직시해야 한다. 우리는 지금까지 무엇을 하는 믿음이었으며, 지금 무엇을 해야 할 믿음인가를 묻고 생각해야 한다. "이와 같이 행함이 없는 믿음은 그 자체가 죽은 것이라"(약 2:17).

따라서 우리는 항상 묵상해야 한다. 성경에 나오는 주요 인물들의 마지막을 놓치지 않아야 한다. 특히 믿음으로 산 믿음의 거장들을 일일이 살펴야 함은 당위이다. 그들은 어떻게 살다가 어떻게 죽었는지, 그들의 약함과 장점은 무엇인지, 그리고 그들은 결국 어디로 갔는지를 살펴 생각해야 한다. 특히 우리는 그리스도와 그리스도의 죽음을 묵상해야 한다. 그의 죽음에 우리가 죽어야 하는 세계가 펼쳐진다.

그리스도의 죽음이 우리의 죽음을 극복하고 우리의 죽음을 완성시킨다. 그의 죽음은 우리를 살리시는 하나님의 행위이며, 우리에게 있어 더없이 큰 가치가 된다. 그의 죽음에서 우리는 생명을 보기 때문이다. 그리스도는 우리의 주요 우리의 하나님이시다.

우리가 믿는바 믿음은 믿음의 대상으로서의 그리스도를 의지하는 방법이다. 믿음은 그를 진실로 따르는 실제이고 그에게 자신을 위탁하는 결정적 행위이다. 그것은 또한 죄인에 대한 은혜의 나타남이며, 하나님의 나라로 들어가는 관문 같은 것이다. 이신득구는 그리스도 앞에 있는 자의 순결한 정신 같은 것이다.

5. 예배

    어제 저녁예배에서 불렀던 찬송을 나는 기억한다. 찬송가 354장 4절 중, "은혜 안에 뛰놀며 주의 영광 보리라"라는 가사가 있다. 참으로 감동적이다. 어찌 이럴 수가 있는가? 죄인에게 이토록 배려와 사랑을 덧입히는 하나님의 뜻은 이해가 불가능한 신비이다. 이것이 우리에게서 경험되는가? 이는 분명 예배의 핵심이다. 은혜 안에 뛰노는 것은 하나님의 아이가 됨이다. 그것은 분명 하나님이 보내신 그리스도를 우리 영혼이 누리는 예배 안에 약속된 자녀 됨의 특성이다. 은혜 안에 뛰노는 것은 하나님의 말씀과 우리 존재의 가치이다. 그것은 하나님 앞에서 그리스도를 통해 구속받은 자가 결정적으로 바칠 노래요 춤이다. 전에 풀러 신학교의 올드는 예배를 "하나님의 영광을 섬기는 것"으로 정의했다. 하나님의 영광을 섬기는 것은 예배자에게 있어서 가깝고도 먼 것이다. 은혜 안에 뛰놀지 않고, 그런 경험 없이 주의 영광을 보겠는가? 영광을 보지 않고 영광을 섬기는 것은 가능한 것인가? 동시에 예배자의 일상과 그의 모든 말과 행위가 하나님의 영광을 섬기는 차원이 아니라면 어떻게 예배 안으로 들어갈 수 있을까? 이런 뜻에서 우리의 예배는 존재와 영혼의 찬양이며 춤이다. 예배는 하나님 앞에 인간이 받고 맞는 영광의 광채, 그 자체인 것이다.

우리는 그리스도인이라고 스스로 말해 본다. 원로목사라 해도 한 그리스도인임은 부인할 수 없다. 그리스도인은 그리스도의 사람이란 뜻이다. 그리스도의 사람됨, 그것을 특정할 수 있는 중요한 지점이 예배이다. 그리스도께 예배, 그리스도를 통한 하나님께 드리는 예배는 아무리 아니라 해도 그리스도인 됨의 중심 정체성이다. 바로 이 사실에 대한 우리의 인지능력은 어느 정도인가? 우리의 본성과 인격, 우리의 영혼과 몸이 어떻게 예배를 인식하며 예배의 가치를 알고 누리는가? 예배에 대한 미완성은 우리가 그 완성을 생각할 수 없음에도 불구하고 불행임이 사실이다. 사람이 예배에 눈을 뜨지 못하면 주의 영광과는 거리가 멀며 은혜에 대해서는 외인임이 확실하다. 그래서 "은혜 안에 뛰놀며 주의 영광 보리라"는 가사가 내 영혼을 황홀하게 만드는지도 모른다. 이 신비는 내 영혼에 가르치는 성령님의 심성이다. 진실로 그는 황홀하고 따뜻하고 자비롭다. 양식이 풍부할 때보다 예배에서 누리는 은혜, 내가 뛰놀 수밖에 없는 은혜는 세상에서 내가 누리는 가장 큰 부에 속한다고 나는 생각한다.

한국교회는 예배가 많다. 저도 목사로 안수 받고 40년 8개월을 사역했다. 그 사역의 중심에 예배가 있었던 것은 부인할 수 없다. 그런데, 한국교회 예배는 왜 이토록 맛 잃은 소금일까? 그리스도 맛이 안 나고 은혜 맛이 없다. "주의 영광 보리라"가 아닌, 자신의 영광을 구가하기에 너무나 구차한 예배적 군상을 많이 만들었다. 성령이 인도하는 하나님 중심의 예배가 아닌 인간 중심의 종교적 의식에 빠진 것이 아닐까?

나는 그간 수없이 예배를 반복하면서 나름대로 은혜를 받았고, 또 행복했었다. 영적으로 가난한 나는 항상 예배에 배가 고팠다. 은혜 안에 뛰노는 예배에는 항상 목이 말랐던 것이다. 나는 이제 깊이 생각한다. 그리고 예배 앞에, 예배 안에, 예배를 향해 마지막까지 존재해야 함을.

1) 예배, 엎드리기

예배는 분명 초월적 경이이다. 인간이 드리는 것이 예배이며, 인간 행위의 가장 가치 있는 중심이 예배이다. 사람으로 세상에 와서 사람을 지으신 하나님의 사람 되는 길은 예배에만 있다. 그러나 분명한 것은 예배의 근본은 사람의 것이 아니다. 사람의 철학이나 사람이 가진 도덕성의 결집이나 사람의 지혜나 창작을 근거로 예배가 있는 것은 아니다. 사람이 연구해 낸 인간 이성의 결과물은 더더구나 아니다. 예배에는 인간적 요소가 있음이 맞다. 그러하다 하더라도 예배 전체를 보면 인간의 것이거나, 인간의 능력이나 행위나 공적의 결과물이 아니라는 것이다. 분명히 하나님께 드리는 것이 맞지만 그것만은 아닌 것이 예배이다.

예배는 하나님의 은혜 사건이다. 하나님과 그의 말씀인 성경이 없었다면 예배 또한 없다. 하나님이 보내신 그리스도가 없었다면,

그리스도의 죽음과 부활이 없었다면, 예배는 분명 없다. 예배의 주도성과 역동성은 인간이 아닌 하나님께 있다. 예배는 하나님이 사람을 움직이는 은혜이지 사람이 하나님을 움직이는 능력이 아니다. 인간을 향한 하나님의 구원의 은혜가 집중, 집약된 지점이 예배이다. 따라서 우리가 유념할 것은 우리가 드리는 예배에서 우리 행위가 아닌 하나님의 주권적 은총을 내다보고 경험하고 누림에 있어 맹인이 되지 말아야 한다는 것이다.

성경은 하나님의 아들 예수를 자주 "주 예수 그리스도"라고 표명한다. 예수 그리스도는 우리 존재의 주인이시다. 그의 주인 됨(Lordship)은 우리가 변경할 수 없는 은혜의 법칙이다. 그의 사람, 그의 종 됨은 하나님께 대한 인간 존재의 영광이다. 그는 우리의 왕이시며, 그래서 우리를 항상 다스리신다. 우리가 알든 모르든 그의 다스림이 중지되는 일은 없다. 바로 우리의 주이시며 우리의 왕이신 예수가 바로 우리의 그리스도이시다. 하나님은 그를 보내셨고 그를 우리 앞에 세우셨다. 그것은 그를 믿고 그를 섬겨 구원받고, 하나님이 뜻하신 사람이 되라는 뜻이다.

그렇다면 우리에게 예배는 무엇인가? 바로 그 그리스도께 엎드리는 것이다. 성경이 말하는 예배는 "엎드린다"는 뜻을 기초로 성립된다. 그것은 피조물로서의 인간이 영원히 가질 자신을 지으신 주께 대한 합당한 가치이고 태도이다. 엎드리는 것은 하나님과 그 아들 그리스도께 대한 인간의 기본이다. 즉 예배는 믿는 자 일부만을 위함이 아니다. 모든 사람이 하나님께 대한 바른 자기 인식을 행동과 삶으로 표현하는 장이 예배이다. 예배에서 엎드리는 것은 예배 대상에 대한 절을 전제로 한다. 그것은 합당한 자세 매김이다. 그것이 바로 믿는 자의 자세, 인간으로서의 자세이기에 원로목사는 이 점에서 흐트러져서는 안 된다.

엎드리는 것은 존경의 표시이다. 성경에 나오는 예배는 성삼위 하나님께 대한 존경의 표식을 갖춘 섬김, 혹은 봉사이다. 바로 이 섬김을 근거로 진행되는 것이 제의, 혹은 희생 제사였던 것이다. 우리가 드리는 의식으로서의 예배도 이 점을 간과할 수 없다. 그리스도인의 참된 능력은 마땅히 존경할 구주를 높이는 것이다. 따라서 고대 근동 다른 종교의 예배 의식과 다른 핵심은 인간이 아닌 하나님 자신이 주도적으로 예배를 성립시키며, 예배는 항상 하나님의 주권 아래서 그를 바라보고 섬기는 사람들이 누리는 은혜라는 것이다.

엎드리는 것은 사람을 겸손으로 데려다준다. 하나님은 겸손한 자를 찾으시고 "겸손한 자에게 은혜를 주신다"(약 4:6)고 했다. 무슨 은혜인가? 예배의 은혜이다. 사람이 누릴 은혜는 예배 안에서만 차고 넘치며 또 온전해진다는 사실을 인지한다면 겸손이 얼마나 큰 신앙의 과제인지를 알게 될 것이다. 사람은 늙으면 뻣뻣해진다. 몸도 그렇고 마음도 정신도 그렇다. 노년이 되면, 또 원로목사라면 이 사실을 경계해야 한다. 엎드림이 불가능할 정도로 뻣뻣해짐은 예배를 두고 볼 때 가슴 아픈 일이다. 자신을 낮추는 훈련은 원로목사에게는 항상 있어야 할 영적 스트레칭인 것이다.

예배는 항상 하나님의 현존이 전제된다. 하나님 없는 인간의 예배는 한 종교적 현상일 수는 있어도 성경이 말하는 예배는 못 된다. 예배에 하나님이 빠지면 그 예배는 빈 밥그릇에 불과하다. 예배는 하나님의 것이고 그다음 인간의 것이다. 그것이 사실이라면 예배에서 엎드림과 두렵고 떨림은 예배자의 당위이다. 예배자 자신의 만족과 자신의 유익과 즐김을 추구한다면 그 예배는 바알 종교의 예배와 다를 바 없다. 자신을 위해 하나님을 사용함은 성경과 기독교 예배에 정면으로 배치된다. 예배자가 오직 예배에 임재하신 하나님을 인지한다면, 그에게는 자연 하나님에 대한 경외와 그 앞에 엎드림이 따르게 된다. 그것이 바로 하나님께 가치를 돌리는 예배의 정석 아닐까?

원로목사는 그 삶의 족적을 보면 예배의 길을 걸었다 할 수 있다. 그럼에도 잘못된 타성과 노년에 오는 정신적 영적 경직으로 예배의 자세가 흐트러짐이 잦다. 하나님 앞에서 자신이 하나님의 자리로 가는 기현상이 나타나기도 한다. 하나님 앞에 진실로 엎드리는 인격과 삶의 틀이 보이지 않기도 한다. 사람에 대해서도 끊임없이 자신을 낮추는 예배자의 정신과 섬김이 결여되기도 한다. 하나님과 사람, 그리고 어린아이 하나에까지 자신을 낮추어 존중을 담아내어야 한다. 그것이 바로 예배가 자리 잡는 인격의 터인 것이다.

하나님이 은혜를 베푸실 때 그 앞에 엎드림, 곧 무릎을 꿇는 것은 하나님께 응답하는 모습이며, 은혜를 겸손히 받는 태도이다. 왜냐하면, 예배의 대상은 하나님이시며, 하나님이 뜻하신 예배의 중심은 지상에서나 천상에서나 항상 그리스도이기 때문이다. 어린 양 예수 그리스도는 세상 죄를 지고 가는 하나님의 어린 양이셨다. 이런 뜻에서 칼 바르트가 말했던 예배는 "하나님의 일(Opus Dei)"이란 말과 "예배는 그 자체를 위해 수행되는 일"이란 말은 맞다. 우리가 자신에 대한 어떤 효과나 어떤 인간적인 방법으로 예배를 수행한다면 그것은 이미 예배가 아니다. 그래서 하나님께 예배하는 자들은 영과 진리로 예배해야 한다(요 4:23). 예수께서 그렇게 가르치신 이유는 예배의 정체성 문제 때문이었다. 영과 진리는 사실 하나님의 것이며, 그리스도 안에 있는 것이다. 하나님은 영이시기 때문에 예배는 정히 영과 진리로 드려야 한다는 것이다.

우리는 죽음을 맞을 때 엎드림을 잊지 않아야 한다. 주님 앞에 자신을 낮추는 일보다 자신에게, 자신이 섬기는 교회 공동체에, 그리고 주변 모든 사람에게 더 좋은 모습은 없다. 원로목사는 예배자였고, 또 예배자로 예배를 받으시는 그리스도께로 가야 함이 존재의 당위성과 영광일 것이다.

2) 주님과 만나는 사건

우리가 드리는 예배에 하나님의 임재가 전제된다면 만남은 자연스러운 것이다. 왜 임재하시는가? 죄인인 우리를 만나기 위함이 아닐까? 우리가 주님을 만나기도 하지만 분명한 것은 주님이 우리를 만나신다. 우리의 주님 만남은 주님의 우리 만남 안에 있다. 인간은 사실 하나님께 나아갈 수 없는 죄인이다. 인간의 죄는 하나님의 거룩성에 배치된다. 물론 예배자는 중보자 예수 그리스도를 통해 만남을 이루지만 하나님이 만나지 않으시면 세상 그 누구도 하나님을 만날 자는 없다. 따라서 예배는 아무리 아니라 해도 하나님을 만날 수 없는 죄인에게 하나님이 만나 주시는 하나님을 만나는 만남의 장인 것이다.

예배는 말씀 사건이다. 하나님의 말씀인 성경은 예배의 목적으로 예배를 중심에 둔 구원의 말씀, 은혜의 말씀이다. 그런데 바로 그 말씀은 말씀하시는 그를 드러낸다. 하나님은 말씀 안에, 말씀과 더불어 인간에게 오신다. 성령님은 말씀 안에, 말씀과 함께 인간을 찾으시고, 성령님의 인도를 받는 인간은 말씀이신 그리스도를 통해 말씀하시는 하나님을 만난다. 바로 이 사실이 예배 안에서 성립된다. 따라서 바르트는 그의 「하나님의 인간성」이란 논문에서 "신학의 근본적인 형태는 기도와 설교"가 된다고 했다. 이 둘이 가장 효과적으로 작용하는 최적의 장이 바로 예배인 것이다. 예배, 그리고 예배에서의 우리가 주님과 만남을 빼면 성경은 무엇이고 교회와 신학은 무슨 의미를 가지는가?

예배는 하나님의 말씀에 대한 응답이라고 우리는 말한다. 하나님의 계시에 대한 인간의 합당한 반응으로서의 응답은 주님과 만나는 만남 없이 성립될까? 예배는 하나님과 인간 사이에 주어지는 만남의 다리이다. 말씀이 있으면 응답이 요구된다. 말씀은 대답을 전제로 나타나는, 말씀하시는 자의 인격 정체성이다. 따라서 하나님의 말씀이 있는 곳이 교회이고 또한 예배란 사실을 즐겁게 누린다면 우리로서는 신비로운 행복을 맞을 것이다. 그러나 세상에 있는 우리는 두렵고 떨림으로 말씀 앞에 서야 한다. 옛 이스라엘은 그들의 제의, 즉 그들의 예배에 있어서 정함이 없었다. 하나님이 받으실 수 없는 예배를 드렸다(사 1:11). 이는 분명 하나님이 말씀하시는 예배나 제의 맥락에서 하나님을 만날 수 없는 불행한 응답, 불행한 백성이 되는 것이었다.

예수는 요한복음 15장에서 새 이스라엘 공동체를 내다보셨다. 그것은 만남의 결과물로, 만남으로 이룰 공동체인 것이다. 그것은 바로 교회 공동체에 대한 그의 영감 있는 표방이었다. "내 안에 거하라 나도 너희 안에 거하리라 가지가 포도나무에 붙어 있지 아니하면 스스로 열매를 맺을 수 없음 같이 너희도 내 안에 있지 아니하면 그러하리라 나는 포도나무요 너희는 가지라 그가 내 안에, 내가 그 안에 거하면 사람이 열매를 많이 맺나니 나를 떠나서는 너희가 아무것도 할 수 없음이라"(요 15:4-5). 이는 교회가, 또 교회가 가진 예배에서 그 제자들이 누릴 미래이며 특권이다. 그것은 만남 없이는 안 되며 나무와 가지 사이, 곧 결속 없이는 이룰 수 없는 가치인 것이다.

인간 존재는 그 자체가 만남의 뜻을 가진다. 그리스도인도 그렇다. 혼자서는 위태한 존재가 바로 그리스도인이다. 그래서 우리는 만남을 지향하고, 소외를 죄로 보며, 만남에서 생명을 표방한다. 사람은 사람을 만나야 한다. 그러면서도 더더욱 하나님을 만나야 사람이 된다. 그런데, 이 만남이 가능한 예배의 지평을 보는가? 원로목사가 되어 이 웅대한 성경의 가치인 만남의 그림을 좁히고 어지럽혀 결국 예배를 소홀히 한다면 종래 하나님을 만나는 일에 대한 결정적인 흠이 될 것이다. 인간은 궁극적으로 주님을 만나야 한다. 그럴 때 구원받고 그럴 때 성경이 말하는 사람이 된다. 하나님을 만나고 사람을 만나는 예배의 자리, 우리는 그것을 누리는 영광을 저버리지 말아야 한다.

예배는 사건이다. 만남 사건이고 동시에 구원 사건이다. 그리스도를 만나 하나님께 영광을 돌림이 예배의 사명이다. 이 사실의 가치와 명료성은 성만찬에서 나타난다. 성만찬은 예배의 핵심 요소라 할 수 있다. 말씀이 예배의 중심일 때, 아우구스티누스의 구분처럼, 들리는 말씀에 대한 보이는 말씀이 성만찬이다. 성만찬은 하나님께 드리는 큰 감사와 함께 그리스도께 대한 기억, 곧 아남네시스가 중심을 이룬다. 성만찬에서 성령의 임재로 보여지는 떡과 잔은 그리스도를 기억하게 하는 실제이다. 여기서 그리스도를 만남은 하나님이 뜻하신 예배의 참모습이다. 거기 바로 성도의 교제와 하나님 나라에서의 구원의 식사가 보증된다. 이것은 예배가 주는 만남의 의미를 극대화한 것이다.

예배는 주를 만남에 대한 가까이 감이다. 우리는 모두 하나님을 향해 가는 순례자들이다. 우리는 이미 많이 걸어 석양을 맞았다. 결정적으로 주님을 만남은 우리 영혼의 소망이다. 〈내 주를 가까이하게 함은〉이란 찬송은 이런 뜻에서 내가 가장 사랑하고 끝까지 부를 은혜의 찬송이다. 예배에 낯설면 하나님이 너무 멀다. 따라서 원로 목사는 예배의 맨 앞자리를 지켜야 한다. 누구보다도 더 열심히 주를 가까이하고 주님을 만나야 한다. 그런데 그것이 예배에서 항상 선취되어야 한다는 사실을 기억함이 예배의 현실을 항상 바르게 선사할 것이다.

세상에는 잘못된 만남도 많다. 그것은 정확히 바른 만남의 반대급부이다. 좋은 만남에 행복이 온다면 나쁜 만남에는 불행이 온다. 사람을 잘못 만났을 때가 그렇다면 잘못된 영적 만남의 폐해는 얼마나 더 크겠는가? 사람에게는 있을 것이 없으면 없어야 될 것이 있게 된다. 하나님을 못 만나면 마귀를 만나는 것이 사람이다. 빛을 잃으면 밤이고, 생명 없으면 사망이다. 예배는 주님을 보여 주는 빛이고 주님을 만나는 만남이며 주님을 누리는 생명이다. 바로 주님을 만나는 이 만남에서 항상 가슴 뛰는 은혜를 누리고 산다면 항상 웃을 수 있는 사람 아니겠는가? 그렇다면 예배는 우리에게 있어 서성이거나 배회하는 자리가 아니다. 잡념이 자신을 삼키지 못하게 함이 주님께 대한 사랑일 것이다.

3) 주님과 눈 맞추기

포사이드는 이런 말을 했다. "하나님의 예배에 참석하는 대신 대부분의 사람들은 그들의 예배에 함께 할 어떤 신(神)을 원한다." 이는 비성경적 비신학적 예배이다. 우리가 하나님의 뜻대로 예배를 드리지 않는다면 설사 부지런히 예배를 드림으로 많은 칭찬과 격려가 있다 해도 그것은 하나님께 대한 명백한 죄가 된다. 가짜가 불쾌함은 그것이 진짜를 닮았다는 데 있다. 그릇된 예배가 혐오스러운 것은 그것이 예배를 모방하기는 했으나 하나님의 예배는 아니라는 데 있다. 우리는 내가 원하는 신을 찾아 예배하는 것이 아닌, 하나님이 원하시는 예배자로 하나님 앞에 선 자들이다.

예배는 사람이 하나님 앞에 서는 것과 하나님께 눈 맞추는 것이다. 인간은 상대 앞에서 그가 가진 눈의 초점과 함께 평가된다. 예배자의 눈이 하나님의 얼굴, 하나님의 눈과 거리가 멀다면 예배가 잘 진행되고 있다고 볼 수는 없다. 예배는 예배자가 하나님을 뵈옵는 것이다. 하나님의 눈에 눈 맞추는 초점에 예배의 생명이 있다. 그렇게 하기 위해서 자연 필요한 것은 예배자의 시력이다. 영적인 시력이 예배를 바르게 인도한다. 이런 시력은 예배에서 기본적으로 형성되는 회개에 기인한다. 그래서 시인은 "하나님께서 구하시는 제사는 상한 심령이라"(시 51:17)고 했다. 예배가 하나님께로 가는 것이고, 동시에 하나님을 만나는 것이고, 또한 하나님과 눈 맞추는 것이라면 회개 없이 어떻게 가능하겠는가? 회개의 눈물은 하나님을 만나고 뵈옵는 시력에 있어 최적의 조건일 것이다.

이사야는 한 예배자였다. 그가 경험한 하나님은 높이 들린 보좌에 앉으신 분이셨고 그 옷자락이 성전에 가득했던 분이셨다(사 6:1). 스랍들은 서로 불러 "거룩하다 거룩하다 거룩하다 만군의 여호와여 그의 영광이 온 땅에 충만하도다"(3)라고 했고, 그 소리로 말미암아 문지방의 터가 요동하고 성전에 연기가 충만했다(4). 이사야는 바로 이 예배의 중심에 있었던 예언자였다. 그가 들은 이 거룩의 삼중 창화는 삼위일체 하나님과 하나님의 거룩성의 완전을 묘사함이라 할 수 있다. 이때 이사야는 회개했다. "그 때에 내가 말하되 화로다 나여 망하게 되었도다 나는 입술이 부정한 사람이요 나는 입술이 부정한 백성 중에 거주하면서 만군의 여호와이신 왕을 뵈었음이로다 하였더라"(5). 회개 없이 하나님을 만나는 예배는 상상조차 할 수 없다. 노년을 살고 있는 자, 그리고 원로목사는 더 많은 회개로 거룩하신 하나님을 바라보고 하나님을 섬겨야 하는 것이다.

이사야는 웃시야 왕보다 하나님을 신뢰했던 사람으로 지금 하나님과 눈을 맞추는 사람이 되었다. 땅의 왕보다 하늘의 왕을 바라보았던 사람 이사야, 땅의 왕 웃시야가 죽은 후 하늘의 왕 하나님이 더 잘 보였다. 이사야는 거기서 하나님과 눈을 맞추었다. 하나님의 뜻에 자신을 맞추는 것이다. 그것이 바로 예배에서 얻어야 할 예배자의 열매이다. 예배는 "믿음의 주요 또 온전하게 하시는 이인 예수를 바라보"(히 12:2)는 것에서 중심에 이른다. 예수를 못 찾거나 예수와 눈 맞추기가 안 되면 예배는 이미 시간에 밀려 세상으로 떠내려가고 있는 것이다. 나를 보시는 하나님을 보는 것이 눈의 가치 아닐까.

마틴 부버는 하나님을 제3자로 보는 것을 비판했다. 그것이 바로 그리스도인들의 영적 장애 아닐까? 하나님은 우리의 3인칭이 아닌 2인칭이다. 하나님은 나의 '그'가 아닌 나의 '당신'이다. 따라서 하나님께 눈 맞춤은 하나님을 더 이상 '그'로 보지 않는다는 것이다. 내 사랑이 머물고 머물러야 할 나의 그, 그의 나여야 함을 간과하지 말자. 많은 사람이 하나님을 자신 변죽에 둔다. 그러니까 하나님과 눈 맞추기가 안된다. 하나님과 눈 맞춤이 없는 곳에서 일어나는 예배는 어떤 예배일까? 원로목사는 육신의 눈은 비록 흐려져 세상과 사물과 사람이 멀어져 가지만 영의 눈은 밝아져 하나님께 대해 눈을 떼지 못하는 참된 예배를 누려야 한다고 본다.

우리가 하나님께 눈을 맞추면 하나님의 미래가 보인다. 예배에서 하나님께 눈 맞춤이 성립되면 그의 나라가 보인다. 더 명료하게는 보좌 우편에 계신 그리스도와 그리스도를 통한 구원이 영광의 빛으로 다가온다. 죄는 하나님과 그의 뜻에 우리 자신을 맞추지 못하게 하는 것이다. 우리가 불행한 상황에서도 하나님과 눈 맞추고 그만 믿고 서 있으면 하나님은 그의 옷자락으로 우리를 덮어 주실 것이다. 바로 거기에 하나님의 영광이 있다. 이사야가 경험한 하나님께 대한 예배에서 나타난 영광은 하나님의 임재와 관련된 '쉐키나'가 아닌 이스라엘의 구원의 역사와 관련된 '카보드'이다. 하나님과 눈 맞추고 나갔더니 그곳은 구원하시고 인도하시는 하나님의 현현으로 충만했던 것이다.

　하나님과 눈 맞추는 예배에 있어 필연은 찬송이다. 하나님의 거룩을 찬송하는 스랍들을 보면서 하나님을 뵈면 찬송은 당위임을 알게 된다. 예배에서 드려지는 진정한 찬송은 하나님을 뵈옵는 자의 거룩한 품성이다. 다른 말로 눈이 없으면 찬송도 없다. 하나님을 뵈옵지 못하고 하나님과 눈 맞춤이 없다면 찬송이 있어도 길 잃은 찬송 아니겠는가? 사실 예배 이전에 신앙생활 자체가 하나님의 눈 아래, 그분의 눈빛 따라, 그 눈 맞춤으로 만들어 가고 누리는 영적 생활이라 할 수 있다.

　사람은 자주 한눈판다는 말을 한다. 세상에 한눈파는 그리스도인들도 적지 않을 것이다. 한눈팔며 바로 갈 수 없는 것이 인간이고, 신앙이며, 예배가 아닐까? 사람 중에서도 사람은 눈을 어디에 두는가가 자신을 드러내는 창과 같다. 특히 하나님 앞에, 하나님께 드리는 예배에서 한눈팔고 있다면 어찌 예배를 은혜 안에 뛰놀며 주의 영광 보는 시간으로 누릴 수 있을까? 불가능할 것이다. 성령은 우리 눈을 회개로 맑고 깨끗하게 만들어 주님과 눈 맞추는 예배로 복 주실 것을 믿고, 우리는 주를 바라보고 주님을 뵙는 삶을 이어 가야 할 것이다.

4) 주님의 영광을 섬기기

　사람은 자기의 가치를 타자로부터 찾아야 자기 가치가 성립된다. 자신을 위함은 자신을 위함이 아니요, 타자를 위함이 바로 자신을 위함이다. 이런 뜻에서 이기주의는 신앙과 노년의 공적(公敵)이 될 것이다. 우리 자신은 우상으로 와 세상에 존재하는 것이 아니다. 우리는 타자를 섬기는 사명으로 세상에 와 존재하고 있다. 바로 그 타자를 위함과 섬김에서만 자신의 참 의미와 가치는 평가받는다. 세상에는 많이 가지고 있어도 가치 없는 사람이 많다. 동시에 아무것도 없어도 산 같은 무게와 가치를 가진 분도 있다. 이유가 무엇인가? 섬김이다.

사람이 사람에 대해 그렇다면, 그를 존재케 하고, 존재의 의미와 질서를 창조하신 하나님께 대해서는 어떤가? 자연 섬김이다. 인간의 섬김은 하나님의 부족을 채우는 일이 아닌, 자신이 사람 되는 본분이다. 섬김은 아는 것과 상관된다. 사람이 자신을 모르면 다른 사람도 모른다. 사람을 모르면 사람을 섬길 수 없다. 그와 같이 사람은 자신이 누구인지를 모르면 하나님을 모른다. 사람이 하나님을 모르면 하나님을 섬길 수 없다. 이런 뜻에서 사람이 참으로 사람으로 살려면 자신을 지으시고 다스리시며 사랑으로 다가오시는 하나님을 섬겨야 한다. 이런 섬김은 사람으로서의 길을 나서게 하는 출발점과 같다.

예배는 명백히 섬김이다. 서비스(service)가 없는 예배는 없다. 예배 현장은 하나님께 대해서, 또한 사람에 대해서 섬김이 교차한다. 그래서 이루어지는 것은 공동체요 공동체의 미래이다. 그래서 교회는 명백히 섬김 공동체이다. 이 점은 우리가 목회하면서 수없이 말하고 설교했던 사실이다. 바르트가 말한 바대로 '설교는 교회를 세우는 것'이다. 어떻게 세우는가? 교제로 세운다. 어떤 교제인가? 섬김의 교제이다. 명백히 섬김을 받는 것이 아니다. 명백히 섬기는 것이다. 이는 어떤 특정인을 대상으로 가르쳐진 말씀이 아니다. 사람이라면, 그리스도인이라면 모두 함께 듣고 지향하고 이룰 과제라는 것이다.

특히 우리가 기억할 것은 예배는 하나님의 영광을 섬긴다는 것이다. 자신의 영광이나 사람의 영광 지향성을 끊임없이 중지하고 하나님의 영광을 지향해야 한다. 그렇다면 예배에서 말하는 하나님의 영광은 무엇인가? 무엇이 하나님의 영광을 섬김인가? 그것은 예배 모든 순서를 구성하는 기준인 하나님의 말씀이다. 그 말씀에 준하는 온전성은 결국 말씀하시는 하나님의 영광을 가져다준다. 하나님의 말씀을 신앙과 행위와 삶의 과제로 삼아 부단히 자신을 포기하고 자신에게서 하나님과 그의 뜻을 드러낼 때 하나님의 영광은 보다 가깝다. 예배는 바로 이런 가치를 선도하고 실현하여 하나님의 사랑 안에 거하는 것이다.

인간이 하나님을 영화롭게 하고 그 영광을 섬기는 중요한 가치 하나가 예배 중에 있는 찬송이다. 찬송은 자신에게 은혜 되는 측면이 분명히 있다. 그러나 더 확실한 것은 하나님께 영광을 돌리고 그 영광을 자신과 자신의 삶으로 섬긴다는 진실이 찬송하는 이유가 된다. 이사야가 알려 주는 다음 두 구절은 인간으로부터 영광을 받으실 하나님의 말씀이다. "이 백성은 내가 나를 위하여 지었나니 나를 찬송하게 하려 함이니라"(사 43:21). "나는 여호와이니 이는 내 이름이라 나는 내 영광을 다른 자에게, 내 찬송을 우상에게 주지 아니하리라"(사 42:8). 예배는 진실한 찬송을 주께 드려 그의 영광이 세상과 하늘에 가득하도록 고백하는 신자의 섬김인 것이다.

우리에게는 끊임없는 욕심이 작용하는 것을 부인할 수 없다. 그것은 분명 영혼의 잡초이다. 욕심은 자기 영광 지향이다. 영광을 돌리는 정신은 없고 영광을 받을 일만 계수하고 노력한다. 자신이 원하는 물질이나 명예나 어떤 권세가 자기에게 영광이 되는 줄로 아는 어리석음이 가득하다. 아니다. 영광은 욕심이 아닌 예배에 있다. 예배는 인간의 성화와 하나님의 영광을 위한 것이다. 그래서 한 인간의 믿음이 새로워지고 사랑이 깊어지는 정도에 따라 하나님은 영광을 받으신다. 목회를 끝낸 친구의 말이다. "헛되고 헛되다." 상당 부분 맞는 말이다. 설령 열심히 했고 그 정당성이 인정된다 하더라도 헛된 것처럼 놓아야 한다. 먼지를 떨 듯이 털고 비워 하나님의 영광만 남기고 자기의 영광은 깨끗이 지워야 한다. 그 이상은 영혼의 독버섯 같은 욕심의 발현이다. 욕심이 보는 영광은 거짓 영광이다. 욕심은 죄를 낳을 뿐이기 때문이다.

예배자가 가질 것 중 또 중요한 한 가지는 자존감이다. 예배자는 하나님의 자녀이기 때문에 그 신분이 세상 사람과 구별된다. 이 건강한 자존감은 하나님의 영광을 표현하는 좋은 도구이다. 그러나 많은 경우 그리스도인이나 원로목사라 해도 한 인간이기 때문에 병적 자존감을 가진 경우가 많다. 병적 자존감은 교만과 직결된다. 그것은 철저하게 자기 영광 지향적이다. 하나님의 영광을 섬기는 일은 기대할 수 없는 광야 같은 마음 밭을 가졌다. 자존심 때문에 예배가 그릇되고, 자존심 때문에 갈 길을 멈춘 사람들이 많다. 자존심 때문에 관계를 끝내고, 자존심 때문에 섬김이 없는 사람들도 많다. 그 자존심은 자신을 영광으로 이끄는 것이 아닌, 자신을 지옥으로 끌고 가는 것이다.

사람이 하나님의 영광을 적극적으로 파괴하는 중심에는 항상 우상숭배가 있다. 우상숭배는 사람에게 항상 파괴적인 영향을 미친다. 우상은 항상 하나님의 아름다움의 왜곡된 형태로 인간 앞에 나타난다. 우상은 그 숭배자를 자신 같은 악마적 형태로 변형시킨다. 그래서 성경이 말하는 십계명의 1, 2계명은 우상숭배를 금한다. 왜냐하면, 영광은 하나님께만 돌려야 하고, 우상은 하나님의 영광, 그 대척점에서 인간이 받을 영광을 제거하기 때문이다. 십계명은 사실 예배의 계명이다. 하나님의 백성이 하나님의 영광을 섬기도록 길을 안내하고 위험에 이르지 못하도록 담을 쌓는 것이라 할 수 있다.

예배에서 하나님의 영광을 섬기는 것은 원로목사로서 반드시 지킬 진리이다. 예수 그리스도는 어떠했는가? 그는 자신의 영광이 아닌 자신을 보낸 하나님의 영광을 섬기는 것이 어떤 것인지를 보여 주셨다. 그것은 한마디로 십자가를 지는 것이다. 그것은 독특한 섬김이다. 하나님을 위해서 자신이 죽는 것이다. 하나님의 영광을 위해서 자신을 버릴 줄 안다면 자신은 건강한 지성, 건강한 정신, 건강한 신앙 자임이 분명하다. 사람은 어차피 죽는다. 노년은 죽음을 보여 주는 시간이고 죽음이 문 앞에 온 때이다. 그렇다면 하나님께 자신을 드림은 얼마나 자신에 대한 큰 가치 부여인가? 하나님의 영광이 있는 곳에 주의 종의 영광도 있는 것 아닐까?

5) 인생의 영원한 과제

우리에게 예배는 조화(造花)가 아니라 생화(生花)여야 한다. 인간의 조작된 작품이 아닌 하나님의 생명이 넘치는 살아 있음이어야 한다. 이런 뜻에서 이스라엘의 예배는 조화에 불과했다. 스스로는 꽃이라 하나 하나님이 보실 때는 꽃이 아니었던 것이다. "주께서 이르시되 이 백성이 입으로는 나를 가까이 하며 입술로는 나를 공경하나 그들의 마음은 내게서 멀리 떠났나니 그들이 나를 경외함은 사람의 계명으로 가르침을 받았을 뿐이라"(사 29:13). 예수는 이 말씀을 이렇게 인용했다. "이 백성이 입술로는 나를 공경하되 마음은 내게서 멀도다 사람의 계명으로 교훈을 삼아 가르치니 나를 헛되이 경배하는도다"(마 15:8-9). 이스라엘은 하나님의 백성이었으나 예배에 죄를 범하고 있다는 것이다. "헛되이 경배하는도다"란 말은 이스라엘 종교와 신앙과 예배에 대한 그리스도의 탄식 아닐까?

예배에서 강조되는 것은 언제나 생명이다. 그래서 갈급함이 있다. 예배는 하나님을 만나고 그와 연합하는 기쁨을 최상급에 둔다. 왜인가? 예배는 생명 문제이기 때문이다. "하나님이여 사슴이 시냇물을 찾기에 갈급함 같이 내 영혼이 주를 찾기에 갈급하니이다 내 영혼이 하나님 곧 살아 계시는 하나님을 갈망하나니 내가 어느 때에 나아가서 하나님의 얼굴을 뵈올까"(시 42:1-2). 물을 못 찾으면 죽는 사슴같이, 하나님을 못 찾으면 죽는 것이 인간이다. 예배는 하나님을 갈망하는 자가 모이는 회집이며, 인간의 궁극적 갈망인 생명(조에)이 부여되는 현장이다. 예배의 기쁨은 곧 생명의 기쁨인 것이다.

예배에서 말하는 생명은 육신의 생명이 아닌 영생이다. 영생은 그리스도 안에 있고(요 1:4), 예배는 그리스도 중심으로 형성된다. 만약 영생을 저버린다면 영원한 하나님의 나라는 그림의 떡이다. 하나님의 나라는 그리스도인들이 영생을 누리는 나라이다. 따라서 예배가 생명 문제라면 생명의 위기에 직면한 인생 노년은 더욱 깊이 생각하고 생각해야 한다. 이 인식이 중요하다. 칼 바르트는 '올바른 하나님 인식 자체가 예배'라 했다. 올바른 예배는 오직 올바른 하나님 인식 안에서 이루어진다는 것이다. 우리 생각에 영생하시는 하나님 생각을 채워, 길이요 진리요 생명이신 그리스도께로 감은 예배에서 생명을 찾고 생명을 갈망하는 자의 아름다운 모습일 게다.

지금 우리가 들어갈 하나님의 나라는 어떤 나라인가? 거기에 가서 우리는 무엇을 할 것인가? 이렇게 성경에 묻는다면 성경은 예배를 가리킬 것이다. 그것은 예배의 특성과 본질에 부합한다. 왜 그런가? 우리가 믿는 하나님은 여기도 계시지만 하늘에 계신다. 하나님이 계신 곳에 가 성도가 할 것은 그 하나님께 경배와 찬양을 드리는 것 이상 무슨 행위가 정당화될까? 그것밖에 없다. 오직 하나님께 감사하는 것, 그리스도를 통한 구원의 은총을 찬송하는 것, 그리고 그것이 실로 크고 웅장하여 하나님의 나라를 가득 채우게 하는 것, 그것이 곧 하나님을 경외하는 그리스도인들이 가질 예배의 모습 아니겠는가?

우리가 드리는 예배는 사람을 하나님께로 인도하는 문이다. 사람을 교회로 들어오게 한다면 그것은 곧 예배로 들어오게 하는 것이다. 교회의 교회다움은 교회가 가진 말이 아닌 교회가 가진 예배에 준한다. 교회와 교회가 가진 예배는 교회와 하나님 사이에 있는 교제의 발현이다. 이 교제는 하나님께서 쉬지 않고 그 백성의 삶 속으로 들어오시고, 백성은 감사와 순종과 사랑으로 그에게 응답하는 데서 이루어진다. 이 모든 것은 예배가 주도한다. 바로 이 교제에서 주어지는 예배의 핵심인 말씀과 성찬은 성도가 취하고 누릴 생명의 양식이다. 그것으로부터 떼어 놓으면 그 사람은 죽는다. 따라서 예배는 생명의 자리로 보아야 한다.

　이렇게 이 땅에서 드리는 그리스도인들의 예배는 그 생명성 때문에 영원 지향적이다. 예배는 땅에서 드리나 땅에 한하지 않고 하늘에 이른다. 지금 여기서의 예배자가 나중 거기서의 예배자인 것이다. 그래서 중요한 것은 지금 여기서의 예배이다. 예배는 인생의 영원한 과제인 것이다. 예배는 생명이고 호흡이어서 그리스도인들이 영원히 살아가는 방식이다. 세상의 직업이나 일은 끝나는 날이 있다. 인생도 세상도 끝은 온다. 목회자였던 원로목사 역시 그렇다. 목회는 끝났고, 인생의 끝에 이른 것이다. 그러나 끝나지 않는 것이 하나 있다. 그것이 바로 예배이다. 예배는 지금 여기를 넘어 확실히 영원한 과제인 것이다.

　요한계시록에는 하늘의 예배가 소개되어 있다. 사도 요한이 본 예배이다. "내가 곧 성령에 감동되었더니 보라 하늘에 보좌를 베풀었고 그 보좌 위에 앉으신 이가 있는데"(계 4:2). "또 보좌에 둘려 이십사 보좌들이 있고 그 보좌들 위에 이십사 장로들이 흰 옷을 입고 머리에 금관을 쓰고 앉았더라"(4). 그리고 보좌 가운데와 보좌 주위에는 네 생물이 있다(6). 예배는 진행된다. 만물을 대표하는 네 생물은 밤낮 쉬지 않고 "거룩하다 거룩하다 거룩하다 주 하나님 곧 전능하신 이여 전에도 계셨고 이제도 계시고 장차 오실 이시라"(8) 하며 "영광과 존귀와 감사를"(9) 하나님께 돌린다. 그때 믿는 이들을 대표하는 이십사 장로들은 보좌에 앉으신 이에게 "경배하고 자기의 관을 보좌 앞에 드리며"(10) 이렇게 말한다. "우리 주 하나님이여 영광과 존귀와 권능을 받으시는 것이 합당하오니 주께서 만물을 지으신지라

만물이 주의 뜻대로 있었고 또 지으심을 받았나이다"(11). 그뿐만 아니라 거기에는 "보좌와 생물들과 장로들을 둘러 선 많은 천사의 음성이 있으니 그 수가 만만이요 천천이라"(계 5:11) 했고, 그들은 큰 음성으로 "죽임을 당하신 어린 양은 능력과 부와 지혜와 힘과 존귀와 영광과 찬송을 받으시기에 합당하도다"(12)라고 했다. 이렇게 예배는 영원히 간다. 영원하신 하나님과 어린 양 예수님을 경배하는 행위는 영원한 가치를 가진다. 그래서 예배는 진실로 소홀히 할 수 없는 인생의 영원한 과제라는 것이다. 원로목사는 결국 그 예배에서 경건한 옷을 입고 하나님을 섬기는 구원의 반열에 있도록 자신을 예배에서 소외시키지 않음이 바로 가고 있음이라 하겠다.

6. 정결

　거룩한 하나님을 섬기는 사람이라면 원로목사라 하더라도 이 정결을 마음에 두지 않을 수 없다. 세상은 더럽고 죄는 사람을 더럽힌다. 마귀와 귀신은 더럽고, 세상 문화 역시 영적 쓰레기로 가득 차 있다. 그 더러운 곳에서 사람은 살고 아이들은 논다. 현대인들은 그 더러운 것을 더럽게 여기는 인식조차 없이 삶을 엮어 간다. 이것은 명백히 오늘의 현실이지만 동시에 우리와 우리 다음 세대의 미래이다. 이러한 시대에 살면서 이 엄연한 죄와 더러운 현실을 두고 세상을 지나가야 하는 사람으로서의 나는 생각이 깊어진다.
　내가 이렇게 보는 것은 물론 세상에 대한 이원론적 비관 입장은 아니다. 하나님이 세상을 창조하셨다는 점과 하나님은 지금도 세상과 세상에 있는 사람들을 사랑하시고 섭리하시고 다스리시며, 동시에 구원으로 이끌고 계신다는 점을 모르는 바는 아니다. 하나님은 세상과 인간을 아직 버리지 않으셨고, 우리에게 있어 시간은 하나님이 허락하신 자비와 구원의 기회인 셈이다. 따라서 우리가 사는 세상은 하나님의 거룩성을 이루어 가는 사명과 그 장(場)으로서의 가치를 가진다는 점은 인정한다. 지금도 하나님께서는 '오직 세상'이라 할 정도로 그는 세상을 상대하며, 세상에서 사람을 구원하는 일을 그의 통치의 중심에 두고 계시는 것이다.

그럼에도 불구하고 세상이 더럽다는 것은 세상이 하나님과 그리스도께 반하고 불순종을 일삼는다는 것이다. 그런 더러운 영으로서의 마귀가 극한 준동으로 사람의 인성과 영성이 망가져 가고 있기 때문이다. 인간의 죄와 계속적인 하나님의 말씀에 대한 거역은 인간 그 자신에 대한 영혼의 오물이 된다. 인간 스스로는 자신이 건강하고 깨끗하다고, 그리고 최고의 가치를 지닌 양 인정하고 그렇게 여기기도 한다. 그러나 인간의 정결을 위해 어린 양 그리스도를 준비하신 하나님이 보실 때, 그 자체가 더러움과 혼돈임을 우리는 부인할 수 없을 것이다.

우리 시대는 어떤가? 나는 좋은 자리에 있지만, 시대상 전체를 볼 때 눈물 날 정도로 염려되고 슬퍼진다. 세상뿐 아니라 교회도 세속화로부터 자유롭지 못한 점은 신학적으로 성결의 입장에서 본다면 그 정체성의 문제라고 보아야 할 것이다. 오스 기니스는 우리 시대를 현대성(modernity)의 세력을 예수 대신 '주'로 섬기는 시험대에 놓인 시대로 보았다. 온통 허무주의와 인본주의의 오만함에 경멸만 당하는 시대로 보이기도 한다. 불신자뿐 아니라 교회에도 이런 세속성, 그리고 현대성이 몰려왔다. 그래서 현대성은 교회에 하나님 없는 성장을 선물하기도 했다. 많은 사람들과 많은 교회들이 가치판단의 기준은

수와 크기에 있고, 지혜의 기준은 효율성에 있다고 본다. 그래서 교회나 목회도 그 성공의 기준이 하나님의 말씀이나 진리가 아닌 시대성에 두고 있다는 것을 지금 우리는 보고 듣고 경험한다. 흑암과 죽음의 길을 걷는 것과 다를 바 없다고 본다.

우리의 때는 얼마 남지 않았지만, 시대와 그 징조를 읽어야 한다. 그렇지 않으면 우리는 정결의 문제에 직면한다. 우리를 깨끗하게 하시는 어린 양 그리스도의 십자가와 보혈의 공로와는 관계없는 사람이 될 수도 있다. 현금 우리에게 있어 편리와 안락이 정말 도움이 되는 가치일까? 아니다. 그것은 우리 생명과 영혼을 좀먹고 더럽힌다. 현대 문명이 제공하는 안락함에 젖어 그 이면에 숨어 있는 무서운 사상적 세력을 보지 못하는 우리의 잠든 영혼은 지금 깨어야 한다. 이 시대사상은 항상 가면을 바꾸어 쓰고 오지만 그 본질은 언제나 우리를 우리 주 예수 그리스도로부터 떠나게 하는 것이다. 그것이 바로 더러운 세상에서 우리가 정신과 영혼의 오물을 뒤집어쓰고 더러워지는 모양새 아니겠는가.

1) 건강관리

원로목사는 대부분 만 70세가 넘었으니 다른 사람과 다름없는 노인이다. 노인이 직면한 현실은 영락없는 질병과 아픔과 슬픔의 현실이다. 마음은 그렇지 않아도 몸은 예전만 못하고 자신에게 기다리는 것은 노년의 약함과 아픔이다. 다리, 허리, 어깨 등 안 아픈 곳이 없고, 보이지 않는 내면 마음이나 장기들에 이르기까지 편치 못한 것이 사실이다. 예수를 믿어도 이제는 육신에 소망을 두지 않아야 한다는 방향성이 여기에 있다. 그렇다면 이 모든 현실은 받아들여야 한다. 받아들이지 않으면 안 되도록 운명 지어져 있는 것이다.

그럼에도 불구하고 사는 날 동안 자기 건강을 잘 관리해 나가는 것은 하나님이 주신 자신을 정결케 하는 과제가 된다. 자신의 정결은 육체에서 시작된다. 육체의 정결은 건강과 직결된다. 질병은 깨끗함이 아니고 질병으로 인한 이런저런 삶의 제약과 결과적으로 맞게 되는 죽음은 정결이 아니다. 건강한 사람이 외관상 더 깨끗하고 정결하다는 사실은 누구도 부인하지 못할 것이다. 나는 은퇴하고 얼마 되지 않아 넘어지는 일이 있었다. 약간 다쳤지만 그것은 추함의 대명사 같았다. 결국 밖에 나올 수 없어 한 주일을 집에서만 보냈다. 사고나 질병에 갇힌 몸은 추함으로 가는 성향이 있다고 나는 생각한다. 그렇다고 병든 사람은 다 더럽고 사고 난 사람은 그 자체가 정결과 관계없는 더러운 인생이란 뜻은 아니다. 노인으로서 현실적으로 당면한 과제는 육체를 지으신 하나님 앞에서 육체의 건강이 정결과 관계된다는 것이다.

예수님은 세상에 계실 때 병자들을 많이 고치셨다. 당시 사회에서 어떤 병자는 부정의 대명사 같았다. 옛 이스라엘 사람들은 한센병이 들면 그 부정으로 인해 공동체에 들어오지 못했다. 육신의 정결은 육신의 더러움을 씻는 것에 앞서 건강이 먼저였다. 이 사실을 우리가 안다면 하나님이 주시고 사랑하시는 몸을 최대한 관리하여 건강하게 함이 하나님의 뜻과 우리가 세상에서 가질 사명에 부합한다고 생각한다. 사실 건강은 다소 복잡성을 띠는 개념일 수 있다. 지그문트 프

로이트는 그것을 '노동의 능력과 향유의 능력'으로 보았다. 세계보건기구는 보다 확대된 개념으로 완전하고 육체적이고 정신적, 사회적 복지의 상태로 보았다. 건강을 단순히 육체적 병과 허약 상태로 보지 않는다는 것이다. 그러고 보면 건강은 대단히 통전적 개념으로 몰트만이 말한 '사람됨의 힘' 정도로 정리하는 것이 좋겠다. 그래서 건강은 자신의 건강을 지켜 가면서도 건강하지 않는 다른 사람을 소외시키지 않으며, 오히려 병과 죽음 속에서 사람됨의 가치를 발견하는 것이라고 볼 수 있다.

폴 브랜드와 필립 얀시가 쓴 『몸이라는 선물』이란 책을 보면 우리 몸을 신묘막측하게 지었다고 한다. 우리 인체는 약 40조 개의 세포로 이루어져 있는데 이는 지구상에 존재하는 인구수보다 천 배나 더 많은 수이다. 그리고 성인의 몸에는 500억 개의 백혈구가 현역으로 활동할 뿐 아니라 그보다 100배나 많은 예비군이 골수에 저장되어 있다고도 했다. 그래서 어쩌면 물 한 방울에도 지구상의 인구수만큼이나 많은 세균, 손을 씻을 때도 최소 500만 마리의 세균이 떨어져 나가는 이 위험한 세상에서 우리 몸이 오늘도 살아 있다는 것은 신비요 기적이다. 참으로 건강은 우리 몸의 모든 조합이 잘 어우러져 하나님의 신비를 담아내며 그 아름다움을 표현한다. 매일 매 순간 우리의 유연한 근육 세포는 우리 혈관의 폭을 조정하고, 노폐물을 창자로 살살 밀어내며, 신장의 배관을 여닫는다. 바로 이 질서 유지가 인간이 지킬 건강이며 정결이라는 것이다.

우리에게 병이 완전히 배제된 건강은 없다. 건강은 병을 전제로 하는 말이다. 그것은 병에 대한 바른 대처요 장차는 병을 바르게 극복하는 과제를 전제한다. 그뿐만 아니라 건강은 하나님이 만드신 창조물로서의 몸에 대한 가치 인정과 존중을 의미한다. 그리고 불완전한 죄적 세상에서 모든 아픔과 불합리의 슬픔에도 제대로 대처하는 가치를 가지고 좋은 영향을 세상에 미치기 위해서이다. 잘못된 철학이나 이단 사상에 빠진 자들은 몸의 가치를 저버린다. 죄가 있지만 죄 있는 그 몸을 하나님이 만드셨다는 뜻을 거부한다. 죄가 있어 마귀요, 물질이어서 마귀라고 생각한다. 이런 잘못된 정신에서 자신을 정결케 하는 현실적인 방법은 몸의 건강을 잘 관리하는 정신적 지혜와 관계된다 하겠다. 그래서 몸의 건강에서 삶의 건강과 신앙의 건강을 함께 도모하여 원로목사의 자아 상태가 더 정결해야 할 것이다.

사람에게 있어 자신은 하나님 다음 유일하다. 동일인은 세상에 존재하지 않는다. 그것이 바로 하나님의 뜻이요 창조의 지혜와 능력이었다. 그러고 보면 사람은 하나님 다음으로 자신이 소중함을 알게 된다. 하나님을 위해 소중하고, 타자를 위해 소중하고, 공동체를 위해 소중한 것이 자아이다. 그렇다면 자신의 건강은 어느 정도 만사의 근본 같아 우리 모두 건강에 유의해야 한다. 아무리 좋은 정신과 신념이 있고 힘이 있어도 건강을 잃고 몸이 약하면 소용없는 것이다. 몸이 병들면 솔로몬의 부귀영화도 허사이다. 좋은 음식, 좋은 옷, 좋은 자리는 오히려 짐이다. 더더구나 하나님께 대한 신앙이나 헌신이나 섬김도 더 이상 이어지지 않는다. 건강이 끝나면 믿는 것도 믿음의 사명도 이제 끝인 것이다.

우리는 우리 몸에 대해 정신과 사상과 마음에서부터 현실적 정결을 추구해야 한다. 그것은 다시 말해 건강 문제이다. 먹고 마시는 것을 조정하고, 적절한 운동을 규칙적으로 반복할 것이며, 낙상 사고 등 사고가 나지 않도록 주의해야 한다. 그래서 하나님 앞에, 사람 앞에서 항상 깨끗함을 몸으로 표현해야 한다. 몸은 하나님이 하나님 당신과 사람에게 유익하게 지으셨다. 그러나 건강은 하나님이 사람 각자에게 맡기셨다. 사람은 스스로 건강관리를 잘하면 더 건강하게 살 수 있다. 반대로 자기 관리를 하지 않으면 건강은 망가지고 끝난다. 몸에 대한 개념이 부정적이어서 자신과 자신의 건강을 스스로 방치한다면 하나님 앞의 정결과는 거리가 멀 것이다.

2) 영적 정결

건강한 육체에 건강한 정신이 깃든다는 말이 있다. 우리는 자주 이분법을 써 어느 하나를 취사선택하는 경향이 있다. 그러나 성경은 그렇지 않다. 육체와 정신을 완전히 분리하지 않는 하나님은 정신 없이 육체만의 사람을 만들거나 육체 없는 정신만으로 사람을 만들지 않으셨다. 육과 영이 함께 한 인간을 이룬다. 이 둘은 서로 관계되어 존재하며 서로 책임적으로 반응한다. 육성이 강하면 전인격적으로 죄에 가깝고, 영성이 강하면 전인격적으로 신앙인에 가깝다. 원로목사는 이런 현실에서 정결을 숙고해야 한다. 어떤 정결인가? 영적 정결이다. 육신이 이에 좋은 동역자가 되도록 하고, 남은 삶을 영적 정결로 자신을 다스림은 슬기가 될 것이다.

영적 정결은 영적 건강이다. 이에 절대 필요한 것은 우리의 방법이 아닌 하나님의 방법에 있다. 그것은 한 마디로 하나님의 어린 양 그리스도의 보배로운 피로 된다. 십자가와 십자가의 보혈을 믿고 그 피로 성별 된 사람됨의 증표를 성령의 인침으로 누려야 한다. 그리스도는 우리의 영혼을 죄로부터 마귀로부터 성결케 하는 대제사장이시다. 이를 그는 자기 몸으로 이루셨다. 우리가 신실한 회개와 신앙으로 자신을 그리스도의 피로 씻음 받고 영적 정결을 얻고 지켜야 한다. 마지막으로 성도가 하나님 앞에 설 때 입는 옷은 정결을 상징한다. 그리스도의 피에 빨아 입은 옷이다. 하나님의 나라에 들어갈 자는 그리스도께서 피로 사서 하나님께 드린 자인 것이다(계 5:9).

뿐만 아니라 영적 정결은 인간이 갖는 순종과 직결된다. 순종은 영혼을 깨끗하게 하나 불순종은 영적 상태를 전쟁터로 만들고 피바다로 만들며 더러는 잡초 밭으로 만든다. 있어야 될 복은 없어지고 없어야 될 재앙이 줄을 잇는다. 하나님의 말씀에 대한 순종은 일반 그리스도인들만이 아닌 말씀을 전했던 원로목사에게도 예외는 아니다. 그것이 바로 하나님께 순종하는 것이다. 세상은 우리를 붙들고, 마귀는 우리를 유혹한다. 우리의 영혼이 정상을 유지하고 건강하게 지탱되려면 순종 하나의 확실성 밖에 없다. 원로목사는 더러 순종을 말하고 지시하고 권하고 받아 내던 위치에 있었기 때문에 스스로 순종하는 것은 낯설 수 있다. 그러나 진실은 지금 자신이 순종함으로 영적 정결을 도모할 때라는 것이다. 원로목사에게는 후임자나 혹은 다른 사람이 전하는 말씀에도 아멘이 진심이어야 한다.

영적 정결은 원로목사가 가진 영성과 관계된다. 우리가 가질 영성은 제사장적 영성이다. 왜냐하면, 우리는 그렇게 살아왔고, 하나님의 종으로 하나님과 교인들을 섬겨 왔기 때문이다. 사람을 이끄는 것은 사람의 육신보다 사람의 정신이고, 그리스도인들을 이끄는 것은 영성이 최고의 가치고 특별한 권위이다. 지금은 일선에서 물러났지만, 여전히 자신의 위치는 평신도와 다르다. 그래서 시련과 유혹도 평신도와는 다른 차원이다. 원로목사가 영적 권능을 상실하면 적 앞에서 추풍낙엽의 신세가 된다. 따라서 지도자로서의 영성은 자신의 영혼을 깨끗하게 하는 놀라운 첩경이라 하겠다.

정한 자만이 하나님께 나아갈 수 있다. 특히 아론 계통의 제사장들은 이 점이 생명 같은 규범이었다. 장막이나 성전에는 제사장의 정화를 위해 물을 담아 두는 놋으로 된 물두멍이 있었다. 그것은 물로 씻어야 죽기를 면할 수 있었기 때문이다(출 30:17-20). 이것은 단지 육신의 한 부분을 씻어 정결케 한다는 의미를 넘어선다. 구약의 정결을 위한 성결법전이나 마가복음 15장에 나오는 예수님의 정결법 논쟁은 그냥 몸의 문제, 육신의 문제만의 언급이 아니다. 정결법은 성경 전체를 보면 종류가 많다. 그런데 그것은 모두 보이는 육신으로부터 시작하여 보이지 않는 영적 정결을 지향해 있다. 하나님은 에스겔에게 말씀하셨다. "맑은 물을 너희에게 뿌려서 너희로 정결하게 하되 곧 너희 모든 더러운 것에서와 모든 우상 숭배에서 너희를 정결하게 할 것이며"(겔 36:25). 이는 결국 하나님께서 너희는 "내 백성이 되고 나는 너희 하나님이 되리라"(28)는 뜻을 이루려 하심이다. 이는 분명 하나님께서 그 백성에 대해 항상 영적 정결을 요구하신다는 사실을 알려 준다고 본다.

제사장은 다른 사람들과는 구별되는 상징성이 짙은 옷을 입었다. 그중에 주목할 것은 대제사장의 관 전면에 달았던 '여호와께 성결'이라고 새겨진 패이다. "그들이 또 순금으로 거룩한 패를 만들고 도장을 새김 같이 그 위에 '여호와께 성결'이라 새기고 그 패를 청색 끈으로 관 전면에 달았으니 여호와께서 모세에게 명령하신 대로 하였더라" (출 39:30-31). 이는 대제사장이 자신뿐 아니라 자신이 드리는 모든 성물에 대한 성결을 표시함이며 결국 이것은 그리스도를 통한 속죄와 성결을 예표한다고 할 수 있다. 특히 우리가 제사장과 흡사한 사역을 한 사람이라면 영적 정결은 아무리 강조해도 지나치지 않을 것이다. 왜냐하면, 우리는 곧 하나님 앞으로 갈 것이기 때문이다.

믿는 자는 단연 영적 정결을 주시해야 한다. 그리고 그것이 다른 사람이 아닌 자신에게서 사실이 되도록 자신을 지켜야 한다. 왜냐하면, 우리 믿는 이는 모두 그리스도의 신부이기 때문이다. 구약적으로 말한다면 믿는 자는 하나님의 아내들이기 때문에 그 남편을 위해 정절을 지켜야 함은 당연한 본분이었다. 그러나 이스라엘 사람들은 하나님을 버리고 바알을 찾아 남편이라 불렀고 남편으로 따랐음을 호세아 등 예언자들의 선포에 밝혀져 있다. 신약에서 그리스도는 소위 말하는 열 처녀 비유에서 믿는 이는 그리스도의 신부, 그의 처녀들이기 때문에 선결 과제가 항상 정결임을 밝힌다. 이토록 성결, 혹은 영적 정결은 신자의 품위, 특히 원로목사의 품위가 될 것이다.

목사는 항상 그 영적 상태를 기도와 말씀으로 다스려야 한다. 말씀 안에서 일어나는 기도 행위, 기도로 확증되는 말씀 경험을 중시해야 한다. 그리스도는 사람을 "물로 씻어 말씀으로 깨끗하게 하사 거룩하게 하시고"(엡 5:26)란 말씀대로 역사하시기 위해 자신을 교회에 주셨다. 기도는 영혼에 뿌리는 정화수 같다. 기도는 구하는 것이고 무엇을 받기 위한 것이기도 하지만, 그 이전에 자신에게 있어 하나님께 대한 더러움을 처리하는 영성 행위이다. 은퇴했다 해서 목사가 기도를 경시하면 씻지 않는 사람의 더러움이 영혼을 채운다. 그리고 말씀을 멀리하면 사람은 저절로 죄와 악으로 더러워진다. 말씀과 기도는 지도자가 가질 영성의 대표적 행위임이 분명하다.

우리에게 있어 영적 정결은 우리 신앙의 확고함에 뒤따른다. 신앙의 해이는 순결의 문제이다. 정결하지 않다는 반증이다. 신앙의 뜨거움은 가장 좋은 영적 정결이다. 미지근하다는 것은 더럽다는 뜻이고, 주님의 뜻에 맞지 않다는 것이다. 사랑의 순결은 뜨거움에 있다. 뜨겁지 않으면 순수함이 없다. 영성의 핵심은 그리스도이기 때문에 그리스도께 미칠 정도로 신앙이 확고함은 목사가 갖출 가장 좋은 영적 정결이어서 하나님 앞에 사람 앞에 참 아름다운 모습일 것이 분명하다. 바로 이런 확실성이 없는 자는 제자 되지 못한다는 사실을 예수님은 자주 말씀하셨다.

3) 육적 정결

사람에게 있어서 육적 정결은 곧 그 도덕성을 말한다. 원로목사에게 도덕성이 뭐가 필요하겠나 싶어도 사람인 이상 예외는 없다. 도덕성은 자주 인간이 가진 육체의 행위에 대한 가치 기준이다. 그러나 성경은 행위 이전 그 행위의 원인까지 같이 본다. 계명의 범행 이전에 그 마음과 생각부터 보는 것이 산상수훈에 나오는 예수의 입장이다. 이는 유대인들이 자신들의 율법에 대한 행위를 병적으로 강조하고 의지한 것에 대한 주님의 비판인 것은 확실하다. 그러나 세상은 모든 도덕성을 그 행위로 결정된 것이 없으면 법적 무죄고, 도덕적 무죄로 보는 경향이 있다. 어쨌든 사람에게 있어 육체를 움직여 유발하는 죄의 더러움을 탈피하는 것은 믿는 자의 지혜일 것이다.

하나님은 인간을 아시고 노년에 서성이는 은퇴한 사람 원로목사도 아신다. 우리가 어떤 사람인지를 아신다는 것이다. 우리뿐 아니라 하나님이 아시는 모든 사람은 도덕적 결함을 가진 죄인들이다. 우리는 윤리나 도덕, 그리고 성경이 말하는 행위나 율법으로 완전을 지향하면 할수록 죄를 더하는 타락성을 가졌다. 그래서 우리 행위로는 노력해도 정결에 이르지 못한다는 점을 하나님이 먼저 아신다. 그래서 하나님은 그 아들 예수 그리스도를 세상에 보내셔서 그 죄와 악, 그 약함과 더러움으로부터 우리를 구원하셨다. 말하자면 우리 믿는 이들은 항상 용서라는 은혜를 전제로 오늘도 살고 있다는 것이다.

그러면 우리가 하나님의 용서를 믿고 세상 사람만도 못한 도덕적 수치를 매일 자행하면서 살아도 되는 것인가? 아니다. 성경은 철저히 그것을 금하고 있다. 인간의 육은 죄와 싸워야 하고 죄는 하나님과 우리 사이를 갈라놓기 때문에 매일 우리 행위를 단속해 거룩한 길을 걸어야 한다. 그것이 바로 성경이 말하는 정결의 문제이다. 톨스토이의 말이다. "그대는 기필코 정결치 못했다는 것, 또 결코 정결할 수 없다는 것, 그리고 정결에 접근하는 단계에 있다는 것, 그리고 접근하기 위해서는 기운을 상실해서는 안 된다는 것을 망각해서는 안 된다." 맞다. 우리는 결코 정결할 수 없다. 그것이 바로 우리 육체고 육체의 입장이고 육체의 삶이다. 그럼에도 불구하고 육적 정결을 힘쓰는 것이 우리 믿는 이의 신앙과 도덕성이 될 것이다.

노인에게 무슨 죄가 있어 그 몸과 마음을 더럽히는 것일까? 아마 그중 중요한 하나는 사람에 대한 미움일 것이다. 그동안 세상에 살면서 수많은 사람을 만났고, 수많은 사람을 거쳐 오늘에 이르렀다. 그런데 그들 중에는 좋은 기억의 만남이 있었을 것이고, 나쁜 만남이어서 나쁜 기억도 있을 것이다. 특히 20년 이상 한 교회에 있으면서 원로목사가 된 사람은 험하고 위태하고 먼 길을 걸어 지금에 이른 것이다. 교인 중에도 원수로 다가오는 사람, 마귀의 역할을 하는 사람이 왜 없었겠는가. 그런데 은퇴한 다음에도 그런 사람들이 자신을 사로잡고 자기 마음과 정신에 상처를 입히고 오물을 뿌려서는 안 된다. 사람이 사람을 미워하는 것은 하나님을 미워하는 것이 될 수도 있다. 미움에서는 결코 평강이란 은혜를 누리지 못한다. 하나님과 성경, 그리고 하나님의 은혜의 차원에서 보면 사람을 가장 더럽히는 하나가 사랑 못 하는 것, 곧 미움일 것이다.

사람이 살면서 받은 상처는 정결과는 거리가 있다. 상처받은 자는 자기 잘못이 있을 수도 있고 없을 수도 있다. 상처 있는 사람을 배려 못 하고, 도리어 무시하고 상처 입히려는 것은 아니다. 주님은 상처를 싸매 주신다. 그것이 바로 상처받은 사람을 깨끗하게 함이다. 그렇다면 우리가 살면서 받은 상처는 얼마나 많고 준 상처는 또 얼마나 많은가? 받은 것도, 준 것도 상처는 치유하고 치유받아야 한다. 왜냐하면, 하나님은 우리에게 온전성을 요구하시기 때문이다. 스스로는 절대 치유가 안 되는 상처, 자신만의 상처라고 주장하면서 상처에 머물면 사람은 그 상처가 그의 하나님이 된다. 스스로 버리지 않으면 하나님이 도우셔도 버려지지 않는 것이 마음의 상처이기 때문이다. 원로목사는 입힌 상처도, 받은 상처도 말씀과 기도와 용서의 복음 가운데서 해결하기 위해 몸부림치며 노력하여야 육적 정결, 도덕성의 정결을 말할 수 있을 것이다.

사람은 나이가 들면 섭섭함이 나타난다. 주변 사람들이 여간 잘해 주어도 섭섭함은 저절로 찾아든다. 들어보면 이유는 있다. 그럴지라도 사람의 섭섭함, 특히 원로목사의 섭섭함은 자신의 정결과 관계되어 자신의 육적 도덕적 결함이 된다. 노년에 찾아오는 섭섭함은 자신의 마음과 정신과 자신의 미래를 더럽힌다. 극히 악한 형태로 인간을 왜곡시키는 정서가 섭섭함이다. 만약 원로목사에게 섭섭함이 작용한다면, 육적 도덕성의 품위는 유지하기 힘들 것이다. 섭섭함의 정서는 정신과 삶의 가시밭길을 창조하고 자신을 도덕적 지옥에 던져 육적 상태뿐 아니라 영혼의 상태도 비틀고 왜곡시킬 것은 자명하다.

사람들이 교회에 다니면서, 스스로 신앙생활을 한다고 하면서 왜 삶에 있어 정결에 실패하고 결국 품위도 기쁨도 평화도 상실한 사람이 되는가? 답은 이렇다. 자신이 살아 있어서 그렇다. 그리스도인들은 사실 그리스도처럼 자신이 죽음에서 그리스도의 길을 걷는 사람들이다. 적어도 죄에 대해서, 세상에 대해서, 세상 부귀나 명예에 대해서 자신이 죽어야 한다. 바로 이 사실을 모르고 이 사실에 대한 실천이 없어서 육적 정결이 없는 것이다. 사실인즉, 우리가 말하는 자신은 죄적이다. 철저히 죄 자체이다. 때로는 하나님과 그의 말씀에 맞서며, 때로는 하나님 앞에서 너스레를 떨며 하나님을 이용하려 든다. 이 점은 우리 원로목사에게도 예외는 아닐 게다. 얼마나 더럽고 악한가. 사람이 자신과 세상에 대해서 죽지 않으면 하나님의 사랑과 성령의 역사를 보지 못한다.

우리가 살고 있는 시대나 세상은 악하여 선함과 깨끗함이 없다. 법이 많은 만큼 죄도 많다. 그러나 탓하기가 부끄럽다. 이유는 지도자였던 우리의 책임이 크기 때문이다. 무슨 책임인가? 우리가 삶의 정결로서의 도덕성을 상실했기 때문이다. 세상보다 교회의 도덕성이 더 좋았다고 하기 힘들다. 세상보다 더 싸웠으며, 세상보다 더 거짓되었다. 교회는 세상에 대해서 정화의 빛도 소금도 되지 못했다. 교회가 세상을 걱정하는 것이 아니고 세상이 교회를 걱정하는 꼴이 되었다. 바로 그 중심에 우리들이 있었다. 더러는 세상보다 더 교묘한 욕심으로 자신을 부풀리기도 했고, 더러는 세상 가치관인 번영의 신학에 도취되어 그릇된 탐욕으로 긁어모아 자기 성공을 표방하기도 했다. 얼마나 더러운가? 성경이 말하는 정결을 교회의 지도자인 우리가 가졌던가? 우리의 윤리적 수준이 정말 세상에 사표(師表)가 되었던가? 진실로 자신의 노년이나 자신의 육을 보면서 마음과 정신으로 무장하고 그 정결을 힘써 감이 그리스도를 맞을 사람들의 바름이 아니겠는가.

4) 점점 더 갖출 품위

세상 사람들은 그 사는 이유를 먹는 데 두기도 한다. 왜 살고 왜 일하는가? 먹고살기 위해서라 한다. 사람에게 그런 점이 없지는 않으나 단지 살기 위해서 먹는 이상이어야 한다. 그것이 무엇인가? 그것은 한마디로 전인적 정결이고 품위이다. 세상에 상품이 많다. 많은 상품의 수나 양보다 중요한 것은 상품의 품질과 가치일 것이다. 세상에 시계가 많으나 1만 원 전후로 살 수 있는 것도 있고, 어떤 것은 수억이어야 취할 수 있는 시계도 있다. 왜인가? 그 가치 때문이다. 우리는 지금 노년을 보낸다. 노년은 이미 많은 날들을 누린 사람들의 연대이다. 그러나 오래 살았다는 것보다 더 중요한 것은 얼마나 가치 있고 깨끗하고 정결했는가일 것이다. 더 오래 살았기 때문에 더 낡았고 더 더러워졌다면 오래 산 의미는 무엇일까?

성경은 우리에게 "너희가 더욱 힘써 너희 믿음에 덕을"(벧후 1:5) 행하라고 지시한다. 덕은 믿음 다음 반드시 추구할 영역이다. 믿음으로 구원 얻는 것은 맞다. 그러나 믿음이 삶의 종착점은 아니다. 믿음이 있다면 믿음을 믿음으로 빛낼 덕을 힘써야 한다. 살펴보면 진실로 우리에게 약하고 희미하거나 아예 없는 것이 덕이다. 그래서 그런 탓에 믿음이 믿음의 덕성을 잃어 믿음으로 인정받지 못하는 경우가 허다하다. 덕은 사실 믿음 있는 자의 품위 같은 것이다. 이 품위는 자신의 신체에 있어 매일 깨끗하게 하고 관리하듯이 힘써야 할 내면의 관리이다. 재능 있고 실력 있고 일 잘하는 일꾼은 많다. 그런데 거기에 덕을 겸비한 사람은 적다. 사람이 세월 따라 이 세상을 떠나갈 때가 되면, 덕을 지님이 그가 가진 믿음의 방향성일 것이다.

욕심, 혹은 정욕은 나이와 상관이 없다. 늙어도 여전하고 여전히 강력하다. 그것 때문에 우리는 세상에서 썩어질 것에 매인다. 이유는 욕심은 인간 죄성의 안방 같은 것이기 때문이다. 따라서 거기 있으면 거기 매인다. 욕심을 버리고 욕심으로부터 빠져나와야 한다. 성경은 우리에게 하나님과 우리 주 예수 그리스도를 가르친다. 은혜와 평강을 위해서이다(벧전 1:2). 하나님의 성품, 곧 신성한 성품에 참여하는 자로 만드시기 위해서이다. "이로써 그 보배롭고 지극히 큰 약속을 우리에게 주사 이 약속으로 말미암아 너희가 정욕 때문에 세상에서 썩어질 것을 피하여 신성한 성품에 참여하는 자가 되게 하려 하셨느니라"(벧후 1:4). 따라서 이 일은 숨 쉬는 동안 중지할 수 없는 자신을 정결케 하는 방법이라 하겠다.

우리 그리스도인들은 종말론적 존재이다. 동양의 사관은 원(圓)이어서 끝없이 돌고 도는 윤회의 연(緣)이지만, 서양, 혹은 기독교의 사관은 선(線)이다. 선은 아무리 길어도 시작점과 끝점이 있다. 시작된 것은 모두 끝이 있는 것은 진리이다. 세상도 인간도 하나님의 창조의 결과물이기 때문에, 그 끝은 이미 정해진 것이다. 그렇다면 세상을 사는 사람은 반드시 세상의 끝을 전제하고 살아야 하며, 태어난 사람은 죽음을 전제할 때 자기 관리가 된다. 이런 점에서 성경은 우리를 예수의 사람, 곧 예수를 신랑으로 맞을 그의 신부로 지칭한다. 그렇다면 우리의 신분은 자신을 정결케 관리하는 차원을 무시해서는 안 된다는 것이다. 예수를 만나 그와 연합하여 그와 함께 살 것을 전제하고 그의 기준에 맞추어 항상 신앙적 인격적 정결을 힘써야 한다. 매일 노력해야 마지막을 행복하게 맞을 수 있다.

사람은 누구나 노년에 이르면 살날이 얼마 되지 않는다는 것을 직감한다. 그러나 살날이 적은 것만은 아니다. 어쩌면 영원히 살날이 우리 앞에 기다린다. 그렇다면 우리는 지나갈 세상이나, 지난 가치보다 오고 있는 하나님의 나라와 그 가치에 준해 오늘을 살아야 한다.

영원히 살날을 소망한다는 것은 새 삶이 되는 진입문과 같다. 지금 여기에 맞추는 것이 아닌, 그때 거기에 맞추는 것은 지혜의 결단이다. 그렇다면 지금은 그 거룩한 나라를 바라보며, 거기서 거룩하신 하나님과 우리 주 예수를 소망하면서 정결, 혹은 성결에 힘쓰는 것은 죽는 시간이 오면 올수록 더 절박한 과제가 아니겠는가? 만약 우리가 노인 됨을 절망으로만 바라보고 노화를 슬퍼하며 자신을 더러운 세상에 더럽게 방치한다면 그 행태를 볼 때 하나님의 백성임을 긍정하기 힘들 것이다.

우리는 자신이 가진 신학적 이해도에 따라 약간 다르기는 하지만 한국교회 전반을 볼 때 구원에 있어 칭의를 강조한다는 점은 부인할 수 없다. 믿음으로 의롭다 함을 받는다. 그런데 믿음은 거기에 머물러 있는 것이 아니다. 믿음은 생물이지 무슨 가지고 다니며 지킬 물건 같은 것이 아니기 때문이다. 그렇다면 믿음은 성화로 가야 한다. 믿음은 성화에서만 여전히 믿음으로 인정받는 것이지 성화로 넘어가지 못하면 그것은 성경이 말하는 믿음이라기보다 믿음을 주장하는 인간의 사상이나 이념일 뿐이다. 성경이 믿음을 말할 때는 믿음으로 사는 것이 전제된다. 그 바르게 믿음으로 사는 것이 우리가 끝까지 힘쓸 과제로서의 성화라고 해야 한다. 따라서 원로목사는 내일 죽어도 오늘 울 시간이 없다. 내일 죽으면 오늘은 주님 맞을 단장에 마무리를 잘 해야 하는 것이다.

품위는 사람에게 있어 그 사람의 인격적 질과 같은 것일 게다. 그 질은 그 가치를 결정한다. 내일이 보름이란다. 보름에는 보름나물이라는 게 있다. 이를 위해서 필요한 것이 여럿 있지만 그중 중요한 하나는 무다. 그런데 무가 바람이 들면 버려야 한다. 무가 아니어서가 아니고 먹을 수 없도록 품질이 떨어져서이다. 가을에는 무가 바람이 들지 않지만 시간이 지나면서 겨울을 넘어 봄으로 가는 동안 보관상의 문제로 바람이 든다. 말하자면 사람의 품위가 긴 시간 세월에 시달리면서 바람이 들어 하나님께 버림받는 일은 우리에게 없어야 한다. 그래서 정결 문제는 원로목사가 끝까지 힘쓸 과제로 삼아야 한다는 것이다.

제가 운전을 배워 처음 차를 몰고 나갔을 때 접촉 사고가 있었다. 언제인가? 멀리 목적지에 거의 다 가서 났다. 왜인가? 서투른 운전에 안도감을 가지고 경계를 늦춘 탓이었다. 그래서 다른 차가 접근하는 것을 보지 못했다. 사실 살펴보면 인생에 있어서 마지막이 더 위험하다. 죽음이 오면 마귀도 준동한다. 위대한 이스라엘의 국부 모세에게도 예외는 아니었다. 우리는 마지막에 잘못되는 지도자를 많이 본다. 지나친 안도감 때문이기도 하고, 자신의 과거가 비교적 성공적이고 좋았다는 교만 때문이기도 하다. 지나간 시간, 지나간 일은 주님께 맡겨야 한다. 그리고 지금 내가 중심을 두고 깨어 있을 일은 하나님을 만날 준비로서의 정결, 곧 거룩성을 추구하는 것이다.

전에 하나님은 이스라엘 백성에 대해 정결을 뜻하셨다. 그래서 성결법전이 있고, 그래서 하나님의 준엄한 명(命)이 그들에게 떨어진다. 핵심은 이렇다. "내가 거룩하니 너희도 거룩할지어다"(레 11:45)이다. 그것이 그 백성의 과제이며, 그 백성이 사는 이유였고, 그 백성이 하나님 앞에 서는 자격 같은 것이었다. 그것 없이는 하나님을 뵈올 수 없었던 것이다. 그렇다면 우리에게는 불가능한 예외인가? 아니다.

우리가 순종하여 따르면 된다. 그리스도는 이 일을 하셨고 이 일을 도우신다. "평강의 하나님이 친히 너희를 온전히 거룩하게 하시고 또 너희의 온 영과 혼과 몸이 우리 주 예수 그리스도께서 강림하실 때에 흠 없게 보전되기를 원하노라 너희를 부르시는 이는 미쁘시니 그가 또한 이루시리라"(살전 5:23-24). 그래서 우리는 평생 정결과 거룩에 대해 힘쓸 과제를 가진다. 하나님이 나를 위해 일하실 때 나 역시 그 일에 참여함은 믿음의 당위일 것이다.

우리를 더럽히는 것은 자신과 세상과 마귀이다. 자신의 욕심이 자기의 적이고, 세상의 풍조와 문화가 우리가 싸울 대상이다. 또한, 마귀는 우리가 상대할 가장 강한 영적 적임이 분명하다. 그러나 그것을 탓해서는 안 된다. 이 모든 것을 이기는 것은 삶의 현실 현장에 있고, 그 방법은 우리 삶의 실제와 관계된다. 마귀는 죄를 짓게 하고, 하나님은 그 아들을 통해 죄를 없애시는 분이시다. "죄를 짓는 자는 마귀에게 속하나니 마귀는 처음부터 범죄함이라 하나님의 아들이 나타나신 것은 마귀의 일을 멸하려 하심이라"(요일 3:8). 이와 관련하여 야고보는 모든 것을 이기는 믿음의 현실성을 가르친다. "하나님 아버지 앞에서 정결하고 더러움이 없는 경건은 곧 고아와 과부를 그 환난중에 돌보고 또 자기를 지켜 세속에 물들지 아니하는 그것이니라"(약 1:27). 무엇을 안 하는 깨끗함이 아닌 무엇을 하는 깨끗함이 항상 힘쓸 정결의 과제라 해서 틀린 말일까?

그러나 우리의 이 장막 집과 같은 인생이 무너질 날을 앞두고 믿음은 하나님의 뜻을 보게 한다. 그 하나님의 뜻 따라 마무리를 잘 하는 것이 노인의 지혜이다. 마지막에, 자신이 보이고 자신의 생각이 자신을 지배한다면 그것은 믿음의 일탈이다. 마지막에는 자신과 자신의 단점도 장점도 보이지 않고 그리스도만 보여야 한다. 구주 예수 그리스도가 자신의 마음과 생각을 지배하고 그 주님께 자신은 자신을 맡겨야 한다. 그때까지 원로목사는 이 말씀을 기억함이 좋겠다. "하나님의 뜻은 이것이니 너희의 거룩함이라"(살전 4:3).

족제비의 일종인 얼민(ermine)이 있다. 얼민의 털은 순백이어서 비싼 털옷의 장식으로 사용된다. 얼민은 자신의 털을 깨끗이 간수하는 것을 생명보다 귀하게 여긴다. 이 본능을 이용하여 사냥꾼들은 얼민 구덩이의 모든 출입구에 더러운 물질들을 발라 놓는다. 그리고 오물이 없는 입구에는 사냥개를 배치시킨다. 얼민은 이것을 다 알면서도 사냥개가 버티고 있는 깨끗한 곳으로 나와 사냥 된다. 이는 몸을 더럽히는 것보다 죽음을 택한 것이다. 원로목사는 자신이 생각하고 좋아하는 세상 것들을 자기의 우상으로 사는 것보다 차라리 그리스도를 위해 죽음을 택하므로 정결의 정신을 강화해야 하지 않겠는가.

7. 관계

내가 나로 존재하는 가능성과 그 터전은 관계이다. 사람이 부정하든 긍정하든 그것은 사실이다. 하나님이 그렇게 만드셨기 때문이다. 마틴 부버는 "태초에 관계가 있었다"고 했다. 관계는 하나님의 창조에 있어서 인간 존재의 삶과 생명의 얼개이고, 하나님 자신의 신비를 담아내는 그릇이다. 그래서 관계는 늘 하나님이 당신의 존재 모습을 세계와 역사 안에서 사람들로 하여금 관조케 하심이 아닌가? 이 관계가 바로 인간이 하나님의 세계를 보는 좋은 방식, 또는 좋은 가치관임을 우리는 부인할 수 없을 것이다.

관계는 나를 떠나는 것이요, 동시에 내게로 돌아오는 것이다. 떠나지 않으면 돌아옴도 없다. 자신에게 갇히면 자신의 관계는 사라진다. 관계는 나를 허무는 것이고, 동시에 관계는 나를 세워 가는 것이다. 관계에 있어서, 항상 자신을 허물 때 자신이 세워지는 것은 법칙과도 같다. 사람이 자신의 타자(他者), 혹은 자신의 그대를 존중할 때 관계가 제대로 성립됨은 이 법칙 때문이다. 그래서 사람에게는 관계의 지혜와 용기가 필요하다. 특히 원로목사에게는 관계가 긴급한 과제이다. 가장 좋은 은퇴 준비는 노년에 필요한 돈 문제가 아니라 같이 놀 사람을 준비하는 것이란 말을 들은 적이 있다. 그것은 자신이 자신으로 사는 행복한 관계망에 대한 말일 것이다.

관계 안에서 사람은 살고 죽으며, 관계 안에서 사람은 울고 웃는다. 싫든 좋든 관계와 상관없이 세상을 살 수는 없는 것이다. 우리는 지금껏 관계적 존재로, 관계를 중시하는 사역에 매였던 사람들이다. 목회는 교회적 상황에서 진행되는 것이고, 교회는 공동체이다. 공동체의 형식과 내용은 한마디로 관계이다. 교회가 왜 싸우는가? 그것은 목회적 문제이다. 무슨 문제인가? 관계적 가치와 교육과 권세와 영향력의 문제일 게다. 날이 저물 것을 내다보면서 지금 다시 관계에 대한 생각을 한다는 것은 어쩌면 원로목사인 우리가 근본으로 돌아가는 느낌일 수도 있다.

우리는 몸을 가지고 있다. 우리 몸은 여러 신경과 세포, 혈관과 뼈들로 구성되어 있다. 머리서부터 발끝까지 여러 기관의 조합이고, 얼굴에는 눈, 코, 입, 귀 등 중요한 전달 기관이 모두 집약되어 있다. 그런데 그 모두는 관계 안에서 하나이다. 그 전체가 우리의 몸인 것이다. 죽음은 관계의 해체, 그 모든 것의 해체이다. 몸 안에서 각 기관이나 세포나 신경이 제 기능을 하지 않으면 몸은 사람으로서의 기능을 상실한다. 자연 역시 그렇다. 삼라만상이 관계 안에 존재한다. 우리는 그 존재의 개체를 다 알 수 없다. 세계를 지으신 하나님만 아신다. 하늘의 천체는 어떤가? 그 광대함을 우리는 우리의 극히 작은 눈과 이성으로 바라볼 뿐이다. 알 수가 없다. 그러나 분명한 것은 각 존재의 자리가 있고 길이 있다는 것이다. 이 말은 모든 것이 관계로 존재하는 하나님의 지혜요 인간을 위한 하나님의 섭리라는 것이다.

우리는 종종 인간을 만물의 으뜸으로 읽는다. 과히 틀리지 않은 입장이다. 그렇다면 사람이 살아가는 방식과 그 생명은 관계적 신비에 있다는 것을 알게 된다. 다른 말로 관계에 대한 지식이 존재와 삶에 있어 적지 않는 가치를 가진다는 것이다. 관계를 모르는 것이 하나님도 자신도 타인도 자연도 모른다는 것이고, 그런 대상을 둔 자기 삶에 대해서도 맹인이 된다는 것이다. 특히 우리 원로목사는 세상에서 누릴 시간이 촉박함에 따라 관계에 대한 묵상과 이해와 실천이 대낮 같아야 한다. 그럴 때 우리는 더더욱 감사할 것이며, 더 행복한 삶과 즐거움이 넘치는 인생 석양이 될 것이다.

1) 하나님과의 관계

하나님은 사실, 관계의 설계자이며 관계의 창시자이시다. 그런 하나님과의 관계는 자신을 고향 같고 어머니 같은 포근함으로 인도한다. 그러나 세상에는 하나님을 모르는 사람들이 많다. 자연 이런 사람은 하나님과의 관계도 모르며, 또한 모르는 길을 걷는다. 하나님 없이는 모든 관계도 사실상 없어진다. 그것이 인간 실존이다. 물론 자연과의 관계나 인간관계가 있다고 사람들은 생각하고 말한다. 하나님을 모르면 사람은 그렇게밖에 말할 수 없다. 그래도 없다. 있어도 없는 것이 하나님 없는 사람의 관계 현실이다. 하나님의 피조물로서의 인간이 하나님으로부터 떨어져 나가면 모든 관계는 사실상 사라진다. 자연인이 맞는 죽음은 이 사실에 대한 입증 아니겠는가.

마틴 부버는 세 영역의 관계를 말한다. 자연, 인간, 하나님이 그것이다. 이 관계는 다 필요한 관계이며, 우리 삶을 구성하는 필수적인 것이다. 그러나 하나님과의 관계는 더 절대적이고 더 근본적인 관계이다. 하나님과의 관계는 인간관계와는 다르다. 하나님은 우리를 아시나 우리는 하나님을 앎에 있어 온전하지 못함에도 맺어지는 관계이다. 구름이 덮여 있지만 하나님은 스스로를 알려 준다. 말은 쓰이지 않으나 말에 해당하는 상황은 있다. 어떠한 당신의 말씀도 청취할 수 없는데 우리는 우리를 부르시는 것을 느끼고 대답한다. 모든 것에서 하나님을 만나고 하나님을 느끼며 하나님과의 관계를 건설해 감은 우리가 할 수 있는 일 중 가장 가치 있는 일이 아닐까.

우리가 살 수 있는 관계, 그 정체와 상황은 우리에 대한 하나님의 특정하심에 준한다. 다른 말로 하나님은 우리의 관계를 당신의 뜻과 주권에 의해 선사하셨다. 하나님의 세계와 하나님의 시간에서 우리가 근원적으로 선택한 관계는 없다. 태어나고 죽는 시간도, 우리를 있게 한 부모도, 우리가 살고 있는 나라와 지역도 하나님이 정해 주셨다. 하나님이 정한 시간과 장소와 부모를 통해 우리는 세상에 왔고, 세상에 살고 있는 것이다. 바로 이 관계의 소중한 가치는 하나님과의 관계에서만 캐낼 수 있는 진주이다. 하나님은 우리에 대해 그와의 관계도, 그의 피조물과의 관계도 당신의 주권과 섭리 안에 두셨음을 우리는 부인할 수 없다.

성경에서 하나님과 그 백성의 관계는 항상 언약 관계로 정리된다.

이스라엘에 대한 하나님의 약속은 관계의 약속이며, 그 관계는 구원에 대한 것이었다. 이스라엘을 하나님의 백성으로 만드는 관계가 바로 그것이다. "세계가 다 내게 속하였나니 너희가 내 말을 잘 듣고 내 언약을 지키면 너희는 모든 민족 중에서 내 소유가 되겠고"(출 19:5). "나는 너희 중에 행하여 너희의 하나님이 되고 너희는 내 백성이 될 것이니라"(레 26:12). 이 관계는 이스라엘의 하나님께 대한 예속의 관계이다. 관계는 사실 상호 예속 안에 있을 때 견고해지는 것이다. 우리 역시 영적 이스라엘이어서 하나님의 백성임이 맞다. "너희가 전에는 백성이 아니더니 이제는 하나님의 백성이요 전에는 긍휼을 얻지 못하였더니 이제는 긍휼을 얻은 자니라"(벧전 2:10). 여기서 우리가 존중할 것은 우리 일생에 있어 하나님으로부터 얻은 것보다 먼저 하나님과의 관계인 것이다. 이 관계에 대한 감사가 없으면 구원을 말하기는 힘들 것이다.

우리가 맺을 하나님과의 관계는 사실 은혜 안에 설정된다. 관계는 상당 부분 지식의 산물임도 맞다. 상대에 대한 지식 없이 원만한 관계를 만들 수는 없다. 그러나 하나님과의 관계는 많이 다르다. 왜냐하면, 우리는 하나님께 대한 완전한 지식을 가질 수 없기 때문이다. 에덴동산의 범죄는 하나님을 아는 것과 관계된다. 우리가 하나님을 다 안다면 그 하나님은 성경의 하나님이 아니다. 우리는 하나님이 인간의 노력이나 이성 안에 들어와 인간에 의하여 취급되고, 또는 통제와 조종된다는 것은 상상조차 할 수 없다. 왜냐하면, 성경이 그와 같이 말하지 않기 때문이다. 우리의 지식은 성경이 하나님을 강조하지만, 하나님을 다루는 것이 아닌, 하나님의 은혜를 알아 가는 지식이다.

이런 뜻에서 로마가톨릭교회나 근본주의자들에게는 잘못이 보인다. 하나님과의 관계는 신앙적이라 하더라도, 성경에 대한 확실한 순종이라 하더라도, 우리의 노력만으로 성립되는 관계가 아니다. 오직 그것은 하나님의 은혜 안에서 맺어지는 것이다. 이에 대한 찬송은 우리 여생의 중심 일과여야 할 것이다.

우리가 맺을 하나님과의 관계는 사상누각이 아니다. 대단히 구체적이다. 어떻게 그런가? 그리스도 안에서 그렇게 된다. 하나님이 그리스도를 보내신 것은 우리에 대한 그의 백성 삼으심의 언약의 성취요 은혜 행위이셨다. 그래서 성경은 그리스도의 화육과 관련하여 "우리가 그의 영광을 보니 아버지의 독생자의 영광이요 은혜와 진리가 충만하더라"(요 1:14)라고 했다. 그리스도는 비록 우리가 죄인이지만 하나님께 예속시켜 하나님의 백성 만드는 구약이 가진 언약 성취의 완성자가 되신다. 그래서 그는 신성과 인성을 완전히 지니셨다. 칼 바르트는 이 점에서 그 양성은 그리스도의 '공동 자아'라고 했다. 결과적으로 성경은 하나님과 그리스도인의 관계를 성경 끝에서 확증한다. "이기는 자는 이것들을 상속으로 받으리라 나는 그의 하나님이 되고 그는 내 아들이 되리라"(계 21:7). 그리스도 없는 하나님과의 관계는 없다. 따라서 원로목사인 우리는 우리 구주 예수 그리스도에 대한 생각이 날마다 특별해야 한다고 보겠다.

관계는 사실 관리의 과제를 가진다. 하나님과의 관계도 예외는 아니다. 우리가 가질 하나님과의 관계는 하나님의 주권적 언약과 은혜에 의한 관계이나 그것을 관리하는 것은 우리의 몫이다. 그리스도를 잘 믿고 순종하며 그를 위해 사는 것은 우리가 가질 관계의 좋은 관리이다. 이것은 성경이 말하는 믿음으로서 우리가 하나님의 은혜에 대해 책임적이 되는 것이다. 은혜 안에서는 우리의 역할이 없으나 있기도 하다. 신앙은 바로 이 은혜에 대해 할 일과 갈 길을 자신과 역사 안에 특정하는 것이다. 그리고 하나님과 대화하며 사는 것이다. 그리스도 안에서 일어나는 것은 모두 하나님과의 대화이고 역사이다. 이 대화와 우리가 가질 역사 안에서 우리는 하나님을 만나고 그와 함께 있다. 또한, 그 안에서 그가 선사한 약속과 은혜는 열매를 맺고 완성되는 것이다. 이런 측면에서 원로목사 된 우리는 하나님과의 관계와 그 통찰에 있어 믿음의 눈빛을 흐리지 않음이 주님께 대한 바름일 것이다.

사람은 살아가면서 항상 현실적인 문제에 직면하여 그 문제가 자기 하나님인 양 착각하기도 한다. 그래서 하나님은 잊고 문제에 대해서는 깬다. 철저하게 문제 집착적이 되며 문제에 빠진다. 문제는 아는데 하나님은 모른다. 왜인가? 하나님과의 관계에 문제가 있기 때문이다. 그것은 분명 믿음의 결함이다. 따라서 우리는 순경이든 역경이든, 심지어는 아픔과 슬픔이 점철된 고난의 때라 해도, 하나님을 잊지 않고 하나님과의 관계를 잊지 않아야 한다. 그 관계는 우리에게 믿음이며 또한 구원의 근원으로서의 생명줄이다. 그것은 우리에게 확실히 자기 존재의 가치가 되어 하나님께 예속된 그의 백성이 될 것이기 때문이다. 그래서 우리의 앞날에 빈핍과 심한 고생이 온다 하더라도 그러면 그럴수록 하나님께 잡히고 하나님을 꼭 잡는 믿음의 사람, 관계의 사람이어야 한다. 이것이 바로 그리스도를 믿고 그리스도 안에 사는 사람의 영광 아니겠는가?

피조물의 하나인 사람이 자신의 창조자로부터 멀어지는 것은 그 자체가 재앙이다. 결정적으로 자신을 지우는 것이다. 하나님이 그렇게 하시기 전 자신이 자신에 대해 그렇게 결정하는 것이다. 따라서 사람이 하나님께 대해 눈멀거나 하나님께 대해 판단이 없으면 그는 살아도 사는 것이 아니다. 왜냐하면, 그는 이미 스스로 죽음을 결정했기 때문이다. 하나님 없는 인간을 상상한다는 것은 우리 머리에 지옥을 두는 것과 같다. 하나님이 나를 위해 보내신 그리스도를 잠시라도 잊는 것은 고기가 물 밖으로 나오는 것과 같다. 그런데 중요한 것은 우리가 자기 관습과 이념을 따라서는 아니지만, 실상은 물 밖에 나온 고기로 오늘을 살고 있는 것은 아닐까? 우리의 신앙은 천국이 가까우면 그럴수록 순수해야 함을 성경은 가르치고 있는 것이다.

2) 사람과의 관계

사람이 다른 사람과의 관계를 중시해야 할 근본 이유는 그것이 하나님과의 관계와 밀접하기 때문이다. 사람은 하나님의 피조물이다. 그의 피조물 중 가장 소중한 피조물이 사람이다. 따라서 우리는 각 사람에 대해 주께 하듯 좋은 사람으로서의 관계를 만들어야 한다. 더러는 상대의 약점이나 결점 때문에 무시하고 관계를 포기하거나 저버리기도 한다. 그러나 그것은 상대가 악한 사람이나 불의하고 가난한 사람이라 해도 그의 문제가 아닌 그렇게 처신하는 나의 문제가 된다. 성경은 이렇게 말한다. "가난한 자를 조롱하는 자는 그를 지으신 주를 멸시하는 자요 사람의 재앙을 기뻐하는 자는 형벌을 면하지 못할

자니라"(잠 17:5). 이것이 사실이라면 하나님과의 관계와 이웃과의 관계가 얼마나 밀접하게 결합되어 있는지를 우리는 주의 깊게 새겨 두어야 한다.

인간에게 있어 인간관계를 그 존재의 성패로 보는 사람도 있다. 인간관계가 중요하지 않는 것은 아니지만 인간관계만 강조하고 매달리면 그것은 인본주의를 끌어들인다. 인간관계의 중요성은 하나님과의 관계의 중요성에 준한다. 하나님과의 관계를 모르면 인간관계의 참 의미도 알 수 없다. 하나님이 인간과 그 역사에 관계로 침입하지 않으시면 인간의 역사와 인간의 나라는 없다. 우리는 하나님을 믿는 자이고, 예수 그리스도를 믿어 여기까지 이르렀다. 바로 그 관계에 근거하여 하나님이 지으신 사람과의 관계는 하나님의 뜻과 그의 세계 경영에 부합한다 하겠다.

인간이 하나님과 맺는 관계는 하나님이 인간과 맺는 관계에 기초해 있다. 우리는 이 순서를 바꿀 수 없다. 인간이 위로 향함은 하나님의 아래로 향함을 통해 성립된다. 그것이 바로 그리스도 안에 나타난 신앙의 과제이다. 그랬을 때 하나님이 인간과 맺으시는 관계는 인간이 인간과 맺는 관계를 포함한다. 신앙은 하나님과 같은 방향으로 가는 것이며, 그의 뜻을 이루는 것 아닐까? 그렇다면 우리가 사람과 좋은 관계를 맺는 것은 하나님의 인간에 대한 행동에서 우리가 배울 과제인 것이다. 만약 인간관계를 우리가 저버린다면, 우리는 아무리 아니라고 해도 하나님의 길을 가고 있는 것은 아니며, 하나님과 맺는 관계도 그 근거를 상실할 것이다. 그래서 지금 여기 내 앞에 있는 사람은 하나님이 주신 관계의 기회라 해야 할 것이다.

하나님과의 관계에서 예수 그리스도는 중요하다. 바르트는 "예수 그리스도 안에서 인간이 하나님으로부터 분리되는 일이 없듯이, 하나님이 인간으로부터 분리되는 일도 없다"고 했다. 맞다. 역시 그렇다. 예수 그리스도 안에서 인간은 공동체를 형성한다. 그의 몸의 공동체가 그것이다. 예수 그리스도 안에서 내가 너와 분리될 수 없듯이, 너는 나와 분리될 수 없다. 예수는 둘을 하나로 만드시는 하나님이 준비한 화목제물이셨다. "그는 우리의 화평이신지라 둘로 하나를 만드사 원수 된 것 곧 중간에 막힌 담을 자기 육체로 허시고"(엡 2:14). 그것이 바로 십자가의 능력이고 절대 죄와 죽음을 극복한 절대 권세로 인간을 새 공동체로 만드는 힘이다. 이러한 인간관계는 교회가 내다보는 하나님의 나라 지평일 것이다.

우리에게 있어 참된 인간관계는 서로가 서로에게 하나님과 그의 나라를 관조한다. 하나님의 선하심과 극한 신비감, 그리고 하나님의 사랑과 자비가 느껴진다. 사람은 그 상대 인간에게서 행복을 만들어 내는 능력을 가질 때 인간관계의 참맛을 알게 된다. 우리 곁에 있는 사람을 다 없앤다면, 우리는 절대 하나님을 느끼지도 알지도 못하는 사람이 된다. 하나님이 자신을 드러내고 자신의 일을 진행하는 가장 좋은 도구로 쓰시는 사람에 대해 항상 열려 있는 자세는 주를 믿고 주님의 몸인 교회의 지도자로 살았던 우리에게는 더없이 귀한 과제가 될 것이다. 저는 언젠가 누군가가 나를 포근히 안았을 때 하나님의 사랑을 알았다. 그의 얼굴과 눈물이 내게 하나님을 보여 주는 현장을 그때 나는 경험했던 것이다. 그래서 사람과의 관계 밖에서 하나님을 찾는 것은 하나님을 잘 모르는 일이라고 이해한다.

세상 사람들은 인간관계를 성공의 수단으로 보기도 한다. 영 틀렸다고 말하기는 어렵다. 그러나 사람은 사람을 이용해서는 안 된다. 우리가 가져야 할 인간관계는 사람이 자신의 목적 달성을 위해서 사람을 이용하는 악에 빠지지 않아야 한다. 오히려 하나님의 뜻을 아름답게 실현하는 과정으로 사람을 섬기며, 사랑하며, 구원의 손길을 보여 주며, 주의 빛을 비추는 차원이어야 한다. 우리는 하나님께 할 말을 사람에게 해야 할 때가 있다. 이유는 하나님은 죽을 수밖에 없는 사람의 귓속에다 자신의 귀를 묻어 두고 거기서 들려오는 것을 들으시기 때문이다. 사람 없는 하나님을 상상하거나 하나님 없는 사람과의 관계를 상상하는 것은 삶의 과오가 될 것이다.

원로목사가 가질 인간에 대한 관계에서 중요한 한 가지는 들음이다. 세상은 모든 사물과 모든 사람이 소리를 가지고 내게 찾아오는 장(場)이다. 인간관계는 사실 대화로 성립된다. 나의 말이나 부름 없이, 내가 말을 걸거나 부르는 일 없이, 인간관계는 맺어질 수 없다. 이때 관계를 위한 대화의 본질은 진실한 응답 행위에 있다. 그런데 세상은 지금 이런 관계를 어렵게 하고 있다. 이유는 사람이 사람을 고립시키고, 더러는 사람이 자신을 고립시키기 때문이다. 이런 풍조가 점점 심해져 가는 세상에 우리가 있다. 따라서 우리는 좋은 관계를 위해 대화해야 하고, 들어주어야 한다. 원로목사인 우리는 들어주는 사랑으로 우리 이웃들에게 무언가 주고 관계를 맺는 일에 실패하지 않아야 한다.

이 땅 위에 어제같이 먼 데는 없다. 그 먼 어제를 우리는 남발 생산한다. 하나님이 선사한 소중한 존재의 자산으로서의 인간을 자신과 결합시키지 못하는 삶에 대한 어리석음이 그 공장이다. 다른 사람을 자신과 결합시키는 것은 나를 위함보다 그를 위함이 원인이 될 때만 정당성을 가진다. 그런데 사람이 사람과의 관계를 저버리고 소홀히 하면 사람은 자신을 먼 어제로 남발하게 된다. 그래서 오늘은 결국 누더기 인생 신세를 면하기 어렵다.

세상에는 인간관계 기술을 말하고 그것을 가르치기도 한다. 물론 배우는 것은 처세술에 좋을 수도 있다. 목회에도 필요한 점이 분명 있다. 그러나 사람과 맺는 관계는 고정적인 답이나 정석이 있을 수 없다. 왜냐하면, 사람은 항상 변하는 생물이다. 사람은 생명이다. 그 말과 행동은 변화를 전제로 있다. 그리고 사람은 그 마음과 정신이 고정되어 있는 것이 아니다. 그 대상이나 환경에 따라 시시각각 변하는 특성을 가진다. 특히 사람에게서 그 정서는 측량할 수 없는 변화무쌍이다. 그래서 어림잡아 말해 보고 가르쳐 보기도 하지만 최적의 정답은 객관적으로 존재하지 않는다는 사실은 부인할 수 없다.

인간관계는 수직이 아닌 수평적 과제이다. 사람은 사람을 숭상할 수 없다. 사람은 사람과 공정과 평등을 기초로 관계를 가진다. 양자 모두에게 있어서 가질 위의 질서는 하나님뿐이다. 원로목사는 이 점에서 그 누구에 대해서도 자신을 낮추고 잘 들어주며, 상대를 사랑으로 배려해 그를 바르게 세움에 헌신할 때 하나님 앞에 바른 인간을 위한 관계를 세워 가는 셈이 될 것이다. 하나님은 우리의 행복을 인간관계에 두셨음은 부인할 수 없다. 원로목사라 해도 어떤 이유에서든, 사람이 다 떠나간다면 그다음은 불행이라고 해야 할 것이다.

3) 거리 조정하기

하나님과의 관계는 가까울수록 좋지만, 또 아무리 가까워도 가깝지 않지만, 사람과의 관계는 다르다. 우리가 말하는 모든 관계는 거리 설정에 의해 자리매김을 한다. 거리가 없는 관계는 사실 관계가 아니며 관계에 대해 뒤틀린 것이다. 일례로 교회에서 그리스도인들이 거리를 두지 않는 인간관계를 이루면 그것은 자주 공동체의 암과 같은 파당이 된다. 거리를 두지 않는 관계가 이상적인 관계, 사랑의 진실로 알아 그렇게 말하고 행동하고 사는 사람은 믿음으로 산다 해도 인생도 믿음도 결정적인 위기에 직면함을 목회 중 자주 보았다.

그리스도인이 인간관계에서 거리 조정을 못하는 것은 결국 자가당착에 빠진다. 왜냐하면, 그리스도인의 삶은 공동체적이기 때문이다. 모든 관계는 그리스도의 몸인 교회를 이룸에 일조해야 함을 전제한 사귐이다. 그런데 많은 사람이 거리 조정을 못해 극소수에 대한 사귐만 가진다. 분명한 것은 내가 누구를 특별히 사랑하고, 특별히 거리 없이 관계를 가진다면 그것은 다른 사람에 대해서는 거리를 둔다는 말이 된다. 그것이 바로 공동체를 세우고 공동체를 사랑하는 자가 가질 정신은 못 되는 것이다. 하나님이 세상을 사랑하신 것처럼, 죄인을 사랑하사 죄인을 위해 십자가를 지신 그리스도의 정신을 따라 가장 낮은 자에게까지 사귐의 관계를 누리려면 거리 조정은 건강한 관계의 필수조건이라 할 수 있다.

그러면 우리는 누구와 거리를 두어야 하는가? 모든 사람이다. 사람이면 누구나 적절한 거리를 두어야 관계를 말할 수 있는 것이다.

그것이 그리스도인이 생각할 인간관계의 정석이다. 하나님과 관계를 가진 사람은 사람과의 관계에서 적절성을 유지하는 것보다 아름다운 것은 없을 것이다. 심지어는 자신의 배우자라 해도, 부모와 자녀 관계라 해도, 형제나 친구 관계까지 모든 인간관계는 거리 조정이 그 품위와 정당성을 준다 하겠다. 은퇴한 목사로서 교인들에 대해 적절한 거리를 두는 것은 좋은 관계를 이어 가는 첩경이다. 교인들에 대해 사랑을 기대하거나 의지하거나 원해서는 안 된다. 약간씩 거리를 두어 그 좋음이 향기가 되도록 해야 한다. 원로목사는 교회 안에서 이 관계를 더 잘 지키고, 교회 밖에서도 지켜 나감이 하나님 앞에 자신의 길을 감에 있어 은혜가 될 것이다.

관계는 거리에서 상대를 알아 간다. 작은 주먹도 눈앞에 가져오면 그 주먹이 세상을 가린다. 그러나 멀리 밀어내면 큰 산도 다 본다. 꽃은 적절한 거리에서 아름다움을 선사하고, 사람도 적절한 거리를 두면 마음의 꽃이 된다. 수평선은 닿을 수 없는 거리여서 평화롭고, 향기는 날아갈 때 내게 향기가 된다. 작은 거울에 온 얼굴을 넣는 것은 거리 조정이 비결이다. 나는 오래전에 노회 미자립교회 목회자 수련회의 책임자로 지리산 피아골에 간 적이 있다. 지나가면서 보이는 산 중턱은 더없이 아름다운 한 폭의 그림이었다. 그런데 실제로 거기서 3일간의 수련회가 진행되는 동안은 불편함이 적지 않았다. 그 아름다움은 거기 이르렀을 때 이미 없었다. 인간의 모든 관계는 거리를 둘 때 상대에 이르게 되고, 상대의 아름다움을 누리게 된다. 불에 덤벼드는 나방은 죽음밖에 없는 것 아닌가?

관계에 있어 거리 조정에 실패하면 사람은 당장 무질서에 빠진다.

사람으로서 사람에 대해 지킬 예의도, 도덕도 사라진다. 예의 없으면 존중이 없는 것이다. 그러면 사람은 서로 상처를 받는다. 그래서 사람은 자주 짝지와 원수가 되는 것 아닐까? 그리스도를 믿는 우리가 인간관계에서 이런 실수를 반복할 시간이 없다. 하나님과 그의 말씀을 믿고 따른다면 사람과의 관계 맺음에 실패할 수는 없다. 사람에 집착하지 않는 사람이 사람에 대해 거리 두기가 수월한 것은 사실이라 생각한다.

4) 이어 가기

관계의 근원은 위에서 아래로, 하나님이 인간에게로 오심과 관계된다. 관계는 하나님의 언약에 근거하며 하나님의 은혜의 사건이다. 그런 차원에서 우리는 하나님과 관계를 맺고 사람과 관계를 맺는 행복을 누린다. 이 관계가 바로 자기라 할 정도로 자신의 존재와 자신의 행복에 있어 성패를 결정하는 관건이다. 그런데 이런 관계가 사람마다 다른 것은 왜인가? 관계에 있어 움직이는 것은 하나님만이 아니다. 하나님의 말씀 따라 사는 사람의 역할도 중요하다. 사람이 관계의 농사를 어떻게 짓느냐에 따라 열매는 다른 것이다.

관계는 버려두면 사라진다. 그 때문에 관계는 이어 가는 관심과 노력과 헌신에 뒤따른다. 하나님과의 관계도 우리가 그 관계의 장(場)인 교회와 교회의 예배에, 그리고 봉사와 하나님을 위한 헌신에 자신을 맡겨 이어진다. 자신을 빼면 관계의 기둥이 빠진다. 많은 경우 그리스도인들이 교회와 교회의 예배에서 자신을 소외시키는 실수를 범한다. 하나님을 섬기는 예배에 자주 빠지고 자신에게서 예배가 멀기만 하다. 그러면 결국 하나님과의 관계를 이어 감에 문제가 생긴다. 그리스도의 말씀으로부터 자신이 멀면 그와의 관계가 소원해진다. 그러면 우리가 구원을 말해도 그리스도를 통한 구원은 요원한 것 아닌가?

인간관계 역시 그렇다. 내가 사람을 귀찮아하고 기피하면 그도 역시 나에 대해 그럴 수밖에 없다. 나의 당신을 내가 버리는 것은 관계를 저버림이다. 상대를 존중하지 않는 곳에 나의 존중은 없기 때문이다. 어떤 목사는 힘들고 귀찮게 하는 교인에게도 충실하게 응하더니 그 목사가 어려울 때 그 사람이 도와 살리는 것을 보았다. 내가 나만 사는 것보다 내게 해로운 것은 없다. 오 리 가자면 십 리 가고, 겉옷 달라면 속옷도 주는 것이(마 5:41-42) 관계를 이어 가는 비결일 것이다. 인간관계는 다른 것이 아닌 바로 자신을 내놓는 것이기 때문이다.

예수는 이상적 관계를 만드신 분이셨다. 그가 세상에 오실 때 세상에 있는 어떤 한 사람이라도 그와 관계의 연이 있어 오신 분이 아니다. 그냥 오셨고, 오셔서 관계를 건설하셨다. 매력 없는 사람, 가치 없는 낮은 자나 가난한 사람, 특히 죄인에 대해 관계의 집을 지으셨다. 그는 당시 천시되는 죄인들과 함께 식사 교제를 하셨고 좋은 관계를 만드셨다. "나는 의인을 부르러 온 것이 아니요 죄인을 부르러 왔노라"(마 9:13). 이를 본 바리새인들은 예수를 "세리와 죄인의 친구"(눅 7:34)라고 하였다. 그것은 사실이었다. 죄인과는 관계를 생각조차 할 수 없는 거룩하신 하나님의 아들이시지만, 그는 관계를 만들어 낸 것이며 결국 이 멀고 먼 거리를 관계의 줄로 이으셨다. 당시 부서진 마음들을 다 모아 그가 원하는 성전을 지으신 것이다.

사람은 경제적 사회적 존재이다. 이렇게 보았을 때 관계는 가장 값진 메리트임이 분명하다. 관계가 사람이고 관계가 돈이다. 전에 카네기 기술공학연구소의 한 보고서가 있었다. 경제적 성공의 15%가 기술 공학적인 지식에 달려 있는 반면 나머지 85%는 인간관계에 있었다는 것이다. 인격과 사람들을 이끄는 관계의 능력은 지금도 돋보인다. 해고당한 대부분의 사람은 인간관계가 좋지 못하다는 말은 의미가 있다. 관계가 나쁘면 그다음은 어떤 것도 이어 가지 못한다. 따라서 사람이 관계를 계속 이어 가는 것은 자신을 위해서도 반드시 지킬 가치가 있다 하겠다.

우리는 목회를 했고 직전까지 설교하던 사람들이다. 목회도 좋고 설교도 좋다. 어떤 이들은 다른 사람보다 은사가 많기도 하고 재능이 뛰어나기도 한다. 설교를 잘한다는 소문도 있었고, 확인 결과 그것은 사실이었다. 실력 있는 사람도 있었다. 실력도 스펙도 단연 좋았다. 그런데 종래 목회도 못하고 설교도 못하는 사람이 있다. 왜인가? 그것은 한 목회자로서 먼저는 하나님과의 관계요 다음은 사람과의 관계 문제였다. 관계가 망가지면 안 보고 안 듣는 것이 사람이다. 맞는 말도 틀리고 진리도 거부당한다. 그래서 항상 좋은 관계를 이어 가는 노력과 과정이 목회의 과정이었던 것이다.

모든 관계에서 우리가 그것을 잘 이어 가고 열매를 보려면 인내해야 한다. 화내는 것은 관계의 사약이다. 우리의 인간관계를 망치는 것은 타자에 대한 분노이다. 이 분노는 사람을 넘어 하나님과의 관계도 그르친다. 왜냐하면, 하나님께서 우리에게 사람에 대해서 분노하지 말 것을 뜻하셨기 때문이다. 현금의 사람은 스트레스가 많다. 이 점은 원로목사라 해도 예외는 아닐 것이다. 그러나 스트레스나 나에 대한 다른 사람의 무례나 결함이나 악의나 비판 때문에 분노한다면 인내심이 바닥난 사람이 된다. 그리스도는 십자가의 고난과 수치에도 진노하지 않으셨다. 성경은 이렇게 말한다. "인내를 온전히 이루라 이는 너희로 온전하고 구비하여 조금도 부족함이 없게 하려 함이라" (약 1:4). 인내를 온전히 이루면 모든 관계를 이어 감에 부족함이 없을 것을 나는 믿는다.

원로목사는 지금 많이 앞으로 왔다. 세상은 멀어져 가고 하나님의 나라는 가까워져 온다. 이때 좋고 바른 관계를 이어 가는 건설적인 말과 삶은 자신에게 있어 정히 보배롭다. 세상을 떠날 때가 되면 세상과 관계가 끊어지는 것이 아닌 세상과의 좋은 관계의 성경적 완성이어야 한다. 그리고 하나님과의 관계도 그리스도 안에서 완성되는 날이어야 한다. 성경은 이렇게 말한다. "그런즉 누구든지 그리스도 안에 있으면 새로운 피조물이라 이전 것은 지나갔으니 보라 새 것이 되었도다"(고후 5:17). 그리스도 안에 있는 관계는 우리의 모든 것을 새롭게 만들고 완성한다.

8. 사랑

사람은 좋은 관계를 위해서 반드시 사용하는 도구가 있다. 연장 없이 목수는 집을 짓지 못한다. 농사도 그렇고, 모든 사람의 일상 업무도 그렇다. 특히 전문직에 있는 분들은 더더욱 그렇다. 요즘 정전되면 세상이 다 멈춘 듯하다. 왜인가? 전산망을 쓰지 못하기 때문이다. 사람이 관계의 소중함을 알고 그 관계를 추구함에는 필요한 도구가 있다. 그것은 한마디로 사랑이다. 사랑 없으면 좋은 관계 또한 없다. 사랑은 단지 좋은 감정이 아니다. 사랑은 끓어오르는 감정이 아니라 다른 사람과 맺는 관계이다. 이 관계는 우리가 하나님의 뜻에 따라 이웃에게 반응하는 관계이다. 목사로서의 이 일은 극히 당연하고, 관계를 아는 자로서의 이 일은 가치 있는 삶을 위한 핵심 도구가 될 것이다.

목사로서 우리가 말하는 사랑은 그 기원을 하나님께 둔다. 소위 말하는, 그리고 세상이 말하는 그런 사랑을 말하고자 하는 것이 아니다. 하나님으로부터 온 사랑, 하나님이 우리를 사랑하신 바로 그 사랑을 말해야 한다. 그럴 때 사랑은 본 의미를 가지며 동시에 그것은 우리에게 정당화되기 때문이다. 성경은 하나님을 사랑이라 했다. "하나님은 사랑이심이라"(요일 4:8, 16). 바로 그 하나님은 세상을 사랑하셨다(요 3:16). 바로 여기에 우리에게 필요한 사랑이 있고 우리가 사랑해야 할 참사랑이 있다. 그래서 우리에게 있어 사랑의 그 근본과 실제와 과제는 오직 하나님이신 것이다. 더 정확히는 이런 사랑을 인간에게 가져오셔서 인간을 상대로 그것을 실현하신 그리스도 예수가 우리 사랑의 핵심인 것이다.

과거 우리의 사역은 하나님을 아는 데서 출발했다. 하나님을 모르면 관계도, 신앙도, 사랑도 성립되지 않는다. 사랑은 그 대상을 아는 것이고 보는 것이기 때문이다. 따라서 사랑 없으면 알 것을 모르며, 특히 하나님께 대해서는 맹인이 되고 만다. 성경은 이렇게 말한다. "사랑하는 자들아 우리가 서로 사랑하자 사랑은 하나님께 속한 것이니 사랑하는 자마다 하나님으로부터 나서 하나님을 알고 사랑하지 아니하는 자는 하나님을 알지 못하나니"(요일 4:7-8). 하나님을 알아 가는 사랑은 하나님의 사람이 가질 존재와 삶의 기초이다. 왜냐하면, 신앙은 하나님을 알아 가는 과정이기 때문이다. 그러면 믿음을 위해 일했던 원로목사는 스스로 하나님을 잘 아는 사람으로 자위할 수 있다. 그러나 의미는 없다. 우리가 아무리 옳아도 하나님을 아는 데는 턱없이 부족하다는 정신이 항상 정당하기 때문이다.

세상과 세상 사람들은 나름대로 이런저런 사랑을 말하곤 한다. 사랑이란 말을 너무 많이 쓴 나머지 우리는 사랑에 식상해 있고, 또 그것은 혼돈스러운 개념이 되기도 한다. 더러는 사랑을 단맛과 쓴맛으로, 복과 저주로, 생명과 죽음으로 경험하기도 한다. 그러나 성경이 우리에게 가르치는 사랑은 구속적 사랑이다. 말하자면 하나님과 그 아들 예수 그리스도로부터 오는 사랑이다. 그 사랑은 세상이 말하는 낭만적 사랑, 자기중심적 사랑을 뛰어넘는다. 누가 나를 기분 좋게 해 주면 사랑하는, 스스로가 생각해서 자신에게 이익이 발생하면 사랑하는 그런 사랑과는 다른 것이다. 원로목사는 이런 자기중심적이거나 낭만적 에로스를 생각할 단계는 이미 지났다. 또한, 상호적 사랑으로서의 우정도 넘어서야 한다. 그래서 정말 하나님이 그리스도 안에서 뜻하신 사랑으로 자신을 채우고 그 사랑으로 자신의 길을 바로 감이 순례자 됨의 진정한 자세 아닐까 생각한다.

1) 인생과 사랑의 과제

삶은 무언가 하는 시간이다. 비록 나이가 많아도 지금 살아 있다면 무언가 사명이 있어서이다. 그래서 과제 없는 인생은 없다. 사명 없는 사람은 존재하지 않는다는 것이다. 세상과 시간은 우리 인간의 무대이다. 연출할 일이 없으면 무대는 왜 필요하며, 배우는 왜 있는가? 하나님의 세계에서 하나님의 뜻을 엮어 내는 과제를 따라 우리는 왔고, 우리는 지금도 있는 것이다. 며칠 전이지만, 나는 은퇴 후 다 산 것 같은 정서를 경험하기도 했다. 그런데 지금은 다르다. 원로목사는 지금 다 산 것이 아닌 과제에 직면해 있다고 보아야 하기 때문이다. 그것이 무엇인가? 사랑이다. 사랑받는 것이 아닌, 순수하고 깨끗하게 사랑하는 것이다.

　우리가 사랑할 영혼을 위한 구속적 사랑은 감정이 아니고 의지이다. 그렇다고 해서 우리의 사랑밭에서 감정이 전적 배제되는 것은 아니다. 의지가 사랑을 주도적으로 끌며 감정은 그 결과로 뒤따른다. 만약 감정에 사랑의 축을 둔다면 우리는 성경이 말하는 사랑을 하지 못하고 시시때때로 그 사랑은 쑥대밭이 되길 반복할 것이다. 왜냐하면, 우리의 삶에는 우리의 감정을 흐트러 놓는 일들이 연속되기 때문이다. 사랑을 식히는 한풍도, 사랑을 말리는 열풍도 우리는 금할 길이 없다. 그래서 우리의 의지가 사랑을 끌어야 한다. 내가 좋아하든 싫어하든 성경이 말하는 대로 성경에 있는 그 사랑을, 곧 구속적 사랑을 이루어 가야 하는 것이다.

　아우구스티누스는 "인간 생활 가운데서 사랑이 그 속에 들어 있지 않는 것은 하나도 발견하지 못했다"고 한다. 왜 그럴까? 하나님이 그렇게 인간을 만드셨기 때문이다. 인간이 인간인 한, 인간은 궁극적으로 의지이고, 의지의 가장 깊은 핵심은 사랑이다. 사랑은 자신이 가지고 있지 않는 것에 대한 갈망이다. 이 갈망이 없는 사람은 없다. 원로목사여도 가지려는 의지는 작용한다. 그것이 불순하다 해서 그 의지를 꺾을 필요는 없다. 그것을 참사랑의 과제로 전환시키는 것이 사랑의 요점이기 때문이다. 자동차가 달리는 것이 위험하다고 자동차를 안 가게 만들어서는 안 된다는 것이다. 그러면 자동차는 이미 차가 아니다. 사랑해야 한다. 단지 사랑할 것을 사랑하는 것은 노년으로서의 원로목사의 분별력이다.

　사랑의 과제는 하나님과 그의 나라를 바라봄에서 구체성을 가진다.

성경은 우리 눈에 보여 주는 장면과 메시지가 많다. 왜 보여 주는가? 취하라는 것이다. 어떻게 취하는가? 사랑함으로 취한다. 그래서 그것은 우리에게 한 과제가 된다. 우리와 상관없이 하나님이 계시되거나 말해지지 않는 것이 성경의 입장이다. 하나님의 나라는 우리와 상관없이 선포되지 않았다. 하나님과 그 나라를 사랑하라고, 그러므로 그것을 받으라고 하나님의 말씀은 우리 앞에 있다. 그래서 구원사의 중심을 차지하고 있는 말씀은 우리에게 하나님과 그 아들 예수 그리스도를 사랑할 것을 전한다. 그리고 사랑으로 자신을 넘어 하나님과 그의 나라로 갈 것을 가르치고 있는 것이다.

사랑은 자신에 대한 것이다. 자신을 사랑하라는 뜻보다 남을 사랑할 때 자신이 산다는 것이다. 기독교가 말하는 사랑은 구속적 사랑이어서 다른 사람을 살리고 세상을 밝힌다. 생명과 빛의 차원은 사랑의 결과물이다. 그런데 그것이 바로 하나님과 다른 사람에 대한 것임은 분명하지만, 그것이 바로 자신에 대한 것임도 분명하다. 자신이 가진 사랑의 가치는 사실 그 실상이 다른 사람에게 전해지지만 동시에 그것은 자신의 것임을 부인해서는 안 된다. 하나님과 세상 사람이 기뻐하는 사랑을 자신 안에 가진다는 것은 곧 사람으로서의 자기 가치를 지님이라고 하겠다.

사랑이 의지일 때 그 사랑의 모양은 사랑의 가치를 만든다. 그것은 바로 인생과 사랑의 과제이다. 하나님은 사랑이시다. 하나님은 사랑으로 내게 오시고, 나는 사랑으로 하나님께 간다. 하나님의 사랑을 가져오신 그리스도가 유일하게 우리가 하나님께로 가는 길이다(요 14:6). 이런 뜻에서 사랑은 힘이 있다. 사랑에서 생명은 탄생 유지되고 그 생명은 날로 성장한다. 그런데 이 사랑은 잴 수도 달 수도 없다. 그럼에도 분명한 것은 직선처럼 뚫고 나가는 것이 아닌 공간을 채우는 원 같다. 사랑은 그 모양이 분석이 아닌 종합이고 심판이 아닌 용서와 포용이다. 사랑은 심판과 멸망 지향보다 용서와 구원 지향이다. 그것이 참사랑의 모습인 것이다. 원로목사가 이런 원만한 사랑의 실천자가 되면 사람을 정죄하고, 찌르는 가시처럼 사람을 대하지는 않을 것이다.

사람이 가진 과제는 많다. 그 많은 것들은 대부분 세상에서 진행되는 것이다. 그런데 그 과제 중 핵심은 사랑이다. 만약 우리 그리스도인들에게서 사랑을 제거한다면 영혼 없는 몸과 같다. 야고보는 이 점을 밝히 일러 준다. "영혼 없는 몸이 죽은 것 같이 행함이 없는 믿음은 죽은 것이니라"(약 2:26). 무슨 행함인가? 믿음의 행위이다. 그런데 믿음의 행위는 바로 사랑에서만 그 정당성을 얻는다는 것을 우리는 알 필요가 있다. 결국 사람은 사랑의 과제를 저버리면 믿음도 행함도 말할 수 없는 자가 된다. 사랑 없는 행위는 외식자에게 나타나는 가식이다. 하나님을 믿는 자, 원로목사로서의 삶에서는 결코 허용할 수 없는 것이 사랑 없는 행위이다. 사람은 속일 수 있어도 하나님은 속일 수 없다.

우리는 종종 사랑은 있으면 좋지만 없어도 그만으로 알기도 한다. 그래서 사랑에 대한 의지는 병들고 죽어 가며 힘을 잃은 상태이다. 무관심으로 사랑의 과제를 세월에 묻기도 한다. 아는 것 같은데, 사랑에 그의 신앙과 영성이 깨지 않는다. 그래서 실은 향방 없이 달리는 사람, 허공을 치는 싸움의 한계에 갇히는 모양새가 된다. 이는 하나님이 우리를 사랑하시는데 우리는 그 사랑의 원리를 하나님께 대해서도 사람에 대해서도 살리지 못하는 정신적 영적 죽음 상태에 빠져 있는 것이다. 그렇다면 자신은 스스로 자신을 무용지물로 만들어 가는 우를 범하는 것 이상이 못 된다.

원로목사는 내일 죽어도 오늘 사명이 있고 과제가 있다. 그것은 우리가 존재하는 모든 관계의 얼개가 되는 사랑의 과제를 지켜 가는 것이다. 우리가 있는 곳 어디에서나 사랑이 밝히 드러나도록 조금이라도 움직여야 한다. 힘이 있으면 그 힘은 다 사랑할 힘이라는 인식이 필요하다. 보이는 것들은 사랑하라고 하나님이 정하신 대상이요, 만나는 것마다 그때를 사랑할 기회로 알자. 우리가 가진 힘은 사랑에 쏟고, 우리 숨은 사랑을 위해 들숨과 날숨의 원활함을 유지하자. 사랑의 화신이신 그리스도 예수를 사랑에서 닮아 가는 것은 원로목사로서의 우리 인생의 중심 과제가 아니겠는가?

2) 욕심 버리기

우리가 사랑을 말하고 행하려 할 때 가장 큰 장애물은 욕심이다. 욕심은 지독한 이기심의 정체성이다. 이 이기심으로서의 욕심은 모든 관계와 사랑의 대척점이다. 그런데 사람은 죽는 순간까지 욕심에 자신을 매몰시키는 행위를 반복하고 있다. 은퇴한 목사나 원로목사도 예외는 아니다. 욕심이 자신의 과거 사역과 현재 행복을 파괴하는 현장에서 춤추는 현상을 어찌 설명해야 할까? 물질은 살기 위해 있는 것으로 살면 감사하고 만족한 것 아닌가? 그런데 이따금씩 턱없는 욕심의 작용을 보는 것은 마귀의 세계를 구경하는 것 같아 씁쓰레하다. 거기에는 사랑이 없다. 사랑이 살 수도 없고 숨 쉴 수도 없는 것이다. 그토록 욕심은 하나님의 뜻에 반하며 인간 죄성의 증표이고 공동체에 해악인 것이다.

  욕심을 버리는 것은 자신을 버리는 것이다. 이렇게 자신을 버리고 내려놓으면 거기는 사랑이 사는 마을이 될 것이다. 이기심이 청산되면 관계의 순이 돋는다. 그것은 우리가 가질 사랑이고 생명이다. 성경이 자주 자신을 부인하라는 것은 자기 욕망, 혹은 욕심에 대해 죽으라는 것 아닐까. 그렇게 되어야만 주님을 따르는 제자가 된다. 주님은 지금 사랑의 길을 가신다. 사랑이신 하나님의 아들로 하나님의 사랑을 세상에 가지고 오셔서 자기를 비우는 사랑을 실현 중이시다. 바로 이런 주님의 뒤를 따르는 제자 되고, 그런 종으로 살다가 죽을 우리는 명확히 욕심을 경계해야 한다. 욕심은 자기중심으로 세상을 새로 구성하지만 그것은 죄를 낳는 행위이고 그 죄가 그를 죽인다는 것은 사랑에 대한 이율배반 아니겠는가.

  나는 원로목사로서 욕심 버리기를 통해 사랑 실현을 숙고한다. 그런데 굉장히 쉬워진 것을 직감한다. 이유는 이렇다. 사랑은 사실 욕망의 한 작용이다. 욕망은 그것을 취했을 때 기뻐지는 것이다. 그래서 세상에 취하고 싶지 않은 환경이나 그런 사람을 만나면 당황한다. 싫은 사람도 사랑해야 하는가? 생각 있는 사람이라면 자주 자문했을 것이다. 그런데 사랑해야 한다. 문제는 싫기 때문에 사랑하고 싶지 않은 것이다. 그 싫게 만드는 것이 무엇인가? 욕심이다. 이제 욕심을 버리면 진짜 싫은 사람도 사랑할 이유를 알고 사랑할 마음을 만들어 내게 된다. 목사는 사람을 사랑하는 사명을 가진 사람들이다. 그것은 하나의 십자가이기도 하다. 그런데 잘 되지 않는 것이 싫은 사람 사랑이다. 좋은 사람은 좋은 감정이 넘치는데 싫은 사람은 좋은 감정은커녕 미운 감정이 작용한다. 그래서 안 된다. 그 안 되는 것이 우리 본분의 상실인 것이다.

사랑의 세계에는 적대자들이 많다. 우리에 대해 고의적 적대와 해를 끼치는 사람이 있을 수 있다. 도저히 이해할 수 없는 이유로 고통을 주기도 한다. 긴 시간 비난을 일삼고, 있지도 않는 사실을 말하며, 부당한 비판으로 억울하게 만든다. 그런데 그런 사람을 어떻게 사랑할 수 있겠나? 이런 상황에서 우리는 도리어 자신이 가진 지식이나 능력의 총량을 사용해 미워하고 공격한다. 똑같이 갚아 주며 배로 갚아 준다. 예수를 믿으면서도 그것이 정당하다고 생각한다. 그래서 일어나는 것은 분쟁이다. 교회 안에 왜 싸움이 존재하는가? 바로 이런 이유로 고통을 준 사람에게는 고통을 돌려주는, 사랑 없는 이기심과 자기 욕심의 세계에 자신이 갇혔기 때문이다. 그것이 바로 믿는 자와 교회의 무능이 되고 있다.

하나님이 우리에게 사랑을 보이시며 가르치신 것은 우리도 하나님을 닮은 그의 자녀로 다른 사람을 사랑하라는 것이다. 그런데 우리는 그 사랑할 대상을 임의로 특정한다. 자기가 좋아하는 사람을 사랑의 대상으로 삼는다. 자기의 가족이나 친구를 사랑의 대상으로 삼고 사랑한다. 틀리지는 않지만 맞지도 않다. 그것은 욕심의 작용일 수 있다. 우리가 사랑할 대상은 자기 욕심이나 자기중심적 욕망을 따라서 사랑하는 사랑이 아니다. 하나님이 뜻하신 것은 내게 부담이 되는 사람에게서 내 사랑을 인치라는 것이다. 내가 싫은 가난한 자, 내가 싫은 무식하거나 예의가 없거나 어려움에 처해 있거나 한 사람에 대해 그렇게 하라는 것이다. 강도 만난 자의 이웃은 사마리아 사람이었다. 예루살렘 성전 종교는 이 점에서 허상이었다. 낯선 사람이나 외인, 병자나 의지할 곳 없는 인생 낙오자, 그리고 지나가는 행인에 대해서 자신을 조금이라도 깨뜨리는 것이 사랑의 실천이라 하겠다.

예수의 가르침에는 원수를 사랑하라는 가르침이 있다. 그것이 가능한가? 세상 사랑은 그 성질상 원수에게는 흘러가지 못한다. 원수를 사랑하라는 말씀은 자연인에게는 맞지 않다. 그래서 사람은 그것이 불가능한 가르침이라고도 한다. 그러나 그렇지 않다. 자신에게서 욕심과 이기심을 제거하면 이해가 쉬워진다. 원수니까 사랑해야 참사랑 아닌가? 하나님이 세상을 사랑하신다고 성경은 말한다. 세상은 범죄로 하나님과 원수 관계에 있다. 그래서 하나님은 세상을 사랑하시고 예수는 죄인을 사랑하신다. 원수니까 사랑이 필요하고 원수를 사랑해야 세상 사랑과는 다른 하나님의 사랑이 된다. 바로 이 하나님의 사랑 그 실천자 됨이 그리스도인들의 과제이고 원로목사는 이 일의 지도자였다. 따라서 비록 힘들어도 온전히 욕심을 버려 보잘것없는 약자나 가난한 자에게, 심지어는 원수에게까지도 주의 자비를 표현하고 사는 자원을 확보해야 지도자로서의 모양새가 나오는 것 아닐까?

우리는 죄인이다. 죄인의 특성은 욕심과 관계된다. "욕심이 잉태한즉 죄를 낳고"(약 1:15). 그런데 이 죄인에게 나타나는 독특성 하나가 사랑이 없다는 것이다. 그래서 죄인은 그 사랑 없음으로 모든 관계를 파괴시킨다. 이유인즉, 상대가 죄인이라는 것이다. 요즘 대한민국

대통령이 야당 대표를 만나지 않는 이유를 그가 피의자이기 때문이란다. 죄인으로 수사 받고 있는 것이 관계의 장애가 된다는 것이다. 여기 사람의 무능과 죄의 특성이 있다. 자신도 죄인이면서 죄인이라고 사랑하지 못함은 운명적 자가당착 아닌가? 사랑은 죄인에 대해 문을 여는 것이다. 죄인이기 때문에 필요한 것은 사랑이다. 우리는 모두 죄인이기 때문에 진실로 사랑과 용서가 필요한 사람들이다. 하나님이 죄인을 사랑하셨으니 우리도 죄인을 사랑하는 것이 자신을 위해 정당한 것 아닌가? 교회도 그렇고 원로목사는 더더욱 범죄한 사람을 대할 때 주님의 모습을 보여 주어야 한다. 그것이 복음 진리를 가진 교회의 바른 모습일 것이다.

욕심과 사랑의 상호 배타성을 직시하지 않으면 사람은 자신도 속고 남도 속인다. 둘은 함께 가지 못한다. 욕심은 가져오는 것이고 사랑은 내어 주는 것이다. 전자는 자기중심이고 자신의 이익을 추구하지만 후자는 타자 중심이며 타자의 유익을 추구한다. 그런데 이 두 성질이 함께 있다면 그것은 욕심, 혹은 욕망, 혹은 자아가 먼저인 것이다. 결국 자신을 위해 타자에 대해 사랑이란 삶의 형식을 취하는 것이다. 그럴 경우, 자신에게 부담이 되고 짐이 되고 힘이 든다면 언제든지 그런 사랑은 다시 사라진다. 바람 분다고 없어진다면 그것은 사랑이 아니다. 사랑은 같은 방향으로 가는 것이기 때문에 상극의 가치를 가질 수 없다. 우리 주변에는 스스로 이 둘의 경계선에서 정리를 못 하는 사람들이 적지 않다. 그러면서도 지속적으로 사랑을 말하나 실은 사랑을 못 하는 구조를 가진 것이다.

이런 사랑 이야기를 하면 사람들은 자주 그것은 자기 감정을 숨기는 가식 아닌가 묻는다. 사랑이 우리에게는 자주 위선적이 되기도 한다. 그러나 문제는 없다. 사랑은 앞에서 말한 대로 감정이 아닌 의지이기 때문이다. 참사랑에는 훈련이 필요하다. 자신을 극복하는 훈련, 자신의 욕심이나 취향과 싸우는 훈련이 그것이다. 그리고 사랑의 하나님이 가진 가치를 따르는 훈련, 하나님의 말씀이라면 어떤 경우도 순종하는 훈련을 해야 한다. 이런 훈련의 핵심에 욕심 버리기가 있고, 동시에 일어나는 사랑 실천이 들어 있다. 이런 뜻에서 사랑은 자신을 떠나 이웃에게로 가는 것이고, 동시에 그것은 진정 사랑의 하나님께로 가는 것이라 할 수 있다. 하나님께로 갈 날을 사모하며 사는 원로목사에게는 힘들어도 사랑의 의지가 작동되는 근본이 분명해야 한다고 하겠다.

이런 참된 사랑은 성령의 역사에 준거한다. 따라서 우리는 세상이 급박하고 갈 길이 바쁠수록 성령의 인도를 신실히 받아야 한다. 욕심은 육체의 욕심이기에 성령의 인도를 받아야만 완전히 극복할 수 있다. 성령은 우리에게 하나님의 사랑을 주입하시는 분이시다. 사랑 없는 영의 역사는 분명 성령이 아닌 악령의 역사이다. "내가 이르노니 너희는 성령을 따라 행하라 그리하면 육체의 욕심을 이루지 아니하리라"(갈 5:16).

3) 사랑하는 가치

인간의 무게는 사랑의 무게이다. 인간됨의 가치는 사랑에 준한다고 봐야 할 것이다. 하나님이 사랑이시니 그의 피조물인 인간도 사랑이어야 함은 당위이다. 마귀는 우리에게 왜 마귀인가? 바로 인간이 인간됨으로 지녀야 할 사랑을 파괴하기 때문이다. 마귀는 우리에게 자주 온다. 우리가 인식하지 못하도록 자신을 숨겨 온다. 왜 오는가? 사랑을 지우기 위해서이다. 마귀가 어떤 정당성을 들이대도 우리에게서 사랑을 가져가는 것은 근본 해악이다. 마귀는 사람으로 하여금 하나님을 적으로 보게 하고 사람을 적으로 보게 한다. 이런 인식은 사람이 가져서는 안 될 천박한 인식이다. 성경은 사람을 적으로 보는 그런 구도를 가지지 않음을 알아야 한다.

사랑하지 못하는 것은 자신의 가치에 대한 무능이다. 마귀가 우리로 하여금 사랑하지 못하게 할 때 그것은 싸우게 한다는 것이다. 인간이 싸워서 얻을 이익은 싸우는 양자 모두에게 없다. 교회든 사회이든, 집단이든 개인이든, 사랑을 저버리고 싸우면 결국 마귀만 승자가 된다. 사람은 싸우면 모두 패자가 되는 구조이다. 왜냐하면, 마귀가 사랑을 앗아갔기 때문이고, 인간은 인간 가치를 잃어버렸기 때문이다. 그래서 결과적으로 사람이 맺어야 할 모든 관계는 누더기가 된다. 그래서 존재하는 관계는 모두 불행과 불운의 관계일 수밖에 없다. 사람이 사람으로서의 순리에 자신을 두려면 사랑의 가치를 지각하고 사랑을 살아 내야 한다고 하겠다.

앞에서 우리는 욕심을 말하면서 자기 부정을 언급하기도 했다. 사람은 죄인이다. 그래서 자기중심주의나 이기주의에 빠지거나 갇히지 않아야 함을 말했다. 그 말은 사람의 가치를 부인하는 것이 아니고 가치를 만들어 내기 위한 기본을 말했을 뿐이다. 사람은 정말 가치가 없는가? 없다고 말해야 한다. 즉 스스로 가치 있다고 주장할 가치는 없다고 해야 한다. 왜냐하면, 죄인이기 때문이다. 죄인은 결정적으로 사랑의 결함을 가졌다. 말씀과 법을 어겼고 더러는 하나님과 사람에 대해 가해자가 되었다는 것이다. 그럼에도 불구하고 우리는 성경의 인도를 받는다. 죄인이지만 하나님은 여전히 우리를 사랑하신다는 것이다. 여기 인간 가치의 참 지평이 있다. 마르틴 루터의 말이다. "당신이 가치 있는 존재이기 때문에 하나님이 당신을 사랑하시는 것이 아니라 그분이 당신을 사랑하기 때문에 당신이 가치 있는 것이다." 하나님의 사랑 안에서만 자기 가치를 내다보는 것이 우리 믿는 자의 가치이다.

하나님은 사랑 안에서 우리를 가치 있게 창조하셨다. 다윗은 "내가 주께 감사하오옴은 나를 지으심이 심히 기묘하심이라 주께서 하시는 일이 기이함을 내 영혼이 잘 아나이다"(시 139:14). 하나님의 피조물인 우리는 자신이나 타인이나, 자연이나 그가 지으신 세상이나, 그 모두에 대해 혹평해서는 안 된다. 실로 가치가 큰 것이다. 그러나 인간이 범죄로 모든 가치를 잃어버린다. 그것은 사랑의 가치가 사라진 결과로 오는 현상이라 하겠다. 사람이 사랑의 눈을 뜰 때 모든 것은 달라진다. 원로목사가 사랑에 눈을 더 밝히면 그럴수록 세상도 사람도 달라지는 것이다. 그것이 바로 자신의 가치가 되는 것이다.

사랑은 이해의 눈이다. 사랑은 오직 사랑의 관계 속에서만 인식될 수 있다. 왜냐하면, 사랑 자체가 관계적 개념이기 때문이다. 관계가 없다면, 상대가 없다면, 사랑할 것도 없고 이해할 일도 없는 것이다. 에리히 프롬 역시 사랑을 말할 때 이해를 말한다. 사랑하는 그 대상의 상태와 문제와 불안과 고민을 이해해야 한다. 사랑은 이해를 심화시키고 이해는 사랑을 심화시킨다. 깊이 사랑하면 깊이 이해하고, 깊이 이해하면 깊이 사랑하게 된다. 이런 이해는 이해하는 사람의 정신에 빛나는 하나의 별이 되어 나타난다. 이해 안에 일어나는 사랑의 가치는 자주 진주같이 빛나기도 한다.

프롬이 말한바 사랑은 상대에 대한 케어, 상대에 대해서 책임적이 되는 것, 그리고 상대방을 존경하는 것이다. 상대를 존중하지 않는 사랑은 사랑일 수 없다. 관계에 있어 상대 무시는 자기 무시이고 관계 무시가 되는 것은 자명하다. 사람을 돌보고 다른 사람에 대해 책임적으로 상응함은 자기 가치를 겸손히 증가시킴이다. 다른 사람을 섬기지 못하는 사랑 없음, 다른 사람에 대해 책임적 응답이 없는 사람, 다른 사람을 존경하지 않는 사람으로서의 자기 가치는 사랑의 가치, 혹은 사랑하는 가치를 저버림에 기인하는 것이다. 살면서 사람이 사랑을 성립시키는 것보다 자신의 집을 더 가치 있게 세우는 방법은 없다. 사랑이 없는 곳에는 하나님도, 그를 믿는 믿음도 사라지기 때문이다.

사랑은 주는 것이다. 세상이 볼 때 그래서 사랑은 가치가 없는 것이다. 세상은 받는 가치에 익숙하다. 그러나 성경은 주는 가치를 강조하고, 교회 역시 같은 맥락에 있다. 그것이 바로 사랑하는 가치이다. 성경 진리를 모르는 사람과 사랑하지 않는 사람은 이 신비를 잘 모른다. 그래서 사랑을 하지 않으려 한다. 참사랑을 고의적으로 기피하고 잘못된 사랑에 빠지는 사람이 많은 시대에 우리가 있다. 이 시대가 바로 말세이다(딤후 3:1-4). 줌은 없고 자신과 돈과 쾌락 사랑에 빠진 현상을 우리는 보게 된다. 그것은 사랑이라 하나 사랑이 아니다.

왜냐하면, 주지 못하고 주는 가치를 갖지 못하기 때문이다. 진실로 사랑은 준다. 시간도 물질도 애정도 준다. 줌으로써 주는 자도 받는 자도 기쁜 것이 사랑이다. 이것이 바로 우리가 누릴 사랑이요, 사랑하는 가치요 사랑의 신비인 것이다.

사랑하는 가치는 하나님을 닮아 가는 가치이다. 왜냐하면, 그는 사랑이시며 인간에게 주어진 사랑의 가치는 그에게서 기인한 것이기 때문이다. 하나님이 우리를 사랑하시니 우리는 사랑을 안다. 하나님 없으면 사랑을 모른다. 하나님의 주고자 하는 의지이자 줄 수 있는 능력이 하나님의 사랑이다. 따라서 내가 하나님을 사랑한다면 나 역시 하나님을 사랑하는 과정에서 하나님이 사랑하는 자를 사랑하는 데에 이르게 된다. 비록 미약해도 스스로가 일어나 하나님을 바라보고 주어진 시간과 만나는 모든 것에 사랑을 실행하는 노력은 하나님과 그의 역사에 가치 있는 일임이 분명하다. 원로목사는 육체적 힘은 젊은이에 미치지 못한다. 그러나 경험과 영적 차원에서는 가치 판단이 더 나쁘지 않다고 보아야 할 것이다. 그렇다면 힘써 사랑함으로 사람에 대해서, 세상에 대해서 하나님을 닮아 가는 것은 자신의 가치 창조의 사건이라 할 것이다.

사랑하는 가치는 사람 되는 가치이다. 사랑은 사랑받는 자들을 하나님의 눈으로 본다. 그래서 사랑은 타인에 대해 인격적 자유와 자기 결정을 존경하게 된다. 그럴 때 사람은 사람이 되는 것이다. 다른 사람을 행복하게 보지 못하는 사랑은 없다. 자기보다 나은 자에 대해서는 시기와 질투의 눈이 있고 자기보다 가난하거나 부도덕한 자에 대해서는 천대와 멸시의 눈이 있다면 이 사람은 사랑을 모르는 것이다. 그는 자기 외의 다른 존재에 대해 관계의 질서도 통일성의 가치도 모르는 것이다. 사랑을 모르는 자는 자신도 자유하지 못하고 다른 사람도 자유롭게 하지 못한다. 사랑은 진실로 다른 사람을 온전하게 돕는 가치를 가졌기 때문에 사랑하는 자신에게도 사람다운 사람으로 사는 가치가 된다. 따라서 원로목사에게는 사랑의 정신과 역량이 줄어드는 것이 세월이란 시간이 살 같이 지나가는 것보다 무서운 일로 지각되어야 할 것이다.

4) 성경의 중심 교훈

성경은 하나님의 말씀이고, 말씀하신 하나님은 사랑의 하나님이시다. 그렇다면 어림잡아 유추해도 성경의 정신과 그 뜻은 하나님의 사랑이 된다. 하나님이 인간에게 말씀을 주신 것은 하나님이 인간을 사랑하신다는 메시지를 위함이다. 하나님이 인간을 사랑한다는 것이 인간에게는 복음이다. 왜냐하면, 사람의 타락과 죽음의 운명 때문이다. 사람은 마귀의 유혹으로 범죄하여 하나님께 대한 불순종자, 또는 반역자가 되었다. 그래서 사람에게는 심판이 결정되었다. 그것은 사람이 스스로 자취한 것이다. 이런 사람에게 보낸 하나님의 메시지가 바로 성경이다. 그래서 성경은 사랑을 맥으로 살아 있는 것이다.

구약성경은 상당히 방대하고 긴 역사적 체계를 가졌다. 하나님이 역사 안에서, 한 선택된 백성을 통해 말씀하심이 바로 구약이다. 다른 사람이면 몰라도 하나님의 백성이라면 반드시 지키고 따라 살아야 할 삶의 지침으로 주어진 말씀이 구약이다. 구약은 세 부분으로 되어 있고, 그 중심을 우리는 토라라고 하는데, 그것은 이스라엘 사람들에게 성전의 지성소 같은 것으로, 한스 발터 볼프에 의하면 '길 안내'이다. 바로 그 토라의 중심에 시내 산 언약과 십계명이 있다. 바로 그 십계명은 사랑을 말한다. 두 돌판으로 된 그것은 첫째 돌판에서 하나님 사랑을, 그리고 둘째 돌판에서 사람 사랑을 말한다. 이 둘에 있어서 인간이 배울 것은 한마디로 사랑이다.

신명기는 시내 산을 중심하여 역사하신 하나님의 율법과 인도하심에 대한 모세의 설교이다. 이 설교가 신명기 전승을 이루는데, 이스라엘 사람들에게는 거의 중심 전승이다. 율법을 받은 자가 율법을 해석함이며, 그 적용에 있어 대단한 구체성을 가졌다. 바로 그 신명기의 핵심은 사랑이다. 특히 쉐마는 사랑을 말한다. "이스라엘아 들으라 우리 하나님 여호와는 오직 유일한 여호와이시니 너는 마음을 다하고 뜻을 다하고 힘을 다하여 네 하나님 여호와를 사랑하라"(신 6:4-5). 바로 이 쉐마는 십계명의 심장이다. 모세는 지금 이스라엘 백성의 심장이 하나님을 상대로 뛰게 하는 사람이다. 그래서 쉐마를 말한다. 하나님을 사랑하는 것보다 선행할 인간 행위는 사실 없다. 그래서 이스라엘 백성은 나면서부터 쉐마를 배워야 했던 것이다. 이유는 그것이 성경, 또는 구약의 중심이기 때문이다.

구약은 하나님의 사랑을 경험한 사람들의 신앙고백의 집약이란 점을 우리는 눈여겨보아야 한다. 특히 성문서, 혹은 시가서는 하나님의 사랑에 대한 이스라엘의 리액션이다. 저들의 존재와 지금 살아 있음은 하나님의 사랑의 결과물이었던 것이다. 그래서 그들은 형언할 수 없으리만큼 하나님으로부터 받은 큰 사랑을 고백한다. 이 사랑

고백에서 나타난 하나님의 사랑은 전체적이고 통전적이다. 그래서 하나님을 믿는 믿음은 그 사랑 안에서 숨 쉬는 것이다. 이 점은 성경을 가진 사람으로서의 원로목사인 우리를 자극한다. 하나님이 우리에게 베푸신 사랑에서 감사와 믿음을 불태워야 하며, 동시에 하나님을 사랑함으로 하나님의 사랑에 응답해야 한다는 것을 알려 준다고 하겠다.

우리는 구약을 전체적으로 율법이라 한다. 율법이기 때문에 구약을 경시하는 사람도 있고, 아예 구약을 무시하는 경향을 갖기도 한다. 그럼에도 우리는 구약이 하나님의 말씀이란 점에는 생각의 일치를 보고 있다. 정말 율법이기 때문에 무시해도 되는가? 아니다. 하나님의 말씀인 율법은 사랑으로 가고 있다는 점을 기억하라. 그것이 방향이다. 율법의 정체성, 그 정신이 사랑이다. 율법은 진정한 사랑을 담아내는 하나님의 말씀 형식이다. 율법은 아무에게나 준 것이 아니라 하나님의 택한 백성에게 준 것이다. 택한 백성 이스라엘의 살길이었다. 율법, 거기에 담겨 있는 사랑을 그 백성들은 읽고 얻어야 했다. 그리고 율법이 사랑으로 간다는 사실과 그 방향성을 바르게 인식했어야 했다. 또한, 신실하게 그것을 따라야만 했던 것이다. "그러므로 사랑은 율법의 완성이니라"(롬 13:10).

신약은 구약의 약속이 성취되었다는 사실을 알린다. 이 약속의 중심에는 그리스도가 계신다. 그리스도는 하나님의 아들이요 하나님의 사랑을 가져온 중심 말씀이시다. 그래서 요한은 태초에 말씀이 있었다고 한다(요 1:1). 그리스도가 세상에 와서 하신 일이 무엇인가? 많다. 그렇지만 그것은 모두 하나님의 사랑을 보여 주는 것이다. 그 사랑의 내용은 용서와 구원이다. 예수는 그것을 가져왔고 그것을 실현하셨다. 그것이 바로 그의 하나님을 섬김이었다. 예수의 십자가의 죽으심과 부활은 하나님의 사랑이 무엇인지, 그리스도가 전하는 사랑이 무엇인지를 알려 준다. 사랑은 살리는 것이다. 죽이는 율법에서 시작했으나 이제는 살리는 그리스도께 와 있다. 그는 우리를 살리는 의가 되셨다. "그리스도는 모든 믿는 자에게 의를 이루기 위하여 율법의 마침이 되시니라"(롬 10:4).

신약은 그 중심에 사랑을 놓았다. 그것이 인간이 누릴 중심 교훈이다. 복음서는 이 점에서 구약의 율법 전문가인 한 서기관을 소환한다. 그리고 그가 예수께 "모든 계명 중에 첫째가 무엇"(막 12:28)인지를 묻게 한다. 여기에 대한 예수의 대답이 여기 있다. "첫째는 이것이니 이스라엘아 들으라 주 곧 우리 하나님은 유일한 주시라 네 마음을 다하고 목숨을 다하고 뜻을 다하고 힘을 다하여 주 너의 하나님을 사랑하라 하신 것이요 둘째는 이것이니 네 이웃을 네 자신과 같이 사랑하라 하신 것이라 이보다 더 큰 계명이 없느니라"(막 12:29-31). 핵심은 사랑이다. 성경의 핵심이신 그리스도가 가르치신 핵심은 사랑이다. 그것이 바로 구약의 핵심 메시지요 신약의 핵심 메시지이다. 예수의 이 말씀에 대한 "선생님이여 옳소이다"(32)라고 답변한 그 서기관을 성경은 지혜 있다 했고, 예수는 "네가 하나님의 나라에서 멀지 않도다"(34)라고 하셨다. 성경이 말하는 사랑은 곧 하나님의 말씀이다. 그 사랑은 곧 하나님의 사람들이 걸을 가장 은혜로운 진리이다. 야고보는 하나님을 믿는 자가 구체적으로 이웃을 사랑하는 것은 "최고의 법을 지키"(약 2:8)는 것으로 보았다.

평생 성경을 가지고 사역하던 원로목사가 성경의 가치와 함께 간다는 것은 영광이다. 특히 사랑을 잊지 않고 죽음 앞에 서는 것은 합당하다. 나는 오늘 새벽 일찍 일어나 시무언 이용도와 그의 설교에 대한 글을 읽었다. 33세밖에 살지 못했지만 당시 불쌍한 민족과 한국교회를 위해 그렇게 울고 사랑했던 점이 인상적이었다. 더러는 그의 신비적 합일의 영성을 이단으로 보기도 하지만, 그가 예수를 사랑하고 예수의 사람을 사랑했던 것은 부인할 수 없다. 지금 우리가 말하는 사랑과는 강도가 달랐다. 나는 그에 비해 기도와 말씀과 영성과 열정이 얼마나 천박한지 비교조차 할 수 없었다. 하나님을 사랑하고 그리스도를 사랑하며, 우리의 이웃을 사랑하는 것은 윤리 차원을 넘어 하나님의 말씀인 성경의 중심 교훈 안에 있음이 맞다 하겠다.

5) 사랑의 아름다움

우리는 자주 아름다움을 찾는다. 더러는 시간이 나면 아름다운 곳을 찾아다니는 행복을 누린다. 자연은 아름답다. 아름다운 자연을 보면서 아름다움을 추구하는 자아를 보는가? 아름다움은 사람에게 있어 근원적 욕망이다. 아우구스티누스는 "만들어진 것이 이렇게 아름답다면 만든 분은 얼마나 아름다울까"라고 했다. 그렇다면 우리가 찾아 나서는 아름다움은 하나님에게서 그 근원을 발견한다. 세상에 있는 모든 피조물의 아름다움은 하나님의 생각과 그의 뜻에서 나왔다. 이 절대 조화로 우리 삶의 힘이 되고 있는 미적 가치는 오늘도 우리로 하여금 찾아 나서게 한다. 아름다움을 따라가는 길은 고난이어도 행복인 것이다.

지혜자 솔로몬은 이 아름다움을 알고 노래했다. 그것이 노래 중의 노래로 알려진 아가서이다. 한 인간이 그리스도와 갖는 사랑 관계를 노래한 것이 아가서이다. 그것이 사랑 노래이기 때문에 노래 중의 노래인 것은 맞다. 사람인즉, 사랑을 노래할 때가 가장 사람다워지는 아름다움 아닐까? 많은 세월 보내고 여기까지 온 원로목사가 자신을 낮추어 사랑 노래를 불러 세상에 사랑 향기를 날릴 때가 지금 이때 아니겠는가? 나의 갈 길 다 가서 영영 부를 나의 찬송은 역시 예수이다. "예수 인도하셨네"가 우리가 끝에 가서 부를 사랑 노래이다. 그래서 아가서는 아름다운 한 폭의 그림 같은 정경을 가진다고 하겠다.

하나님께 있는 것 중 가장 아름다운 것은 사랑이다. 거기 구원의 그림이 있고, 거기 생명 그림이 있다. 거기 영광의 빛이 있고, 거기 노래가 있어 아름답다. 비록 우리가 걷는 진리는 고난이 있고 위험이 따르는 좁은 길이나 주님을 사랑하는 사랑을 가지면 아름답다. 인생 험곡에서 인내로 사랑이 성숙하고 슬픔으로 사랑이 승화되면 사랑은 더욱 아름답다. 사랑받는 것도 사랑하는 것도 진정한 사랑이 보인다면 그 사랑은 아름다워 모두의 기쁨이 된다. 그래서 사랑이 있으면 우리 삶에서 고통은 때로 행복이 되기도 한다. 내가 숨 쉬는 곳에서가 아니라 내가 사랑하는 곳에서 나는 산다. 사랑은 내 영혼의 꽃동산이다. 천국은 하나님과 사람을 사랑하는 사랑이 있어 아름다운 사랑 동산일 것이라고 말해 본다. 사랑의 현장은 피가 흘러도 사랑의 결과는 은혜의 향기이다.

해가 빛을 비추는 것처럼 사람은 사랑하게 되어 있다. 사랑은 사람의 영혼의 가장 기쁘고 아름답고 자연스러운 작용이기에, 사랑 없으면 어둡고 비참해지는 것이 사람이다. 타락은 바로 이 사랑, 이 사랑이 가진 아름다움의 상실이다. 그것이 바로 죽음이다. 궁극적인 죽음은 어떤 모양으로도, 어떤 방향, 어떤 시각으로도 아름답지 않다. 생명의 아름다움은 사랑 안에 있다. 믿음, 소망, 사랑, 그중의 제일은 사랑이다(고전 13:13). 아름다운 육체에서 출발하여 아름다운 일과 활동으로, 거기서 다시 아름다운 학문이나 지혜로, 그리고 더 나아가 하나님을 사랑하는 단계에 이르러 우리는 아름다움 자체를 알고 누릴 것이다. 그러면 우리는 그 사랑의 빛을 세상에 비추어 "너희는 세상의 빛"(마 5:14)이라고 하신 주님의 말씀을 이룰 것이다.

　작품은 완성되어야 아름답고 꽃은 피어야 아름답다. 사람도 그렇고 사랑도 그렇다. 아름다움의 절정은 성숙에서 본다. 우리가 삶이나 교회 공동체에서 보는 사랑도 성숙하지 못하면 아름다움은 반감된다. 그러면 사랑의 성숙은 무엇인가? 그것은 사람을 볼 때 부분이 아닌 전체를 보는 것이다. 상대가 가진 매력 포인트만 보는 것은 그랜드 캐니언에 가서 바위 하나만 보고 아름답다고 감탄하는 것과 같다. 사람이 가진 외모나 돈이나 능력이나 재능을 보아야 하지만 한 인간으로서 전체를 보고 사랑할 수 있는 것이 성숙한 사랑이란 것이다. 심지어는 단점까지 다 보고 사랑해야 사랑은 아름다운 한 폭의 감동적 그림이 된다.

　그리고 사랑의 성숙은 상대를 존중하고 섬기는 것이다. 자기 몸같이 사랑하고 자기의 안전과 행복과 삶의 발전을 도모하듯 사랑하는 그 대상에 대해서도 같은 모습이어야 한다. 그것이 성숙한 사랑이고 그래서 동행할 때 그것이 아름답다는 것이다. 그뿐만 아니라 사랑은 확실히 상대에 대한 헌신과 책임적이 되는 것이다. 상대의 책임을 거론하기 전에 자신의 책임을 다하는 것이 사랑의 성숙이다. 관계 전에 책임을 다하지 못하는 사람은 관계 후에도 책임 없는 사람으로 남을 수밖에 없다. 왜냐하면, 성숙이 없는 정체성을 가졌기 때문이다. 성숙은 상대방을 있는 그대로 보며, 상처받는 것을 두려워하지 않고 상대에 다가가며 섬긴다. 그래서 그것은 사랑의 창조성과 성장을 도모한다. 사랑은 성장하지 않으면 없어지는 것이기 때문이다. 이렇게 사람이 사랑에서 성장하고 성숙함은 인생의 아름다움이 될 것이다.

아름다움은 그 자체가 감동이다. 그 가장 진한 감동은 역시 사랑에 있다. 모든 위험과 불이익을 무릅쓰고 섬기는 사랑은 하늘의 그림이다. 아름다움을 넘어 감동이기도 하다. 사람 중에는 그림 잘 그리는 사람이 있다. 물론 아름답게 그린다. 그런데 그보다 근본적으로 아름다운 것이 하나님이 만드신 몸과 마음으로 다른 사람을 섬기는 사랑의 행위이다. 그중 가장 큰 사랑의 아름다움은 십자가이다. 하늘과 땅의 모든 사랑을 합한 것보다 크고 아름답고 감동적이며 능력이 있는 아름다움 자체이다. 왜 그런가? 그것은 하나님의 섬김이다. 그것은 보잘것없는 죄인에 대한 하나님의 사랑이기 때문이다. 그리스도인들이 남자나 여자나 어른이나 아이나 헌신적인 사랑으로 자신을 단장한다면 아름다워 단연 하나님의 기쁨이 되고 다른 사람의 기쁨이 될 것이다.

사람은 사랑할 때 가장 아름답다. 그것은 사랑의 아름다움 때문이다. 성경에 나오는 사람들도 다 그렇다. 사랑할 때 아름다웠다. 그의 신분이나 성이나 지식이나 소유에 머무는 아름다움과는 비교할 수 없는 아름다움이다. 참으로 주를 섬기는 사람은 그것이 사랑이어서 미가 된다. 참으로 자기보다 못한 사람을 향해 자신을 주는 것은 감동을 주는 아름다움이다. 손양원 목사나 이태석 신부 같은 사람은 이런 점에서 울림이 큰 사람들이다. 목회하는 후배 목사들과 우리나라에 온 선교사들이나 우리나라에서 파송된 선교사들도 모두 사랑의 아름다움을 우리와 세상에 보여 주고 있다. 그것이 바로 주님의 아름다움이다. 왜냐하면, 주님은 하나님의 사랑을 가져오신 사랑의 화신이기 때문이다.

우리 원로목사는 한국이란 국가적 정황과 교회라는 공동체적 환경에서 쉽지는 않겠지만 꽃이 되어야 한다. 그래야 꽃 같은 원로목사가 된다. 어떻게 꽃이 되는가? 주님을 바라보고 있으면 생각난다. 사랑이다. 주께 대한 사랑이 특별하고, 사람에 대한 사랑이 진실해 인생과 삶이 그림이 되게 하라. 사랑이어서 감동 주는 인격이라면 원로목사는 항상 행복해진다. 우리의 품위와 행복은 누가 가져다주기를 바라서 되는 것이 아닌, 우리가 만들어 가는 것 아니겠는가.

9. 교회

우선 보기에 사람은 모두 죽음으로 가고 있다. 우리 원로목사도 실은 죽음을 지척에 두고 있는 자라 해야 할 것이다. 물론 백 세 시대라 하지만 사명이 끝난 자인 원로목사는 사실상 죽음의 때를 헤아리기 어렵다. 일이 끝나면 저녁이며, 저녁이면 집으로 가는 것 아닌가? 그것은 우리의 신앙이요 신학이며 상식이다. 이런 맥락에서 우리는 소망을 알아야 한다. 우리에게 있어서 미래는 하나님의 나라이다. 그것은 성경이 우리에게 알려 준 진리이다. 은퇴 후 세상에서 무슨 영광을 계산한다던가, 세상 가치를 따라 먹고 마시고 즐기는 것이 복이라는 생각은, 우리가 지금껏 일삼았던 목회적 가치에는 맞지 않다고 보아야 한다.

그렇다면 원로목사의 존재, 그 최적은 무엇인가? 교회이다. 우리가 지금 여기서 희망을 인식하고 생명을 말할 수 있는 자리는 유일하게 교회이다. 만약 교회를 경시하고 교회로부터 멀어진다면 우리에게는 어떤 가치도 실현성이 없다. 교회를 저버리고 교회와 적이 된다면 우리는 스스로 어둠과 죽음을 선택한 것이다. 특히 인생 끝점에 와 있는 한 인간으로서의 우리는 교회에 대한 무지와 무례와 무질서가 자신에게서 일어나지 않도록 삼가 자신을 살펴야 한다. 교회는 우리가 꽃이 되고 열매가 되라고 하나님이 주신 밭이며 기회이다.

나는 실제로 원로목사가 된 후 교회와 거리가 먼 사람들을 보았다. 교회는 그를 버리고 그는 교회를 버린다. 물론 자신이 시무하던 교회만 교회인 것은 아니다. 그런데 자신이 시무한 교회와 멀어진 자는 다른 교회에 잘 적응하지도 못하는 것 같다. 교회 전체에 대해 회의적이다. 그래서 결국은 신앙생활에서 이탈하는 경우도 있다. 이유는 있을 것이다. 어딘가 잘못도 있을 것이다. 문제가 왜 없겠는가? 그럼에도 불구하고 원로목사가 교회를 떠나는 것은 가슴 치고 울어야 할 일이다. 왜냐하면, 교회는 우리를 위해 하나님이 특정한 공동체이기 때문이다. 끝이 가까울수록 우리는 교회라는 배에 자신을 두어야 한다.

목회적 상황에 있어서 하나님이 목회자에게 특정한 곳은 언제나 교회이다. 성경이 가르쳐지고 하늘의 메시지가 선포되는 특수한 사명은 교회의 중심 과제이다. 그리스도를 배우고 닮아 가는 학교는 교회이고, 세상에서 하늘의 진리를 습득하고 훈련하는 장소가 교회이다. 하늘의 하나님이 계시는 세상 처소가 교회이며, 인간이 하나님을 만나는 가장 좋은 자리는 교회이다. 교회는 세상과 하늘을 연결하며, 교회는 인간과 하나님을 다리 놓는다. 교회는 죽음을 생명으로, 저주를 복으로 변화시키는 권능을 가졌다. 교회는 사람의 운명을 바꾸어 새사람을 이루며, 교회는 죽음 뒤에 오는 천국의 소망을 부여한다.

나는 교회를 개척했다. 세상에서 하고 싶은 가장 소중한 가치가 성경적 교회를 있게 하는 것이었다. 현존하는 교회가 다 잘못되었다는 것은 아니다. 그러나 성경이 말하는 '그 교회'를 만들고 싶었다. 교회는 내가 마음과 삶을 모아야 할 하나님의 선물로 인식되었다. 꿈에도 소원은 교회였다. 그래서 나는 교회를 개척하고, 교회 건물을 지었다. 그것은 내게 힘든 것이 아닌, 즐거움과 행복이었다. 비록 은퇴하고 원로목사가 되었지만, 교회보다 더 큰 위로는 세상에 없다 함이 나의 진실이다. 왜냐하면, 교회에는 하나님의 은혜가 있기 때문이고, 내게 필요한 모든 것은 교회를 통해 왔기 때문이다. 구주와 진리의 말씀은 교회를 통해 배웠고, 구원은 교회를 통해 얻었다.

1) 그리스도의 몸

성경은 교회를 그리스도의 몸이라고 한다(엡 1:23). 나는 이 말을 사실대로 믿는다. 나는 그리스도를 사랑한다. 나는 그리스도를 그 몸에서 만난다. 그 몸 없는 그리스도를 알지 못한다. 그리스도의 구체성은 항상 그 몸이다. 본회퍼는 공동체로서 실존하는 그리스도를 말한다. 그것이 바로 교회이며, 그리스도의 실존이 참 교회의 본질이란 것이다. 그리스도가 없는 그리스도의 몸은 없다. 그래서 그리스도 없는 교회는 없다는 것이고, 그리스도가 없으면 교회는 교회가 아니라는 것이다. 교회는 정히 그리스도가 현존하는 세상적 자리인 것이다. 우리 눈은 깨끗하게 그것을 보아야 한다.

교회는 그리스도가 아니다. 그러나 교회는 그리스도이다. 인간적 측면과 인간적 한계를 보면 교회는 그리스도와 멀다. 그러나 교회는 그리스도 안에서 하나님이 뜻하신 하나님의 작품이다. 허물 많은 인간의 모임인 교회를 두고 하나님은 그리스도의 몸이라 하신다. 그렇다면 교회는 그리스도와 동일시될 신학적 가치를 가진다. 그리스도의 몸이 있는 곳에 그리스도가 있다. 교회가 그리스도 안에 있는 것처럼, 그리스도는 교회 안에 계신다. 바울이 말한바 우리가 그리스도 안에 있다는 것은 우리가 교회 안에 있다는 것과 동일시된다. 교회 없는 그리스도를 말한다는 것은 몸 없는 머리에 대한 언급일 것이다.

우리는 몸과 머리를 가지고 산다. 그래서 몸과 머리의 관계를 어느 정도 안다. 이 둘은 하나의 다른 부분이요, 분리되어 존재할 수 없다. 분리는 곧 죽음이다. 분리되면 몸도 아니요, 머리도 아닌 것이다. 따라서 우리가 원로목사라 해도 교회로부터 분리된다면 우리는 없다. 존재해도 존재가 아닌 것이다. 그래서 교회는 머리이신 그리스도와 분리될 수 없다. 그리스도는 그 몸의 주인이시다. 오순절 이후 그리스도는 그의 몸, 곧 교회의 형태로 땅 위에 사신다. 그래서 본회퍼는 "교회는 현재적 그리스도 자신이다"라고 했다. 교회를 두고 원로목사는 이 말을 더 깊이 숙고해야 할 것이다.

교회가 그리스도의 몸이란 것은 교회의 머리는 그리스도란 뜻이다. 교회의 머리가 그리스도이면 교회는 그 머리 아래에 있어야 한다. 교회가 그의 몸일 때 그 몸은 그 머리의 뜻을 실현하는 몸이다. 그 머리의 지시를 받아 그를 보내신 하나님의 뜻을 이루는 몸이다. 그 머리 없이는 무용지물인 몸이 교회이다. 그 머리의 가치가 교회의 가치이고, 그 머리의 지배와 통치를 받을 때 이루어지는 것은 하나님의 나라이다. 따라서 교회의 권세는 몸의 권세가 아닌 머리의 권세이다. 교회의 영광도 머리의 영광이다. 그 머리 그리스도의 지혜를 충실히 세상에 담아내는 것이 교회라는 그 몸이 가질 사명이다.

사람은 자주 교회에서 머리 노릇을 하려 한다. 그것이 목사이거나 장로이거나 교회의 어떤 유력자라 해도 근본에 위배된다. 원로목사 역시 그렇다. 머리는 아니다. 머리는 한 머리, 그리스도뿐이며 그럴 때 교회는 그의 몸이 되는 것이다. 사람이 교회의 머리 되려 하는 정신은 그가 가진 인본주의의 행태이다. 만물의 으뜸은 그리스도이시다(골 1:18). 그가 바로 교회의 머리라고 성경은 말한다. 만물의 으뜸, 교회의 머리에 대한 자기 정리를 바르게 해야 참된 그리스도인이 된다. 교회는 바로 이런 정리된 참된 그리스도인의 공동체이다. 이 점은 분별력에 있어서 쉬운 것 같으나 꼭 그런 것은 아니다. 분별은 쉽지만 지키기는 쉽지 않다. 사실 모든 교회의 불의와 분쟁과 왜곡된 시련은 이 질서의 위반에서 온다. 사람은 자신을 둘 곳에 두는 것이 자신을 위한 근본이다.

교회가 그리스도의 몸이면, 그 교회에는 그리스도가 계신다. 그리스도가 교회의 머리로 계신다면, 교회는 그 머리이신 그리스도를 드러낸다. 머리는 생각을 가졌고 뜻을 가졌다. 그것을 그 행동과 삶으로 보여 주는 것이 몸의 기능이다. 그 사람의 몸을 보면 그 사람의 정신과 생각이 보인다. 그 머리의 수준은 항상 그 몸에 전달된다. 그가 하는 말이나 행동은 정확하게 그 머리의 것이다. 이런 맥락에서 교회는 머리이신 그리스도를 보여 주는 몸이어야 한다. 교회인데, 그리스도가 안 보이면 그 교회는 머리 없는 몸이거나 머리가 있다면 그리스도 말고 다른 머리일 가능성이 높다.

몸은 머리의 일을 한다. 그리스도의 몸인 교회의 일은 그리스도의 일일 때만 정당성을 가진다. 그리스도의 일 말고 교회의 일은 사실 없다. 왜냐하면, 그리스도의 몸이기 때문이다. 이것이 교회의 참된 한계이다. 이 한계는 교회와 우리를 무한으로 인도한다. 그리스도께서 하나님의 일을 하신 것처럼, 교회는 그 머리의 일, 곧 그리스도의 일을 해야 한다. 그리스도의 일은 무엇인가? 먼저는 그를 믿는 것이다. 그리스도를 믿는 것이 하나님의 일이다. "예수께서 대답하여 이르시되 하나님께서 보내신 이를 믿는 것이 하나님의 일이니라 하시니"(요 6:29). 다음은 예배하는 일이다. 예수와 예수의 때는 아버지께 참되게 예배하는 본질이다. 정말 본질이다. "아버지께 참되게 예배하는 자들은 영과 진리로 예배할 때가 오나니 곧 이 때라"(요 4:23). 성경이 말하는 영과 진리, 그 중심은 항상 예수이고, 예수의 때이다. 그리고 마지막으로 그리스도의 몸이 가진 일은 그리스도를 전하는 것이다. "그러므로 너희는 가서 모든 민족을 제자로 삼아 아버지와 아들과 성령의 이름으로 세례를 베풀고 내가 너희에게 분부한 모든 것을 가르쳐 지키게 하라 볼지어다 내가 세상 끝날까지 너희와 항상 함께 있으리라 하시니라"(마 28:19-20). 만약 몸이 머리의 일을 못 한다면 그 몸은 병든 것이다. 교회의 건강은 그리스도의 뜻을 몸으로 잘 감당함에서만 사실이 된다.

교회에 대한 그리스도의 몸 개념은 사실 바울의 것이다. 이 점에서 바울의 신학은 우리 앞에 보배롭게 작용한다. 몸은 인간의 삶, 그리고 인간의 생명을 가리킨다. 몸은 삶의 과정, 곧 생명의 과정이다. 교회를 그리스도의 몸이라 할 때 그것은 교회의 전 삶과 전 생명을 가리킨다. 판넨베르그는 그리스도의 몸 개념이 교회의 본질을 가장 깊이 나타내는 개념으로 보았다. 본회퍼는 "예수 그리스도는 그 자신인 동시에 그의 교회 공동체"라고 했다. 우리 눈에도 역시 다르지 않다. 그리스도의 몸 없는 곳에서 그리스도를 찾을 수는 없다. 그리스도의 몸 없으면 교회 된 우리의 생명 또한 없다. 몸 개념을 모르면 교회 개념은 언제나 오해와 오용에 휘말린다고 보아야 한다.

교회가 그리스도의 몸이란 것은 교회와 그리스도의 신비로운 연합을 말한다. 이 연합 없이는 머리, 몸 개념은 없다. 그래서 이 신비 안에서 그리스도의 몸이 된 교회는 땅 위에서 더러는 그리스도 자신이다. 교회의 삶은 그리스도 자신의 삶이요, 교회의 기쁨은 그리스도 자신의 기쁨이다. 교회의 슬픔은 그리스도 자신의 슬픔이요, 교회가 받는 박해는 그리스도 자신이 받는 박해이다. 교회가 존귀하게 될 때 그리스도 자신이 존귀하게 되고, 교회가 욕먹을 때 그리스도 자신이 욕먹는 것이다. 이처럼 교회는 그리스도와 연결되어 있다. 그리스도 없는 교회를 생각한다는 것은 머리 없는 몸을 생각하는 것처럼 어리석고 두렵다.

그리스도의 몸 교회는 당시 헬레니즘 사상적 맥락에서 본다면 고상하지 못하다. 마치 그리스도가 육신으로 오신 것처럼 그것은 당시 철학적 상식에 어긋난다. 이원론적 배경에서 생각하면 육신이 되신 그리스도나 그리스도의 몸인 교회는 다 낮은 그레이드이다. 그러나 하나님께는, 그리고 인간에게는 육신이나 몸보다 더 구체적인 것은 없다. 교회는 하나님께서 자기 아들의 피로 사신 그리스도의 몸이다. 몸을 가진 인간에게 그리스도는 몸으로 오셨고, 교회를 그의 몸 되게 하여 구원하시는 것은 하나님 사랑의 놀라운 구체성이다.

교회는 많은 문제를 가지고 있지만, 그리스도는 교회를 자신의 몸으로 사랑하신다. 그렇다면 그리스도의 몸인 교회 역시 그리스도를 사랑해야 한다. 신랑이 신부를 사랑하면 신부 역시 신랑을 사랑해야 한다. 이 사랑이 몸 교회 사상의 중심을 이룬다. 문제가 없어서가 아닌 문제가 있음에도 사랑하는 것은 세상 차원을 넘어선다. 문제로 사랑을 저버리는 것이 아닌, 사랑으로 문제를 덮어 본질을 살리는 것이다. 몸 개념에는 이런 사랑의 역사가 신비롭게 포함된다. 그래서 교회는 온통 사랑 관계에서만 언제나 몸의 온전성을 유지 보전하는 것이다.

전술한 바와 같이 그리스도와 교회는 머리와 몸 개념으로 동일시될 수 있지만, 동시에 완전히 동일시될 수는 없다. 그리스도는 교회에 대해 자유롭다. 그리스도는 교회의 머리로 교회와 연합하지만, 그는 동시에 하나님의 보좌 우편에 계시며 장차 오실 분으로 교회와 구분된다. 교회는 땅 위에 계신 그리스도이며, 그리스도는 교회의 형태로 현존하신다. 그러나 그는 보좌 우편에도 계시기 때문에 교회는 그리스도라 해도 교회가 그리스도와 동일시되어서는 안 된다. 따라서 땅 위의 어떤 교회도 자신을 그리스도와 완전히 동일시할 수는 없다. 이유는 하나님이 교회를 그리스도의 몸이라 했지, 인간이 그렇게 말하거나 주장한 것이 아니기 때문이다. 그래서 우리는 더더욱 교회가 가진 신비와 유익과 영광과 권능을 바라본다.

나는 여기서 묻고 싶다. 원로목사는 자신이 목회하던 교회에 나가야 하는가? 한국교회는 둘로 나뉜다. 나가는 사람과 나가지 않는 사람이 그것이다. 심지어는 있던 교회와는 원수가 되어야 한다는 말도 들었다.

원로목사는 후임자의 부담이 되기 때문에 나가지 말아야 한다는 주장도 있다. 그렇다면 원로목사는 교회를 떠나 어디로 가야 하는가? 스스로가 택할 문제이다. 그 마음과 머리에 있는 교회론이 어떠냐에 따라 선택은 달라질 것이다. 그리스도의 몸인 교회에 자신을 두든지, 아니면 교회로부터 자신을 소외시켜 그리스도의 몸 됨을 그만두든지.

2) 마음 둘 곳

마틴 루터 킹은 당시 교회의 현재와 미래를 조밀하게 보았던 사람이다. 그는 정말 교회를 생각했고 사랑했고 마음에 두었고, 마음을 교회에 두었다. 그래서 그는 교회를 두고 운 사람이다. 교회에 대한 그의 깊은 사랑은 교회가 주는 깊은 실망이 되었다. 깊은 사랑이 없으면 깊은 실망 또한 없는 것이다. 그의 아버지도 그의 할아버지도 목사였다. 그래서 그는 교회를 사랑할 수밖에 없는 사람이라고 스스로 말한다. 그러나 그가 경험한 교회는 초대 교회가 가진 희생적인 사랑을 갖지 않았다. 초대 교회 교인들은 사람보다는 하나님의 정의에 복종했다. 적은 숫자로 위대한 참여, 그것이 그들의 정체성이었다. 현재 교회가 이런 교회 정체성을 저버린다면 교회는 권위를 잃고 버림 당하며, 결국은 무용지물이 되어 하나의 클럽 정도로 해체되고 말 것으로 그는 보았다. 그래서 울었던 것이다.

교회에 마음을 두며 교회를 사랑하고 교회를 위해서 우는 것은 앞선 자의 사명 같은 것이다. 원로목사는 우리 시대 교회의 현실을 직시하고 교회의 미래를 내다보며 기도해야 한다. 왜 그런가? 교회의 존재 때문이다. 교회는 하나님의 교회이며, 그리스도의 몸이다. 교회는 인간의 타락과 죄 때문에 하나님이 만든 구원의 방주이다. 하나님의 종으로 살았던 우리는 세상을 구원하기 위해 있는 이 교회의 존재 이유를 저버리지 않아야 한다. 정말 세상에서 지금 가장 필요한 것은 살아 있는 교회이다. 모든 믿는 자의 사명은 살아 있는 교회를 세우고 교회를 통해 하나님이 뜻하신바 구원을 실현하는 것이다. 이 일이 중요하다는 사실을 인식한다면 우리는 마음을 교회에 둘 수밖에 없다.

바클레이는 교회의 특징을 몇 가지로 요약했는데, 그것은 유혹적인 가르침에 저항하는 힘, 병사의 규율, 그리스도께 뿌리를 내리고 그리스도의 생명을 가짐, 신앙을 굳게 잡고 감사를 넘치게 하는 것으로 요약된다. 정말 중요한 것이다. 그런데 그것은 저절로 되지 않는다. 상당 부분 우리가 마음을 거기에 두고 마음에서 발생하는 믿음으로 기도를 할 때 가능한 것이다. 교회를 위한 기도는 마음을 교회에 둠에서 진실해진다. 교회를 위한 기도는 교회에서 드리며, 교회는 만인의 기도하는 집이다. 마음이 교회로부터 떠난다면 기도 또한 점점 흐려지고 결국은 사라지게 될 것이다. 교회가 좋은 교회 되고, 교회가 세상에서 교회 역할을 제대로 하기 위해서는 모든 믿는 이가 마음을 교회에 두어야 한다. 원로목사 역시 지난 세월뿐 아니라 남은 세월도 교회의 한 구성원으로 마음을 교회에 두어야 한다.

교회는 우리의 보물이다. 하나님이 만들어 주신 보물이다. 생명이신 그리스도가 살아 역사하는 보물이다. 믿는 우리 형제자매 모두가 기뻐하며 누리는 보물이 교회이다. 그래서 이 보물에 대한 인식이 제대로 살아나면 우리는 마음을 교회에 두게 된다. 예수는 제자들에게 보물을 하늘에 쌓으라고 하셨다. 왜냐하면, 보물이기 때문이다. 교회가 우리의 보물일 때 우리가 교회를 하늘에 두는 것이 아닌, 교회가 우리를 하늘에 있게 한다. 그래서 세상의 보물과는 비교할 수 없는 보물이 교회이다. 우리는 교회에 마음을 두는 것이 타당하다. "네 보물 있는 그 곳에는 네 마음도 있느니라"(마 6:21).

현금의 교회는 스스로 값싸게 행동하는 경향을 가졌다. 이유인즉, 문턱을 낮추어 사람들이 들어오게 하여 부흥을 이루는 것이 교회의 살길이란다. 그러나 교회가 값싸게 행동하면 그럴수록 사람들은 교회를 외면한다. 결국, 사람은 더 적게 출석하게 되고 교회는 문을 닫게 될 것이다. 왜 그런가? 그것은 교회를 모르는 처사이고, 교회가 교회 됨을 스스로 포기한 것이기 때문이다. 이러한 교회의 호소는 자신이 살기 위해 사람에게 호소하는 것이다. 그 호소는 희생적인 사람들에게가 아니라 이기적인 사람들에게로 향한다. 물론 사람이 교회로 들어오면 성령의 역사로 변화를 받아 새사람이 되기도 한다. 그럴지라도 교회는 사람 상대의 노력보다 하나님께 기도함이 그 일상이어야 한다. 교회는 보배롭고 존귀하다. 하나님이 죄인을 위해 깨뜨리신 그리스도의 몸이며, 우리가 세상의 가난하고 병들고 약한 사람, 또한 죄인을 상대로 깨뜨려 섬겨야 할 그리스도의 몸인 것이다.

교회는 하나님이 집이다. 물론 이런 말에 선뜻 동의 못 할 사람들이 있다는 것도 안다. 그럼에도 교회는 하나님이 거하시는 그의 집이라고 나는 믿는다(딤전 3:15). 하나님은 하늘에도 계시지만 교회에도 계신다. 그래서 우리는 교회 없이는 구원도 없다는 것을 말할 수 있다. 그렇다면 죄인에게는 교회가 바로 자신의 마음에 둘 보배이고 자신의 마음 역시 교회에 두어야 한다는 것을 안다. 그래서 출교는 곧 저주였다. 교회라는 하나님의 집을 떠나면 사실 갈 곳 없어지는 자가 우리 아니겠는가?

우리가 지상에서 경험하는 교회는 약하다. 교회는 더러 악하고 거짓되고 더럽다. 하나님의 역사보다 인간적인 권위주의나 교조주의가 있으며, 어떤 사람들의 자기 정신과 이념을 실현하는 도구가 되기도 한다. 지극히 인간적이고 죄적인 게토에 갇힌 느낌이 들기도 한다. 못된 인간성이 상처를 남기는 곳, 하나님을 말할 수 없는 더러운 입과 행실이 집약되어 나타나는 곳이기도 하다. 세상에서 가장 악한 사람이, 예수를 구주로 믿는 사람들의 모임인 교회에 있는 것도 경험한다. 이것이 사실 원로목사로서의 우리들의 이야기가 아닌가? 그래서 교회라면 정이 떨어진다는 사람도 봤다. 그럼에도 불구하고 우리는 눈을 바로 떠야 한다. 하나님과 그리스도에 대해, 그리고 믿음에 대해 눈을 떠야 한다. 그러면 그 무가치하게 보이는 교회가 하나님을 모시고 그의 말씀을 가진 상아 궁전임을 알게 될 것이다.

우리는 지상 교회에서 교회의 완전성을 읽지 않는다. 성경 역시 그렇게 말한다. 알곡이 있는 곳에 가라지가 있다고 한다. 교회 역시 그렇다. 지상 교회는 알곡과 가라지, 양과 염소, 참 교인과 거짓 교인이 공존하는 곳이다. 심지어는 마귀까지 들어와 역사하는 곳이 교회이기도 하다. 그럼에도 주님은 가라지를 뽑지 못하게 하셨다. 때가 되면 주님이 뽑으신다는 것이다. 농부는 잡초나 가라지가 있어도 농사를 짓는다. 잡초 때문에 농사를 포기한다면 옳은 농부는 아니다. 하나님 역시 그렇다. 가라지가 있어도, 심지어는 악인이 있어도, 하나님은 교회를 통해 사람을 구원하시기를 세상 끝 날까지 하신다. 하나님은 완전한 교회를 세워 사람을 구원하지 않고, 결함 있는 교회를 통해 결함 있는 사람들을 구원하신다. 그래서 우리는 이 결함을 함께 보며 교회를 통해 이루실 하나님의 목적지로 향해야 한다.

우리가 왜 교회를 싫어하는가? 불완전성 때문이다. 그런데 왜 우리는 교회를 좋아해야 하는가? 바로 교회의 불완전성 때문이다. 하나님은 죄인을 사랑하신다. 바로 그것 때문에 나는 구원을 내다본다. 나는 신학교에 다닐 때 새벽기도회에서 주님을 만났다. 주님은 나의 모습을 보여 주셨다. 스스로는 도덕성이 비교적 좋았다고 생각했다. 그러나 주님이 보여 주신 나의 모습은 죄로 병든 나병 환자였다. 온몸은 망가져 진물이 흘러내렸다. 그때 나는 많이 울었다. 그때부터 나는 죄인이 좋고, 허물 많은 교회 역시 좋았다. 왜냐하면, 나 역시 죄인이기 때문이다. 그래서 나는 내가 가는 교회마다, 내가 만나는 사람마다 약간씩 결함이 보였지만, 사실 그래서 좋았다. 죄가 없는 완전한 교회가 아닌, 문제가 있는 그런 교회를 하나님은 하나님의 집이라 하셔서 그렇다. 그래서 마음을 교회에 둠이 행복인 것이다.

3) 공동체의 신비

교회는 구약에서는 카할, 신약에서는 에클레시아라 한다. 이 말은 하나님이 뜻하신 사람들을 세상에서 불러내어 모아 놓은 모임에 대한 지칭이다. 그래서 명확한 것은 교회는 곧 사람이요 사람들의 모임으로서의 공동체이다. 그 사람이 어떤 사람인가에 대한 것은 모인 사람이나 인간이 결정할 바 아니다. 전적으로 하나님의 뜻과 그의 결정에 의한 것이다. 부르신 분은 하나님이시다. 모으신 분도 하나님이시다. 바로 그 모임에는 하나님의 거룩하고도 신비한 품성이 들어 있다. 하나님의 개입이 곧 신비의 차원이란 것이다.

교회는 옛 이스라엘에서 보는 바 시내 산 앞에, 곧 말씀 앞에 모인 모임이다. 하나님과 그의 말씀이 없으면 모임 또한 없다. 현실적으로 하나님의 말씀이 없다면 모일 이유도 없다. 교회는 철저히 하나님의 말씀 앞에, 말씀 아래, 말씀을 위하여 있는 하나님의 백성 공동체이다. 하나님의 말씀이 교회의 생명이고 동시에 교회를 규정한다. 교회는 하나님의 말씀을 떠날 수 없고 하나님의 말씀에 반하여 존재할 수 없다. 왜냐하면, 교회는 말씀 공동체이기 때문이다. 따라서 교회를 위하여 일하는 사람은 모두 하나님의 말씀을 이루는 차원이어야 한다. 이 점은 바울에게도 예외가 아니었다. "내가 교회의 일꾼 된 것은 하나님이 너희를 위하여 내게 주신 직분을 따라 하나님의 말씀을 이루려 함이니라"(골 1:25).

모임으로서의 교회의 모습은 오순절 마가 요한의 다락방에서 더 명료해진다. 그 모임은 다시 오실 그리스도를 향한 모임, 약속하신 성령을 기다리는 모임, 함께 기도하는 모임이었다(행 1:14). 오순절 날이 이르매 그들은 다 성령 충만함을 받았다(행 2:4). 그뿐만 아니라 베드로는 열한 사도와 함께 서서 소리 높여 설교하였다. 여기서 명료해지는 것은 교회는 성령의 공동체란 것이다. 다른 말로 성령의 능력 안에 있는 공동체란 것이다. 이때 이후로 교회는 역사와 인간을 상대로 하나님의 영인 성령이 역사하는 공동체가 되었다. 지금도 교회를 교회 되게 하는 것, 교회의 영적 온도를 정상으로 유지하는 것은 바로 성령의 역사에 있다. 성령은 한 개인에 대해서도 역사하지만, 공동체에서, 공동체를 통하여 심오한 의미와 신비한 능력을 행한다고 보아야 한다.

교회는 최소한 두세 사람은 모여야 한다. "두세 사람이 내 이름으로 모인 곳에는 나도 그들 중에 있느니라"(마 18:20). 한 사람은 아니다. 최소한의 단위지만 일단 공동체가 되어야 교회가 되는 것이다. 왜 그런가? 교회가 가진 교육이나 예배나 섬김은 사실 개인보다 공동체 행위이기 때문이다. 에클레시아는 어디서나 개인보다는 예수를 믿는 사람 전체로서의 의미를 가진다. 따라서 우리는 개인을 교회로 여긴다거나 개인이 교회를 좌지우지하는 것을 좋게 보지 않는다. 원로목사 역시 교회 전체 안에 속하고, 공동체 안에 속하는 영적, 정서적 안전을 따르고 누리는 것이 중요하다.

교회가 공동체를 나타낼 때 사용하는 가장 중요한 유비는 몸이다. 교회는 그리스도의 몸이다. 몸은 신체 한 기관에 대한 표현이 아니다. 신체의 모든 기관과 기능의 합이 몸인 것이다. 그리스도의 몸이란 표현은 그리스도와 연합되었다는 것이다. 그것은 그리스도와 밀접한 교제요 교회를 구성하는 각 구성원과의 밀접한 교제이다. 그래서 이루는 것은 하나님의 백성 됨의 온전한 일치성이다. 몸은 사실 각 지체 자체로는 의미가 크지 않다. 그 각 지체의 합이 몸을 이루며 몸 안에 있을 때 지체는 가치를 가진다. 지체 하나가 몸으로부터 분리되면 그것은 죽음이고 버려진다. 이 점에서는 그리스도인이나 원로목사가 동일하다. 사람은 전체 공동체로부터 분리되어 자기 가치를 주장할 수 없다는 것이 교회의 진리이다.

세상에서의 교회의 위치는 곧 고난이다. 교회는 스스로를 고난의 자리에 둔다. 교회가 세상에서 영광의 자리를 지향함은 과거 교회 역사가 보여 주는 바대로 교회의 타락이다. 교회는 예수를 모셨다. 그리스도가 계신 곳에 교회가 있다. 항상 그리스도와 함께, 믿는 이와 함께 교회는 존재한다. 그때 교회가 보일 것은 십자가 정신과 십자가 삶이다. 그래서 교회는 항상 고난 가운데 있다. 하나님 부재에서 오는 고난과 그 현장에 교회가 있어 하나님 없는 자들의 십자가를 진다. 그리스도는 언제나 가난하고 짓밟히고 억울하고 억눌린 사람, 또한 죄인과 함께 계셨다. 그리스도와 함께 죄인의 자리에 존재하는 것이 교회의 위치이다. 이 점에서 우리는 자신을 낮추어 고난을 받을 능력을 갖춤이 교회가 주는 신비가 될 것이다.

교회는 그리스도의 몸이지만 동시에 그의 종이다. 고난받는 종이다. 십자가를 지고 있어야 한다. 예수는 세상에 오실 때 종으로 오셨다. 종으로 오셔서 죄인들 가운데 에스케노센, 즉 장막을 치고 사셨다(요 1:14). 영광의 자리가 아닌 치욕의 자리이다. 하나님의 아들이시지만 고난받는 종으로 오셨고, 자신의 목숨을 대속물로 주려 오셨다. 다른 말로 그는 사실 십자가에 달려 죽기 위해 오셨다. 그 죽음은 그가 인간과 세상을 섬긴 최상의 행위이셨다. 그래서 지금도 교회는 그 십자가의 가치를 복음으로 받는다. 십자가의 죽음과 그로 인한 구원을 복음으로 받는 교회는 고난을 자신에게서 떼어 낼 고통으로 보지 않는다. 힘들지만 당연히 져야 할 공동체의 가치로 알아, 교회가 힘들 때, 또 힘든 사람이 있을 때 자기 어깨를 바치는 것이다.

교회의 중심성이 그리스도이기 때문에 교회는 예수 그리스도를 주로 시인하는 모든 사람들을 포함하는 공동체이다. 그래서 교회는 그리스도를 따라가는 순례자 모임이다. 교회의 주권은 하나님께 있다. 그 주권은 그리스도를 통해 나타난다. 교회의 지도자는 이 질서를 지켜야 한다. 인간 중 그 누구도 교회의 주권과 주도성을 무리하게 강탈해 소유해서는 안 된다. 오직 교회가 사는 길은 그리스도 중심적 교제에 있다. 그리스도와 함께 하나님과 교제하고, 그리스도와 함께 이웃과 교제함이 교회란 공동체가 가질 자기 정체성이다.

한 걸음 더 나아가 교회는 섬기는 공동체이다. 처음 2세기와 3세기 교회는 심한 박해로 수난 받는 교회였다. 그럼에도 불구하고 그때 교회는 교회 안팎의 불행한 사람들을 사랑으로 섬기고 돌보아 주었다. 교회는 명확히 자선단체는 아니다. 자선단체는 아니면서 자선단체보다 더 주고 섬기는 전통을 가진 공동체이다. 이런 측면에서 교회는 자신이 살려고 힘쓰지 않았고 자신이 죽어 다른 사람을 살리는 그리스도의 몸으로서의 공동체였다. 그때 교회는 가난한 자와 부자가 한 몸처럼 지냈다. 부한 자는 물질로 가난한 자들을 섬겼고 가난한 자는 기도로 부한 자들을 섬겼다. 물론 초기 교회 규모는 작았지만, 그 가치 실현을 놓고 볼 때 건강한 공동체였다고 하겠다. 이와 같이 교회를 건강하게 세워 감에 있어 원로목사가 더 비중 있게 중심을 잡아 감이 어떨까?

생명은 공동체의 것이고 공동체가 함께 누린다. 공동체를 떠나면 생명이 없다. 사랑은 공동체의 사명이고 공동체 안에서 누린다. 공동체를 떠나면 사랑은 없다. 사람됨은 공동체의 것이고 공동체와 함께 누린다. 공동체를 떠나면 인품이 초라해지는 것이 사람이다. 교회가 공동체이며 교회는 하늘의 공동체이다. 하나님이 세운 구원 공동체이며 그리스도가 머리인 생명 공동체이다. 그 안에 나타난 신비는 우리가 측량할 수 없다.

교회가 공동체라면 예수 그리스도를 믿는 이에게 나타나는 개인주의나 이기주의는 신앙의 변형이나 기형 이상이 아니다. 자기가 중심이 될 때 거기에는 그리스도도 이웃도 부차적이 되는 것이다. 이런 가치관의 합이 교회일 수는 없다. 교회 공동체는 모임이기는 하지만 그리스도 중심, 말씀 중심의 하나님의 백성으로 사는 사람들의 모임이다. 따라서 주님의 부르심에 의해 그의 몸인 교회 공동체 생활을 잘 하려면 자신을 어디에 두어야 할지를 알아야 한다. 공동체의 최상의 적은 자신만을 아는 이기성이다. 이는 누구에게나 그렇다. 원로 목사라 해도 그가 자신만 안다면 공동체를 이룰 사회성이 부족한 상태로 읽어야 한다.

4) 하나님이 뜻하신 어머니

칼뱅의 기독교강요에는 교회에 대한 한 특징적 표현이 있다. 그것은 어머니 개념이다. 그는 교회의 필요성을 그런 맥락에서 정의했다. 핵심은 하나님이 아버지가 되는 사람에게는 교회가 어머니가 되어야 한다는 주장이다. 전에 싸이프리안은 "교회를 어머니로 모시지 않으면 하나님을 아버지로 모실 수 없다"고 했다. 이 둘은 사실 같은 의미이다. 우리가 하나님을 아버지로 부르려면 교회를 어머니로 불러야 함은 당위이다. 나는 어릴 때 하나님을 아버지로 배우면서 아버지가 있으려면 어머니가 있어야 하는데 어머니는 누구이고 어머니는 어디 있는가 생각했던 일이 있다. 신학을 공부하며 기독교강요를 읽고 배우면서 교회가 어머니임을 알게 되었다. 그러고는 칼뱅이 말하는 교회의 어머니 개념을 우리 교회 개척 시부터 실현하려 했던 것이 지금 생각난다.

어머니는 사람마다 정서상 차이를 가지겠지만, 명확한 것은 모성애 경험이다. 모성애는 우리 육신과 정신의 고향 같은 것이다. 그 따뜻함, 그 애틋함, 그 헌신적인 사랑, 그 넓은 용서의 품, 그 교육의 지극함을 우리는 모성애에서 경험한다. 우리는 우리의 앉고 섬을, 그리고 먹고 마심을, 그리고 걷고 뜀을 어머니로부터 배웠다. 어머니로부터 공급되는 양식으로 자신의 몸과 마음을 이루었고 어머니의 목소리를 따라 오늘의 길을 찾았다. 이런 점에서 우리는 나이가 들어도 어머니에 대한 향수가 줄곧 작용함을 느낀다.

교회가 신자의 어머니라 할 때, 먼저 교회는 우리를 낳았다는 점을 인식해야 한다. 물론 칼뱅은 이 점에 대해 체계적인 논점을 갖지 않는다. 그러나 교회가 없으면 믿는 자가 어떻게 존재할까? 하나님이 부르시고 그리스도 안에서 거듭나게 하시지만 교회가 없으면 그것이 어떻게 성립될까? 세상에 교회가 하나도 없다면, 하나님이 교회를 아예 세우지 않으셨으면, 그리스도는 어디에 있고 하나님의 뜻은 어떻게 실현될까? 마치 아들이 아버지와 어머니 사이에 있는 것처럼 하나님은 교회와의 관계에서 그의 자녀들을 두어 교회를 어머니 삼게 하신 것이다. 그렇다면 자신의 모 교회뿐 아니라 모든 교회는 자신에게 있어 어머니란 점을 마음에 새김이 교회에 대한 이해를 더 온전케

할 것이다.

교회는 우리에게 양육하는 어머니이다. 양육의 핵심은 어머니의 역할 아닐까? 어머니 없이도 양육되는 일이 세상에 있지만, 그것도 어머니의 역할을 하는 누군가의 수고로 양육은 일어난다고 보아야 한다. 하나님의 섭리 가운데 구원받고 구주를 믿는 우리에게 필요한 것은 믿음을 키우는 것이다. 그리스도인이 그 목적지까지 감에는 무지하고 태만한 상태로는 불가능하다. 그래서 하나님은 외적인 도움을 위해 교회란 어머니를 두셨다. 하나님은 목사와 교사를 교회에 두셨고 그들의 입을 통해 자기 백성을 가르치신다. 이유는 어머니의 역할이다. 우리는 하나님의 백성이나 하나님으로부터 멀리 있다. 이런 우리에게 하나님은 어머니를 세우셨다. 하나님은 육신의 감옥에 갇힌 우리에게 교회의 가르침을 통해 합당한 방법으로 자신에게 접근하는 길을 내신 것이다.

하나님은 그의 사람들을 교회란 어머니의 품속에 모으시기를 원하신다. 어린아이는 어머니의 도움과 공급과 돌봄으로 양육 받아야 한다. 자녀는 어머니와 같은 교회의 보호를 받아야 한다. 우리는 교회란 어머니의 품이 절대 필요한 하나님의 아이들이다. 어린 그리스도인이 지도를 받아 성인이 되어 믿음의 목적지에 도달하게 하심이 하나님의 뜻이다. 그래서 하나님은 그의 자녀들을 어머니의 품속에 모으신다. 교회는 모임이다. 교회는 어머니이다. 그리스도인은 그 품에 있는 사람들이다. 거기서 우리는 젖도 단단한 식물도 취한다. 교회 공동체는 그리스도의 몸이다. 따라서 믿는 자가 어머니의 품인 교회를 멸시하거나 무시하는 것보다 자신에게 더 큰 어리석음은 없다. 현금의 교회를 보면 교회를 가벼이 여기며 교회라는 어머니를 이탈하는 신앙 습성을 가진 사람들이 많다. 그들은 교회의 말씀을 멸시하고 공동체를 떠나 여기저기 돌아다니는 특성을 가졌다. 이런 자들에 대한 칼뱅의 교훈은 한 마디로 '굶어 죽어도 싸다'는 것이다.

교회라는 어머니는 학교와 같다. 교회는 영적 배움의 핵심 장이다. 교회가 가진 교육은 한없이 깊고 깊은 사랑과 은혜의 세계이다. 믿는 이는 교회로부터 계속 배우지 않는다면 결코 생명으로 들어갈 수 없고, 하나님께 이를 수 없다. 그래서 허물 많고 연약한 우리는 교회에서 배우는 자로 지내는 동안 이 학교를 떠나는 허락을 받을 수 없다. 또한, 교회란 어머니의 품을 떠나서는 죄 용서나 구원을 받을 수 없다. 이는 교회를 떠나면 하나님께 이를 수 없다는 것이고 구원과 영생도 교회를 떠나면 없다는 것이다. 우리가 지금 이해하는 교회 이해보다 칼뱅의 이해가 얼마나 철저한가? 그리스도인들이나 원로목사가 이런 교회의 가치와 역할에 대한 이해와 삶이, 보다 새롭고 확실해야 되지 않겠는가.

교회는 은혜의 통로라는 말이 있다. 그것 역시 어머니의 역할이다. 교회는 먹을 양식으로서의 말씀이 있어 어머니의 역할이 나오고, 은혜는 바로 그 말씀으로부터 온다. 우리가 보통 은혜의 수단을 말할 때 말씀과 성찬을 말한다. 하나 더 말하라면 우리 개혁교회는 기도를 말한다. 이 모두가 가장 온전하게 나타나고 실행되는 곳이 교회이다. 교회에서 일어나는 예배는 그리스도가 중심이다. 그리스도 중심성의 예배는 그 가장 깊은 곳에 성찬을 둔다. 그것은 그리스도와 그의 십자가 사건에 대한 아남네시스이다. 바로 거기에 하나님께 대한 큰 감사와 성령의 임재, 그리고 일어나는 성도의 교제, 그리고 기대되는 천국에서의 신인공동식사가 공표된다. 이 모두는 믿는 이의 어머니인 교회가 가진 예배에 있으며 교회를 떠나서는 경험되지 않고 교회를 통해 나타나는 은혜이다.

우리는 믿음으로 구원을 받는다. 그 믿음은 들음에서 난다(롬 10:17). 그 믿음의 들음은 교회가 가진 하나님의 말씀 들음을 가리킨다. 그 말씀의 핵심에 그리스도가 계신다. 따라서 하나님은 교회에 교사와 목사를 두셨다. 하늘 교리를 전파하라고 세우신 것이다. 많은 사람이 바로 이 사실에 거쳐 넘어진다. 왜냐하면, 하나님이 세우신 목사나 교사는 죄와 허물이 있기 때문이다. 그래서 사람은 그들의 말을 듣지 않으려 한다. 여기서 우리가 알아야 할 것이 있다. 하나님은 무한히 귀한 보물을 질그릇인 우리에게 주신다는 것을 우리에게 알리시고자 사람을 쓰신다. 하나님은 당신의 말씀을 위해 천사가 아닌 사람을 택하셨다. 우리가 사람인 목사의 말을 하나님 자신의 말씀같이 들을 때 그것을 수단으로 하나님은 우리의 순종을 시험하신다고 칼뱅은 말한다. 하나님이 인간에게 주신 선물 가운데 사람의 입과 혀를 성별하셔서 자신의 음성을 들리게 하셨다는 것은 특별한 은혜이다. 따라서 원로목사도 이제는 들어야 한다. 전에는 전했으나 이제는 하나님이 택하여 쓰시는 목사, 곧 설교자를 통해 하나님의 음성을 듣는 행위에 둔하지 않아야 한다.

코로나 관계로 한국교회는 큰 상처를 입었다. 현장 예배가 중단되었던 점은 지금 아픔이 되고 있다. 지금도 돌아오지 않는 교인들이 있으며, 은퇴하신 분들이나 심지어 원로목사까지도 자신의 편의를 따라 집에서 방송 매체와 함께 예배드리는 분들이 있다 한다. 그것은 아니다. 교회로 와야 한다. 교회는 벌써 싫어졌고, 거리가 있어 발걸음이 어렵다는 사람도 있다. 그러면서 주장하는 것은 무형 교회 이론이다. 참 교회는 보이지 않는 교회라는 것이다. 교회는 유형 교회와 무형 교회로 구분되는 것은 사실이다. 그러나 그것이 자의적으로 자기 편리의 도구가 되어서는 안 된다. 성경이 말하는 모든 교회는 무형 교회 이전에 유형 교회이다. 무형 교회 없는 유형 교회는 있어도 유형 교회 없는 무형 교회는 없다. 그것은 마치 몸과 영혼의 관계다. 영혼 없는 몸(약 2:26)은 있어도 몸 없는 영혼은 없다. 교회 예배에 출석하지 않는 이유로 무형 교회를 말함은 이치에 맞지 않은 어리석음이다. 영혼 없는 몸보다 몸 없는 영혼을 말하는 것은 하나의 개그 아니겠는가?

원로목사는 교회를 섬기며 여기까지 왔다. 그러나 더러는 교회로부터 배척을 받는다. 십자가는 여전히 현재적이고, 삶의 척박함은 여전히 진행형이다. 더러는 평안이 없다. 결핍과 육체적 아픔, 그리고 정신적 고통은 조금도 감해지지 않았다. 이런 오늘을 어찌해야 하는가? 나는 오직 예수, 그래도 교회를 통해 다가오시는 예수를 바라보아야 한다고 본다. 세상의 아픔은 우리로 하여금 세상을 떠나기 쉽게 해 준다. 조금 더 걸으면 우리의 목적지가 있다. 하나님을 아버지로 믿는 우리의 어머니인 교회 공동체 안에서, 그리스도의 몸과 함께 가야 한다. 끝까지 교회로부터 오는 은혜와 보호를 받아야 한다. 우리의 마음 둘 곳은 그리스도이고, 그의 몸인 교회임이 믿는 자의 당위가 아니겠는가?

10. 긍정

　사람은 항상 긍정과 부정의 기로에 선다. 그래서 삶은 항상 선택이다. 그 선택의 색깔이 부정과 긍정으로 갈린다. 긍정과 부정이 공존하는 세상이지만, 그런 상황에 있는 사람이 그 정신세계를 긍정으로 바꾸면 세상은 긍정이 되고 부정으로 두면 자신의 세상은 부정이 된다. 긍정과 부정은 자신에 대한, 자신의 삶에 대한 그의 자세이다. 동시에 그것은 자신이 가진 마음과 정신의 상태인 것이다.
　사람의 눈은 두 눈이다. 눈이 두 개 있는 것도 사실이나 둘로 보는 것도 사실이다. 긍정을 보는 눈이 있는가 하면 부정을 보는 눈이 있다. 눈은 무엇을 보는가에 따라 그 보는 것을 끌어들인다. 그리고 그 본 것에 영향을 받아 자신에게 긍정을 쌓기도 하고 부정을 쌓기도 한다. 극히 부정적인 사람은 그가 보는 것이 그렇고 그가 생각하는 것이 그렇다는 것이다. 동시에 힘든 상황에서도 극히 긍정적인 사람은 그가 보고 생각하는 모든 것에 긍정의 힘과 긍정의 정신이 작용하고 있다는 것이다.

사람이나 세상은 꼭 좋을 수만은 없다. 심지어는 교회도 그렇다. 왜냐하면, 교회도 사람들의 모임인 측면이 있기 때문이다. 또 하나는 자신 역시 좋지만은 않기 때문이다. 자신에게도 문제가 있고 자신에게도 죄와 악이 서식한다. 마귀는 너무나 자주 우리 마음 문 앞에 선다. 그래서 우리를 나쁘게 만들고 아프고 슬프게 만들어 의미를 지우려 한다. 그래서 사람인즉 그 누구도, 세상인즉 그 어디도 좋은 것만 있을 수는 없다는 것이다.

좋은 것에서 좋은 것을 보고 나쁜 것에서 나쁜 것을 보는 것은 사람의 무능이다. 그것은 영적 시력, 가치관의 시력이 썩 나쁜 상태이다. 만약 그렇게 된다면 세상에는 나쁜 것이 대부분이어서 사람은 부정적으로 그 존재가 경도된다. 진정한 긍정은 긍정을 보는 능력이고 긍정을 만들어 내는 능력이다. 좋은 것에서도, 나쁜 것에서도, 좋은 것을 읽고 좋은 것을 형성하는 능력이 긍정의 능력이다. 눈도 인식도 만물이나 인간에 대한 가치와 의미의 재구성, 바로 그 힘이 있어야 한다. 따라서 긍정은 세상이나 타자의 문제가 아닌 바로 자신의 문제이다. 부정적 사람이 된다는 것은 자신에 대한 어리석음과 무능 이상이 아니다.

세상에는 부정해야 할 것들이 많다. 세상과 마귀에 대해, 그리고 자신과 자신의 욕심에 대해, 또 죄와 악에 대해 부정해야 한다. 왜냐하면, 그런 것들은 하나님의 심판에 직면해 있기 때문이다. 하나님이 심판하시는 것은 장차 그의 세계에 존재할 수 없다. 하나님이 부정하는 것은 부정해야 한다. 하나님의 말씀에 충돌함은 자신을 하나님의 심판에 스스로 맡김이다. 이런 부정에 대한 부정이 참으로 긍정이다. 부정의 긍정은 부정이기 때문이다. 다른 말로 긍정적이 된다는 것은 무엇이나 긍정한다는 말이 아니라는 것이다. 진정한 긍정은 구분 속의 긍정이고 진정한 부정도 구분 속의 부정이다.

원로목사인 우리는 지금 죽음까지의 거리가 다른 사람보다 짧아졌다. 자신을 잘못 관리하면 하나님 앞에 부정투성이가 된다. 하나님 앞에 yes가 되도록 하나님께 대해, 사람에 대해 자기 관리를 해야 한다. 항상 긍정으로 빛나게 자신을 갈고닦아야 한다. 만약 우리가 하나님께 대해서도 no, 사람에 대해서도 no, 세상에 대해서도 no가 전부라면 우리는 세상에 왜 사는가? 모든 것에서 yes를 읽고 만들고 살아 내는 성숙함이 지금 필요한 과제이다. 참된 긍정은 우리를 그리스도께로 인도해 준다.

부정은 뒤집으면 긍정이다. no의 반대가 yes이다. 이 뒤집기를 잘 해야 인생의 황혼이 황금 길이 되는 것 아닐까? 나쁜 환경과 그런 처지에 우리가 있지만 여기서 하나님의 나라 그 영광을 내다본다는 것은 우리의 판단 안에 있는 하나님의 지혜이다. 현상이 우리를 지배하는 것이 아닌 의미가 우리를 이끌도록 자신을 지켜야 한다. 그것이 바로 좁은 길을 걸으며 밤낮 기뻐하는 신앙생활 아니겠는가.

1) 성경이 가르친 긍정, 하나님의 자녀

사람은 사실 타락으로 인해 그 존재의 가치를 상실했다. 타락 이후 사람은 생명이 아닌 죽음 자체였다. 사람은 생명의 주님을 떠나 죄와 마귀의 종이었다. 죄의 종으로 사망에 이르는 것이 사람의 운명이었다(롬 6:16). 죄는 어떤 것도 긍정이 아니다. 죽음 역시 그렇다. 그렇다면 사람은 전적 부정 그 자체였다. 이런 사람에게는 어떤 긍정도 말할 수 없다. 하나님이 부정하신 곳에서 긍정을 말하는 것은 악마적 인본주의 이상이 못 된다.

그런데 하나님은 사람에게 말씀하셨다. 선지자들의 입을 쓰셨다. 소망 없는 죽음의 자리에 하나님의 말씀이 온다는 것은 그 자체가 소망이었다. 생명의 하나님의, 죽음의 세계에 대한 개입이다. 부정에 긍정이 와서 마주함이다. 하나님의 말씀은 죄인에게 있어 절대 기회이다. 신약에는 말씀이신 그리스도의 오심이 있다. 그리고 약속의 성취로서의 구원의 말씀이 울려 퍼진다. 하나님은 인간을 부정에서 긍정으로, 죽음에서 생명으로 재창조하시겠다는 것이다. 성경은 그것을 인간에 대한 진리로 공표한다.

그리스도는 우리의 긍정이다. 그는 우리의 진정한 yes이다. "너희 가운데 전파된 하나님의 아들 예수 그리스도는 예 하고 아니라 함이 되지 아니하셨으니 그에게는 예만 되었느니라"(고후 1:19). 바로 그 그리스도 안에 우리의 신생이 있다. no가 yes로 바뀐 인생의 새 지평이 온다. 그래서 우리의 긍정은 그리스도 안에서 완성된다고 하겠다. 인간에게 긍정의 기회로 주신 하나님의 말씀, 그 모두가 그로 말미암아 아멘이 된다. "하나님의 약속은 얼마든지 그리스도 안에서 예가 되니 그런즉 그로 말미암아 우리가 아멘 하여 하나님께 영광을 돌리게 되느니라"(고후 1:20).

예수 그리스도는 죄와 죽음의 사람을 받아들이신 분이셨다. 그는 세리와 창기를 부르셨다. 죽음에 내몰린 가난한 사람이나 병자를, 그리고 귀신들린 사람까지 받아들이셨다. 모든 죄는 예수 안에서 정화된다. 그는 죄인을 위해 세상에 오신 분이시다. 그의 용서는 사람에게 생명이었고, 그것은 참으로 하나님의 yes를 가져왔다. 그가 세상에서 하신 일은 하나님 나라의 일이셨다. 그는 하나님의 나라를 가져오셨으며, 하나님 나라 가치를 사람 상대로 실천하셨다. 그래서 성경은 그를 세상에 빛을 가져오신 분으로 가르친다. "나는 세상의 빛이니 나를 따르는 자는 어둠에 다니지 아니하고 생명의 빛을 얻으리라"(요 8:12).

사람은 하나님을 긍정하지 못한다. 그래서 하나님을 믿지 않는다. 그러나 하나님은 그리스도 안에서 사람을 긍정한다. 죄인을 긍정하신 하나님이시다. 그의 아들 예수를 세상에 보내신 일은 세상에 대한 그의 사랑 때문이었다(요 3:16). 하나님의 긍정은 항상 사랑으로 표현되었다. 그리스도 안에 있는 하나님의 사랑은 우리에 대한 참된 긍정이다. 그의 사랑이 우리에게 닿아, 우리는 예수를 만나고 생명을 찾았으며 지금 영광의 주를 바라보고 있는 것이다. 그리스도 안에 나타난 하나님의 풍성한 긍휼과 사랑은 우리를 늘 새롭게 하는 긍정의 힘 그 자체이다.

예수 그리스도의 고난과 십자가 사건은 인간에 대한 하나님의 긍정이다. 인간을 부정하고 심판하여 버리셨다면 십자가는 불필요하다. 하나님은 죄를 이기셨다. 인간의 모든 악과 그가 전에 사용하던 구약적 제의까지 버리셨다. 아들을 세상 죄를 지고 가는 어린 양으로 삼아 인간을 살리신다. 하나님이 우리에 대해 됐다고 하신다. 그리스도가 십자가에 달리실 때 하나님은 인간 안에 있는 no를 완전히 yes

로 바꾸신 것이다. 그래서 구원을 향해 가는 모든 그리스도인들은 십자가 복음, 십자가의 능력을 찬양하며 가는 것이다.

참으로 우리에 대한 하나님의 긍정은 그리스도의 부활 안에 있다. 그리스도의 부활은 사망에 대한 생명 약속이다. 아니 그 약속에 대한 실증이다. 그리스도가 부활하신 것은 우리 부활의 확실성이다. 사망은 갔고 생명이 왔다. 어둠은 영원히 사라지고 빛의 세계를 맞았다. 세계도 성경도 끊임없이 부활을 담아내고 있다. 그것은 그리스도의 부활을 말하는 것이 확실하지만 동시에 그것은 우리에 대한 하나님의 긍정이다. 사람이 생각할 수 있는 최고 최상의 긍정이 부활이다. 이 부활과 함께 철저히 요구하는 하나님의 말씀은 믿음이다. 이 믿음 안에서 우리는 영원히 하나님의 yes가 된다.

그리스도를 믿는 우리 원로목사가 붙잡을 성경이 가르치는 긍정, 그 핵심은 하나님의 자녀 됨이다. 죽음의 사람이 생명의 사람 됨이다. 그리스도를 믿고 그리스도 안에서 가진 신분의 변화가 하나님의 자녀이다. 그리스도가 하나님의 아들이듯 그를 믿는 우리도 하나님의 아들이다. 이 사실은 하나님이 뜻하신 것이다. 그래서 그것은 우리의 참 긍정이고 우리 믿음은 참 권능이다. "그런즉 누구든지 그리스도 안에 있으면 새로운 피조물이라 이전 것은 지나갔으니 보라 새 것이 되었도다"(고후 5:17). 나는 이 말씀을 믿는다. 사실대로 믿는다. 내가 하나님의 자녀라는 것은 초라한 나를 영화롭게 만드는 하나님의 능력이라는 점과 내가 그 능력 안에 산다는 점이 실로 놀랍다.

하나님은 어디에 계시는가? 하나님은 하늘에 계시고 하나님은 성전에 계신다. 그러나 더 정확히는 그리스도가 계신 곳에 계신다.

우리는 그리스도를 믿고 있다. 그리스도의 사람이고 그리스도의 종으로 살았다. 그러나 은퇴한 지금은 상황이 달라졌다. 이 세상에 남은 것은 외로운 자신과 열악한 환경이다. 관계도 끊어졌고 사람은 떠나가고, 만남이나 전화조차 없다. 그래서 은퇴한 목사나 원로목사가 힘들어한다. 개중에는 머리 전체가 회색으로 바뀐 듯 어리둥절해져 있기도 하다. 그래서 자신에 대해 엄습하는 부정적 기운에 매여 하나님이 잘 보이지 않는 자리에 서기도 한다.

그래서 오늘도 우리는 성경을 따른다. 성경이 보잘것없는 나에 대해 긍정한다. 성경은 하나님이 나를 보배로이 보시고 내게 주신 보배로운 말씀이다. 하나님이 나를 살리셨으니 나는 오늘을 산다. 하나님의 뜻을 따라 매우 긍정적으로 즐겁게 산다. 하나님의 말씀을 듣는가? "항상 기뻐하라 쉬지 말고 기도하라 범사에 감사하라 이것이 그리스도 예수 안에서 너희를 향하신 하나님의 뜻이니라"(살전 5:16-18). 이 말씀을 우리는 새로 들어야 한다. 우리 영혼은 이 말씀을 먹어야 한다. 이 말씀은 원로목사에게 준 하나님의 말씀이며, 하나님의 자녀로 살아가는 그리스도인들에게 준 말씀이며, 구원받은 인간에 대한 하나님의 긍정이다. 힘들어도 기뻐하는 것은 하늘에 계신 하나님 아버지께서 우리를 두고 뜻하신 가치이다. 기쁨, 기도, 감사는 긍정의 성경적 표현 아닐까?

2) 스스로 지킬 자아

사람이 부정(否定)에 빠지면 곧 불행이 따른다. 반대로 긍정은 행복의 세계를 연다. 매사 부정적 인간이 되면 결국 자신과 자신의 삶을 파괴한다. 그러나 긍정적 사람은 자신을 살리고 빛으로 단장한다. 그래서 사람은 자신에 대해 책임을 져야 하며 자신은 자신이 지켜야 한다. 사람은 자신에 대해서 자기 마음대로 생각할 권리가 없다. 자신에 대해 자기 마음대로 생각하고 자기 마음대로 행동하는 것은 부정에 빠진 사람의 행태인 것이다.

우리가 하나님의 자녀라면 우리는 열등한 존재가 아니다. 자신을 열등하게 보고 자신에 대해 부정적인 생각이 든다면 그것은 자신에 빠진 것이다. 원로목사이든 교인이든, 그리스도인이라면 이미 자신을 자신 마음대로 해서는 안 된다. 왜냐하면, 자신은 이미 자신의 것이 아니기 때문이다. 그리스도인은 그리스도가 피로 사서 하나님께 드린 자이며, 정확히는 그리스도의 사람이다. "일찍이 죽임을 당하사 각 족속과 방언과 백성과 나라 가운데에서 사람들을 피로 사서 하나님께 드리시고"(계 5:9). 그래서 우리는 자신을 함부로 생각할 수 없다. 자기에 대한 이해와 판단이 자의적이어서는 안 된다는 것이다. 자기를 열등하게 보고 자신을 부정적인 생각으로부터 지키지 못하는 것은 한마디로 불법이기 때문이다.

자신에 대한 긍정은 창조 신학에서 나온다. 하나님은 천지를 창조하셨다. 우리 자신도 그가 창조하셨다. 우리 자신에게는 자기 창조와 천지 창조는 거의 맞먹는 개념이다. 창조는 하나님의 놀라운 자기표현이다. 그의 가치를 그의 피조물에 집어넣은 것이다. 하나님의 지혜와 아름다움과 생명과 능력이 그의 피조물에 담겼다. 나를 그렇게 만들었다. 그래서 나는 오직 하나이다. 하나님은 나를 다른 사람과 다르게 만드셨기 때문이다. 세상은 하나님이 나에 대한 존중과 배려의 가치를 담아 지으신 것이다. 나를 살게 하심이라는 것이다. 이 모든 것은 스스로 지킬 긍정이다. 우리 비록 보잘것없는 것이 사실이어도 그 근본에 있어 우리는 열등하지 않음을 깨달아야 한다. 잘못된 자기 부정은 하나님의 창조 신학에 대한 부정이 될 수도 있기 때문이다.

구속 신학은 자기 긍정의 중심축이다. 자신에 대한 긍정을 지키지 못하는 사람은 열등의식의 희생물이 되기 쉽다. 하나님께서 그리스도를 통하여 나를 구속하심은 하나님의 나에 대한 긍정이다. 내게 대한 그의 돌아서지 않으심이며, 버리지 않으심이다. 나에 대한 죽음을 생명으로 바꾸어 놓으심이다. 만약 구원받은 그리스도인이라 하면서 부정적인 생각과 부정적인 삶에 지배를 받고 있다면, 그는 스스로 그리스도께서 이루신 구원을 부인하고 있는 것이다. 하나님이 나를 구원하셨다면 그것은 나에 대한 하나님의 절대적 긍정이다. 그의 구원은 취소되지 않는다. 그의 구원은 완전한 구원이다. 그의 구원은 우리의 간증이요 죄인인 우리의 노래이다. 참으로 아름다운 노래는 구원의 노래이며, 참으로 자신에 대한 바른 긍정은 구원에 기인한다.

그리스도인의 믿음은 자아를 스스로 지켜 나가는 성질이 있다. 믿음은 그리스도를 믿는 것이고 십자가의 구속과 그의 부활을 믿는 것이다. 그런 그리스도 사건들이 자기 존재의 가치임을 믿는다. 그 결과 영광스러운 하나님의 나라에 갈 하나님의 자녀 됨을 믿는다. 그리고 믿음으로 사는 것이다. 이는 세상에서 발생하는 모든 두려움을 극복하는 길이다. 믿음은 하나님을 긍정하는 것이다. 믿음은 그리스도를 긍정하고 그를 믿는 자신 역시 바르게 긍정하는 것이다. 자기 긍정은 자신을 하나님 위로 올리는 행위를 말하는 것이 아니다. 이기주의나 자기중심주의를 말하자는 것이 아니다. 자신이 하나님의 자녀라는 사실을 믿고 사는 바름을 말하자는 것이다.

우리는 하나님의 종들이었다. 하나님의 부르심을 받고 응답하여 목사직을 수행했다. 이런 하나님의 부르심은 우리에 대한 하나님의 무한 긍정이다. 아무나 주의 종이 되는 것은 아니다. 우리가 자원한 것이 아닌, 하나님이 택하여 세우셨다. 원로목사인 우리는 스스로가 아닌 하나님이 우리를 긍정하는 곳에서 자신을 긍정해야 한다. 그래서 더욱 주를 의지하고 섬기는 가치를 대단한 긍지와 긍정적 정신으로 지켜 나가야 한다.

성경을 보면 부정적인 사람은 불신앙의 사람들로 정리된다. 왜냐하면, 부정적이 되면 하나님의 말씀에 대한 순종을 이루지 못하기 때문이다. 사람은 자기가 부정하는 곳에 자신을 두지 않는다. 그리스도와 그의 몸인 교회에 대해 부정적이 되는 사람은 자기 신앙과 자기 삶을 제대로 지키지 못한다. 왜냐하면, 그 가치를 스스로 멸하기 때문이다. 교회에 대해 부정적이면 교회의 가치를 소멸하고, 다른 사람에 대해 부정적이면 그 사람의 가치와 맞선다. 믿음이 없으면 하나님의 말씀인 성경에 대해서도 부정적이 된다. 그러면 자연 말씀에 대한 순종과 그 순종에 따르는 복과 유익은 사라지는 것이다.

그리고 보면 긍정이 없을 때 나타나는 반대개념으로서의 부정은 자신과 자신이 존재하는 모든 세계에 미친다. 그래서 자신과 자신의 모든 것을 망친다. 하나님을 믿는 사람이 부정적이 되면 그가 말하는 믿음은 허위가 된다. 스스로 믿음을 말해도, 그리스도와 그의 말씀을 말해도, 그것은 거짓의 죄를 하나 더 더하는 꼴이다. 주의할 것은 원로목사인 우리가 항상 긍정을 잃지 않아야 한다는 것이다. 그것이 자신을 지키는 신앙적인 방법이다. 잘못이 있으면 우리는 회개하고 하나님께로 돌아가 자기 신분과 가치를 유지 지탱해야 한다.

이스라엘 백성은 하나님의 백성이었다. 하나님은 그들을 출애굽 시켰으며 시내 산에서 율법을 주시어 그들을 다스리셨다. 그들은 세계 안에서 하나님의 사랑을 가장 많이 받은 사람들이었고 하나님의 임재와 함께 있었던 사람들이었다. 하나님은 그들을 먹이셨다. 마실 물도 주셨다. 구름 기둥, 불 기둥으로 인도하셨다. 전쟁에서 승리를 주셨으며 기적으로 저들을 업으셨다. 그럼에도 그들에게 나타나는 고질적인 병은 낮은 자존감이었다. 그것은 자신에 대한 잘못된 긍정이었다. 그들은 자기 생각이나 자기 고집으로 정상적인 자존감을 저버렸다. 그럼으로 그들은 오직 부정의 늪에 빠져 헤어나지를 못 했다.

가나안으로 가는 이스라엘은 가데스까지 왔다. 거기는 바로 가나안에 들어가는 문 앞이다. 그들은 정탐자들을 보냈고 정탐자들은 정탐 후 부정적인 보고를 했다. 그들은 하나님이 왜 자신들을 보냈는지, 그 사명감을 몰랐다. 그래서 돌아와 그렇게 보고를 했던 것이다. 그 부정이 하나님의 백성이 가져야 할 긍정을 삼켰다. 온 백성이 하나님을 부정하고 하나님의 일을 부정했다. 그 결과 하나님을 원망했으며, 밤새도록 통곡하며 죽는다고 소리 질렀다(민 14:1). 그들은 모세와 아론을 원망했으며 하나님이 자기들을 칼에 죽게 할 것이기 때문에 애굽으로 돌아가자고 했다. 그래서 그들은 가나안에 들어가지 못했다. 부정적인 정신이 그들을 지배해서 하나님과 그의 약속에 대해서도 부정적이 되게 했던 것이다. 이는 우리가 알고 있는 슬픈 이야기이다. 우리 원로목사는 스스로 자아를 지켜 매사 부정적이 되지 않도록 함이 옳다.

목사는 하나님과 가깝다. 어찌 보면 정탐자 못지않다. 말씀 안에서 하나님의 깊은 곳을 보고 온 증인들이다. 그러나 그것이 다는 아니다. 그다음의 생각, 그 표현이 중요하다. 교회나 세상에서, 누구를 만나든 긍정적 사람이 되고 긍정적 표현으로 자신을 지켜 가야 한다. 왜냐하면, 그 미치는 영향 때문이다. 자기와 세상에 대해 부정적이 되는 것은 성경이 말하는 자기 부정이 아니다. 잘못된 자기 긍정의 왜곡된 표현일 뿐이다. 정말 성경이 말하는 자기 부정은 회개이며, 동시에 하나님이 주신 긍정을 스스로 지켜 하나님께 영광을 돌리는 믿음의 사람됨이다.

3) 마귀의 유혹과 손절하고

세상에는 마귀의 유혹이 상존한다. 우리에게는 그럴 리가 없지만, 세상에는 마귀의 존재를 부정하는 사람들이 있다. 그것은 자기가 걷는 풀밭에 독사가 숨어 있다는 사실을 간과하는 것과 같다. 독사는 물려도 사는 사람이 많지만, 마귀는 만나면 그 영혼이 죽는다. 마귀에 대해서는 과소평가도 과대평가도 위험하다. 마귀는 하나님의 사람이나 하나님의 세계에 있어 가장 확실한 훼방꾼이요 범법자요 유혹자이다. 특히 인생 노년에 경계하고 지키고 조심해야 할 가장 큰 적은 마귀이다.

마귀는 확실한 유혹자이다. 그는 예수께 유혹자로 왔다. 사십 일을 밤낮으로 금식하신 후 주리셨을 때, 하나님의 아들 됨을 시험했다. "네가 만일 하나님의 아들이어든"(마 4:3). 돌로 떡을 만들어 먹고 또 성전 꼭대기에서 뛰어내리라고 했다. 그는 끈질기게 예수에 대한 유혹자로 달라붙었다. 그래서 결국은 자신에게 경배하라 한다. "만일 내게 엎드려 경배하면 이 모든 것을 네게 주리라"(마 4:9). 물질을 제시하여 예수의 존재와 하나님과의 관계를 더럽히려는 부정(否定)이 마귀가 노린 계략이었다.

마귀는 예수의 제자 베드로를 유혹한다. 그것은 시몬 베드로에 대한 결정적 부정이었다. 베드로뿐만 아니라 다른 제자에게도 그랬다. 마귀는 그리스도 안에서 하나님의 일이 진행되는 것을 보고 있을 수만은 없었다. 제자들은 이를 몰랐지만 그리스도는 아셨다. "시몬아, 시몬아, 보라 사탄이 너희를 밀 까부르듯 하려고 요구하였으나"(눅 22:31). 제자들은 모두 주님의 직계자들이었지만 그날 저녁 그들은 사탄의 키 위에 뛰고 있는 밀이었다. 그것은 제자들이 갖고 있는 긍정을 부정으로 바꾸는, 그래서 긍정이 사라지게 하는 흑역사였다. 그것은 지금도 주님과 교회에 대한 마귀의 역할이 어떠하다는 것을 잘 보여 준다.

우리는 성경에서 가룟 유다의 배반을 본다. 처음에는 잘 이해가 안 되는 부분이었다. 어떻게 예수의 제자로 있던 자가, 그것도 제자 된 지 3년밖에 되지 않았는데 배반을 했을까? 이유는 마귀이다. "마귀가 벌써 시몬의 아들 가룟 유다의 마음에 예수를 팔려는 생각을 넣었더라"(요 13:2). 사람에게 마귀가 온다는 것, 특히 사람의 마음에 마귀가 들어온다는 것은 자기 부정의 사건이다. 마귀와 그의 역사에는 긍정이 없다. 마귀는 인간 자신을 파멸에 가두는 흑암과 희망 없음에 대한 절대 악의 표지이다. 그렇다면 이런 마귀가 우리에게는 예외일까? 나는 그렇지 않다고 본다. 성경을 보면 지금은 마귀의 때라고 봐야 한다. 원로목사라 해도 깨지 않으면 우리는 죽는다. 하나님의 말씀으로 무장하지 않으면 우리는 우리 존재 그 어디서도 긍정을 말할 수 없게 된다.

복음서에 나오는 예수의 말씀을 보면 마귀는 가라지를 뿌리는 자이다. "밭은 세상이요 좋은 씨는 천국의 아들들이요 가라지는 악한 자의 아들들이요 가라지를 뿌린 원수는 마귀요"(마 13:38-39). 마귀는 하나님의 원수요, 세상의 원수요, 우리의 원수이다. 마귀는 세상과 우리에게 악을 가지고 개입한다. 우리 마음과 정신에 악을 씨 뿌려 우리 자체를 악으로 만드는 우리의 가장 큰 원수이다. 결국, 사람이 마귀와 가까이하거나 사귀거나 추종하면 그 사람은 자기 존재를 부정하고 거부하는 것이다. 참된 자기 긍정은 하나님과의 관계에 있다. 깨끗함에 있고 더러움에 있지 않다. 단순함에 있고 복잡함에 있지 않다.

인간에게 마귀는 부정이다. 그 부정적 에너지가 인간에게 들어오면 생산되는 것은 불신앙이고 죄이다. 마귀는 인간에 대해 어떤 긍정도 갖지 못한다. 그는 인간을 위한 창조적 능력을 갖고 있지 않다. 마귀는 물질을 창조할 수 없고, 인간이 가진 마음의 상처나 몸의 질병을 치유할 수 없다. 마귀는 인간의 미래에 대해 아는 것이 없다. 마귀는 인간의 죽음을 생명으로 바꾸지 못한다. 마귀는 인간보다 그 가치가 낮거나 인간에 뛰어난 재능을 갖고 있지 않다. 마귀는 처음부터 범죄자였다. "죄를 짓는 자는 마귀에게 속하나니 마귀는 처음부터 범죄함이라 하나님의 아들이 나타나신 것은 마귀의 일을 멸하려 하심이라"(요일 3:8). 우리가 참으로 긍정의 색깔을 가진 사람으로 남기 위해서는 마귀를 멀리하는 것이 최상의 방법이 된다.

원로목사인 우리가 만약 마귀의 유혹이 있다는 사실을 부인하면 그것은 대단히 위험한 발상이다. 마귀는 자신을 광명한 천사로 꾸며오기 때문에 사람은 거의 속는다. 그가 이미 세상에 가져다 놓은 죄악과 불신과 더러움과 불의는 우리를 죽이는 독소들이다. 마귀의 역사는 우리를 지옥으로 끌고 간다. 마귀와 함께 하나님의 나라로 가는 길은 없다. 마귀는 우리를 파괴하는 세력의 핵심이다. 그래서 우리는 하나님을 가까이해야 하고 마귀를 대적해야 한다. 그것이 우리가 마귀와 손절하는 우리의 중요한 방식이다. "그런즉 너희는 하나님께 복종할지어다 마귀를 대적하라 그리하면 너희를 피하리라"(약 4:7). "근신하라 깨어라 너희 대적 마귀가 우는 사자 같이 두루 다니며 삼킬 자를 찾나니 너희는 믿음을 굳건하게 하여 그를 대적하라 이는 세상에 있는 너희 형제들도 동일한 고난을 당하는 줄을 앎이라"(벧전 5:8-9). 마귀를 대적하는 것은 부정에서 긍정으로 자기를 구하는 것이다.

긍정과 부정은 상호 배타한다. 우리에게 창조와 구속과 신앙에서 빛나는 하나님의 긍정은 마귀를 물리치고, 우리를 하나님과 원수 되게 하여 죄와 죽음의 세계로 끌고 가는 마귀의 부정은 하나님을 대적한다. 빛과 어둠, 더러운 것과 깨끗한 것이 공존하지 못하는 것과 같다. 하나님을 믿는 하나님의 자녀들에게는 어둠이 없다. 죽음으로 끌고 가는 존재의 부정은 없다. 우리에 대한 하나님의 yes가 자연 마귀에 대해서는 no이다. 그래서 하나님의 사람들에게 있어 마귀와 손절하는 것은 필연이 아닐 수 없다.

현대에 와서 마귀는 인본주의 깊은 곳에 숨어 숨 쉰다. 인간이 가진 소위 사상이나 주의라고 하는 것, 잘못된 문화나 세상 죄적 경향성은 마귀의 것이다. 마귀가 현재적으로 역사하는 현장이다. 잘못된 이성주의나 유물사관, 현대적 황금만능주의나 초인적 권력주의, 우리가 좋아하는 지나친 실용주의 가치관, 인권에 대한 강조를 절대화하는 것이나 허무주의 등은 성경과 상충한다. 우리 앞에 있는 현대성이나 인본주의는 교묘히 진리로 위장된 거짓이다. 이런 시대적 경향성은 하나님과 그의 말씀의 가치를 거부한다. 그래서 결국은 하나님의 피조물로서의 인간 존재 자체에 대한 부정이 된다. 이런 상태에서 긍정적인 생각을 말하는 것은 긍정에 대한 간교한 마귀의 작태일 뿐이다.

한국교회는 지난 70년대부터 적극적 사고방식이란 유사 긍정에 휘둘리기도 했다. 노만 빈센트 필이나 로버트 슐러 같은 사람들이 소개되었다. 특히 "내게 능력 주시는 자 안에서 내가 모든 것을 할 수 있느니라"(빌 4:13)라는 말씀은 크게 강조되었다. 긍정적인 자아를 회복하는 것이 기독교의 복음으로 설교되었다. 그러면 그것이 맞는가? 그렇지 않다. 우리에게 있어 진정한 긍정은 하나님이다. 긍정적 생각이나 사고가 중요하기는 하다. 모든 것이 긍정되는 것은 명백히 부정이다. 하나님과 그 아들 그리스도 예수만 긍정이어서, 성령에 의한 진정한 자기 긍정을 가져야 한다. 그래서 교회나 그리스도인은 우리가 사는 세상에서 마귀와 손절하고 우리에게 항상 유혹이 되는 욕심이나 죄적인 것을 부정해야 한다. 확실히 마귀에 대해 부정일 때,

확실히 하나님께 대한 긍정이다. 확실히 자기 욕심이나 세상적 가치에 대해 부정일 때 사람은 하나님께 대해 긍정이 되는 것이다. 예수는 마귀와 마귀가 약속한 모든 것을 부정했다. 그래서 그는 하나님의 아들 됨을 족히 보이신 것이다.

4) 공동체 안에서의 꽃 같은 사람

마귀가 우리를 높인다면 그것은 거짓이다. 그것은 우리 자신에 대해 거짓이고, 동시에 공동체에 대한 거짓이다. 예수의 말씀이다. "이는 그가 거짓말쟁이요 거짓의 아비가 되었음이라"(요 8:44). 우리는 종종 자신이 높아진다면 무엇이든 그것을 좋아하고 유혹 받는다. 분명한 것은 마귀는 우리를 높일 수 없고, 마귀에게는 우리를 꽃 같이 만들 아름다움이 없다. 높아지는 방법은 하나님께 있고 공동체에 있지 마귀나 자신에게 있지 않다. 스스로 높아져 꽃이 되는 방법은 애당초 존재하지 않는다. 그래서 우리는 빨리 하나님께로, 그리스도에게로 옮겨 가야 한다. 그 방법은 무엇인가? 홀로 있지 않고 공동체로 가는 것이다. 무슨 공동체인가? 그리스도의 몸인 교회 공동체이다. 거기에 바로 그리스도로 숨 쉬고 그리스도 안에 살 수 있는 공간이 있기 때문이다.

마귀는 우리가 과거 사역할 때 알게 모르게 우리를 사뭇 괴롭혔던 존재이다. 그는 우리와 교회 공동체에 대해 악과 죄와 상처를 남겼다. 우리는 깨어 자신으로부터 마귀를 지켜야 한다. 부지중에라도 내가 마귀의 뜻과 그 성향을 내 몸으로 담아내지 않도록, 그리고 거룩한 하나님의 뜻과 그리스도 안에 나타난 하나님의 본성을 담아내도록 기도해야 한다. 우리를 교회로부터 소외시키는 것은 자신이 아니라 마귀이다. 마귀는 우리를 하나님의 뜻, 그 대척점에 서게 한다. 온전히 하나님을 가까이함이 마귀와의 관계를 정리하는 성경적 첩경이다.

우리는 믿음으로 사는 사람들이고 그런 일을 해 왔다. 우리는 그리스도 안에 살았고 지금도 그리스도의 몸인 교회 공동체 안에 있다. 바로 여기가 우리 자신이 존재하고 자신이 살아갈 하나님이 정하신 터전이다. 여기가 바로 생명의 자리요, 빛의 자리요, 소망의 자리이다. 여기에 하나님의 임재가 있고 우리의 현존이 있다. 죄 많은 우리 인간에 대한 하나님의 긍정이 역사하는 곳이다. 바로 여기서 우리는 자신의 긍정을 말한다. 자신을 긍정하여 주님을 드러낸다. 바로 여기서 우리는 그 하나님께 감사와 찬미를 올리는 것이다.

우리는 하나님의 말씀 안에서 긍정을 내다본다. 바로 그 말씀은 하나님이 세우신 그의 교회에 있다. 하나님은 말씀을 개인에게도 주시지만, 더 확실히는 공동체에 부탁하셨다. 개인적으로 말씀 사역하는 자를 너무 믿어서는 안 된다. 공식적으로 교회에서 선포되는 말씀에 자신을 두어야 한다. 이유는 그 교회 공동체에 우리를 긍정하는 하나님의 말씀을 하나님이 두셨기 때문이다. 그 말씀이 우리를 치유하니 긍정이고, 그 말씀이 우리를 양육해 주어서 긍정이다. 그 말씀이 우리에게 권능을 주어 주의 일을 하게 하셔서 긍정이고, 그 말씀이 우리를 살리고 구원하셔서 긍정이다. 그 말씀 안에서 우리는 천국을 내다보고, 천국을 향해 갈 수 있어 긍정인 것이다.

공동체는 자신보다 넓고 크다. 공동체 정신에서 긍정을 세우면 그것은 진정한 긍정의 가치가 된다. 거기서 우리는 자기 욕심이나 이기심 아래 있는 유사 긍정이 아닌 참 긍정을 만나게 된다. 자신을 넘어 다른 사람에 대한 긍정이 우리가 가질 긍정이다. 사람이 노년에 와서 사람에 대해 부정적이 되는 것보다 더 천박함도 없을 것이다. 교회 공동체 안에서 만나는 이런저런 사람들에 대해 긍정이 되면 그는 사랑의 눈을 갖게 된다. 그 눈은 하나님이 주신 눈이다. 그러면 그는 모든 사람에 대해 가치와 긍정을 얻는다. 그것이 바로 하나님이 우리를 두고 뜻하신 선과 미가 아니겠는가.

혼자 있으면 사람을 제대로 볼 수 없다. 사람을 보는 눈이 자기 눈일 뿐이다. 그 눈으로 보아 사람을 알 수 없는 것이 사람이다. 하나님의 눈으로 보아야 사람이 제대로 보인다. 자기 눈과 자기 가치로 사람을 보고, 사람을 욕하고 비판하고 사람으로부터 멀어지는 것이야말로 세상과 벗 됨의 실상일 것이다. 그것이 바로 하나님과 멀어지는 것이다. "그런즉 누구든지 세상과 벗이 되고자 하는 자는 스스로 하나님과 원수 되는 것이니라"(약 4:4). 그러나 자신을 그리스도의 몸 안에 두고 그리스도의 계명을 따라 사랑하면서 하나님의 눈으로 사람을 보면 원수도 친구로 보인다. 적대자도 사랑할 수 있다. 그것이 바로 공동체 안에서 가질 인생과 삶에 대한 긍정이 아닐까?

자신을 비난하고 적대하는 자에 대한 인내는 힘든 것이다. 그것은 분명 참을 수 없는 고통을 수반한다. 그래서 우리도 긍정에서 부정으로 그 정신과 삶이 바뀌고 만다. 우리가 목회하면서 부당하게 우리를 괴롭힌 사람이 왜 없었던가? 그런 사람은 은퇴하여 원로목사가 된 다음에도 여전히 있을 수 있다. 그렇다고 공동체를 떠나는 것은 유혹일 뿐이다. 예수의 적대자는 그의 제자도 적대했다. 우리가 주의 종으로 살았다면 강한 대적에 대해서도 감사해야 한다. 왜냐하면, 주님은 그들을 사랑하셨기 때문이다. 죄인에 대한 주님의 태도는 죄인의 상태 여부에 영향을 받지 않으셨다. 우리 역시 죽는 날까지 나쁜 사람에게도 좋은 영향력을 가짐이 주님께서 원하시는 참 긍정이 아닐까? 그러면 원로목사는 공동체 안에서 꽃 같은 사람이 되는 것 아닐까?

교회 공동체는 바로 이 세상에 있다. 교회라 하더라도 세상에 있는 한 사람이 그렇게 완전할 수 있는가? 그 누구에게나 꽃 같은 사람이 된다는 것은 사람에게 요구하는 가혹함이 아닐까? 목회자나 원로목사라 해도 한 인간임이 분명하다면 누가 그것을 요구할 권리가 있는가? 실은 없다. 그러나 그것이 하나님의 종에 대한 하나님의 뜻이다. 그래서 다른 사람이 아닌, 자신이 자신을 두고 요구할 권리이다. 이는 모든 세상적인 것을 스스로 포기하는 놀라운 권리이다. 그것은 목회의 현장에서뿐 아니라 그 현장을 지켜보는 원로로서 가질 거룩한 권리이다. 이 권리를 취한 자는 공동체 안에서 인생의 참된 긍정이 무엇인지를 보여 주고 있는 것이다.

분쟁, 곧 싸움은 천박한 인간 욕심의 표현이다. 그것은 자기 존재의 부정이다. 그것은 자신을 지옥으로 만드는 어리석음이다. "너희 중에 싸움이 어디로부터 다툼이 어디로부터 나느냐 너희 지체 중에서 싸우는 정욕으로부터 나는 것이 아니냐"(약 4:1). 싸움은 자신을 파괴한다. 동시에 싸움은 공동체를 파괴한다. "시기와 다툼이 있는 곳에는 혼란과 모든 악한 일이 있음이라"(약 3:16). 이 혼란과 모든 악함은 우리 자신도, 교회 공동체도 자신으로부터 지운다. 긍정은 전적 없다. 그런 싸우는 자가 되면 그는 자신의 적이고 교회의 공적이다. 그러면 그는 하나님의 적일 수밖에 없어서 자연 부단히 마귀와 죄의 종이 되어 죽음의 길을 갈 수밖에 없다.

공동체 안에서 봐야 세상과 자연의 긍정이 있다. 하나님이 지으신 세계, 그 안에 존재하는 만유에 대한 아름다움이 보이기 시작한다. 자신에 대한 회의와 부정은 세상을 온통 회색 지대로 만든다. 주님의 놀라운 지혜와 뜻이 들어간 피조물에 대한 감사가 없다. 그러면 자연 그는 시편 기자의 신학이나 가치나 그 입장을 담아내는 신앙인이 되지 못한다. 하나님이 선사한 것들에 대한 가치의 맹목은 스스로의 가치를 상실하게 한다. 그래서 공동체는 하나님과 하나님의 말씀을 실현하는 중심 장이 된다. 그래서 우리는 공동체를 떠날 수 없는 삶을 즐겁게 받아들여야 한다. 그리고 바로 교회란 공동체에서 자신의 삶을 꽃피워야 한다.

나는 오래전 몽골에 간 적이 있다. 그때만 해도 그들은 잘 씻지 않았다. 그런데 그런 곳에 화장품 사업을 하려 온 분을 만났다. 대박을 쳤단다. 상식은 씻지 않는데 화장품을 쓰겠는가이다. 그러나 아니다. 생각을 바꾸자. 통전적으로 보자. 긍정의 맑은 눈은 우리의 행복이다. 어느 구두 회사에서 세일즈맨을 남아프리카에 보냈다. 그들의 보고는 상이했다. 하나는 거기는 한 사람도 구두 신은 사람이 없어서 구두를 팔 수 없다고 했고, 다른 하나는 한 사람도 구두를 신지 않았으니 구두를 무궁무진 팔 수 있다고 했다. 누구의 말을 들어야 하는가? 우리는 백 명의 부정적인 말보다 한 명의 긍정적인 말에 눈을 떠야 한다.

하나님의 사랑을 받고 공동체의 사랑을 받는 목사의 삶은 저절로 주어지지 않는다. 원로목사라 해도 그렇다. 스스로 사랑을 기대해도 안 된다. 우리는 힘들어도 겸손히 하나님의 말씀에 대한 순종이 복이 된다는 사실을 입증해야 한다. 하나님이 주시고 그리스도 안에서 확증되는 사랑의 계명에 순종하여 세상과 인간의 상황을 넘어 하나님께 자신을 연결하면 이런 사람은 누구나 공동체 안에서 꽃 같은 사람이 된다고 나는 확신한다. 그래서 우리는 현직에 있을 때보다 원로목사가 되어서 더 행복하고 더 기쁘고 더 가슴이 뛴다. 주님은 우리의 주님이시며, 동시에 언제나 우리에게 생명을 주신 친구, 계속적으로 생명을 주실 친구이시기 때문이다.

11. 소망

사람은 그 꽃을 소망에서 피운다. 그것은 사람이 사는 길이고 사는 사명이다. 참 소망 없음을 우리는 인생의 위기로 읽는다. 왜 그런가? 우리가 사는 세상에는 그것이 없기 때문이다. 흔히 사람들이 말하는 소망이란 그 육신적 욕망의 연장선임을 상식 있는 자는 다 안다. 그것이 바로 세상이 말하고 세상 사람들이 말하는 소망이다. 분명한 것은, 그것은 우리가 궁극적으로 바라고 지킬 소망은 아니다. 지금 잡고 있지만, 그 끝이 영원으로 뻗어 있지 않다면 그 소망은 버려야 한다. 소망은 여기의 의미가 아닌 거기의 의미이기 때문이다.

우리는 사람이다. 원로목사도 그렇다. 그래서 소망을 말한다. 동물에게는 소망이 없다. 식물에게도 그렇다. 그럼에도 그들이 바라는 것이 있다. 그것은 사람의 구원이다. "피조물이 고대하는 바는 하나님의 아들들이 나타나는 것이니"(롬 8:19). "그 바라는 것은 피조물도 썩어짐의 종 노릇 한 데서 해방되어 하나님의 자녀들의 영광의 자유에 이르는 것이니라"(롬 8:21). 피조물이 바라는 것은 인간이 가질 소망과는 다르고, 인간의 소망에 종속하는 가치일 뿐이다. 그래서 사람은 자신을 소망에 두어야 한다.

우리는 순례자이다. 순례자는 소망의 사람들이다. 순례자는 지금 살고 있으나 미래에 산다. 지금 여기 있으나 이미 거기에 있다. 출발지에 있지 않고 목적지에 있는 자가 순례자이다. 신앙은 순례이다. 모든 믿는 자는 물론이고, 우리 원로목사까지도 이 길에서 면제되지 않는다. 그래서 우리는 함께 소망의 사람, 소망의 길에 있다. 소망이 없는 사람을 좋은 사람으로 보기 어렵고 소망이 없는 종교는 종교가 아니다. 사람은 소망에서만 그 생명이 특정된다. 그것이 바로 믿음의 원리이다. 그래서 우치무라 간조는 소망은 인류가 갖는 말 가운데 가장 아름다운 말 중 하나라고 했던 것이다.

세상 사람들은 희망을 아이들에게서 읽는다. 잘못되지는 않았다. 그러나 어리거나 젊은 사람에게서만 소망을 찾는 것은 잘못되었다. 성경은 소망을 모든 사람의 것으로 말한다. 특히 우리는 석양을 걷는 사람들이다. 젊은 사람이나 아이들이 가져야 할 소망과는 다른 차원의 소망을 본다. 참으로 소망이 필요한 때는 죽음 앞에서이다. 세상의 모든 소망이 끊어질 때 떠오르는 소망이 참 소망이다. 그래서 우리는 엘피스, 이 소망을 빛으로 여겨야 한다. 죽음을 지척에 두고 있는 자에게 죽음의 어둠을 비추는 소망의 등불은 참 경이가 아니겠는가?

소망은 그리스도를 믿는 새사람이 사는 방법이다. 우리는 물질이 아닌 인격에서 소망을 내다본다. 그것은 하나님께 대한 소망이고, 하나님이 우리에게 가르쳐 주신 소망이다. 세상의 환경이나 조건이나 물질에 대한 것은 잠정적이며 유동적이어서 영원을 내다보는 우리에게는 참 소망이 못 된다. 새사람의 소망은 주님의 뜻이 이루어지는 것이다. 그것은 우리가 주님께 이르는 것이다. 그것은 보이는 것이 아닌 보이지 않는 것을 따라 걷기이다. 소망은 사람이 아닌 하나님만 보고 걸어 그에게 이르는 믿는 사람이 사는 방법이다. 영광이 주님께 돌아가기를 원했던 우리는 이 점에서 신실함이 우리의 현실이어야 한다.

초기 교회는 소망의 공동체였다. 이 점을 간과하고 처음 교회를 들여다보는 것은 불순한 어리석음이다. 그들은 작았고 박해는 컸다. 적은 무리가 로마와 세상을 상대했어야 했다. 그들의 현실은 매일이 죽음과 절망의 현실이었다. 그들은 가난했고, 그들은 예루살렘 중심의 사람들이 아닌 대부분 갈릴리 변죽의 사람들이었다. 그들은 약함과 질병과 무시와 멸시받는 상황에 있었다. 세상이 볼 때 가진 것도 지킬 것도 없는 사람들이었다. 그럼에도 성경을 보면 깨끗하고 놀랍다. 왜냐하면, 오직 소망의 공동체였기 때문이다.

위르겐 몰트만은 소망의 신학을 말했다. 세상에는 소망이 없다는 것이 전제된다. 그런 세상에 소망을 있게 함이 또한 전제된다. 그것이 어떻게 성립되는가? 그 이치를 성경에서 발견하고 정리한 사람이 그다. 그렇다면 우리는 소망이 없는 세상에 소망이 있게 해야 한다. 그것은 참으로 영원한 소망의 사명 아니겠는가? 우리는 자신의 소망도 중요하나 자신과 함께 다른 사람도 소망 있게 하는 것은 더욱 중요하다. 우리의 사역이 소망의 사역이었다면 이제는 우리의 삶에서 소망을 살아 표현해야 한다. 그것이 원로목사가 가질 한 신학이고 그 신학에 대한 교회적 실천 아닐까? 그리스도인의 슬픔이 소망을 만들어 내는 공장이 된다면 그것 역시 하나님의 은혜인 것이다.

1) 이 몸의 소망 무언가

이는 찬송가 488장의 제목이다. 나는 어려서부터 이 찬송을 좋아했다. 이 찬송이 일러 주는 이 몸의 소망은 "우리 주 예수 뿐일세"이다. 맞다. 다른 소망이 있지만 갖고 싶지 않다. 우리는 몸을 가졌다. 그래서 몸의 소망이 있다. 그러나 몸과 함께 있다가 없어질 것은 몸의 소망이 아니다. 육신과 함께 있다가 없어질 것을 육신의 소망으로 삼고 살았다면 그것은 무지와 어리석음의 소치이다. 내게 눈물 나도록 좋은 것은 우리 주 예수이다. 내게는 그의 사람으로 있다가 그의 사람으로 그에게 가는 것이 그의 나의 주님 되심과 관계된다.

내가 세상에서 죄 가운에 있을 때 내게 찾아오신 분이 예수이시다. 내가 아플 때 와서 나를 고쳐 주신 분이 예수이시다. 나를 일으켜 세워 다시 걷게 하시고, 당신이 뜻하신 강단에서 말씀을 전파하게 하신 분이 주님이시다. 내가 길을 잃고 방황할 때 길이 되어 주셨으며, 내 마음이 공허할 때 그는 나의 부요함이 되셨다. 예수는 나의 주님이시다. 전에도 그렇고 이제도 그러하며 미래는 더욱 그러하다. 시간 안에서 나의 주님 되신 그리스도는 영원 안에서도 같다. 여기 삶의 세계에서 주님이신 그는 나의 죽음의 세계에서도 그렇다. 그래서 나는 사나 죽으나 항상 같은 것이다. "우리가 살아도 주를 위하여 살고 죽어도 주를 위하여 죽나니 그러므로 사나 죽으나 우리가 주의 것이로다"(롬 14:8).

왜 주님이 나의 참 소망인가? 나는 주님 없이 살 수 없기 때문이다. 성경은 인간 존재의 최상의 자리는 그리스도 안이라고 했다. 주님 없으면 나는 나를 둘 곳이 없다. 세상도 주님의 세상이고, 세상에 있는 것도 주님의 것이다. 내가 주님을 부인하면 그의 것도 내게 없는 것이다. 주님은 나를 있게 하신 주요 나를 구원하신 주이시다. 내 눈을 열어 당신을 보게 하셨고 지금도 나를 잡고 계셔서 좋다. 다른 모든 것이 없어져도 주님과 나만이라면 부족한 것이 없다. 그것은 나의 과거와 현재의 고백이다. 내게 그가 없으면 다 없고 그가 있으면 다 있다. 내게 가장 힘들었던 것은 사람이나 무슨 물질이 없어서가 아니었다. 기도해도 그가 보이지 않을 때였고 부르짖어도 그가 잠잠할 때였다.

지금부터 24년 전, 교회를 개척한 지 6년 되던 해, 교회와 가진 것은 다 나누었고, 교회를 짓는 과제는 현실이 되었다. 사람들은 돈 없는 개척교회는 없어진다고 본다. 그러나 나는 홀로 주님 앞에 앉았다. 늦은 밤 아무도 없는 예배실에서 주님을 향했다. 나는 찬송을 불렀다. "나의 기쁨 나의 소망되시며 나의 생명이 되신 주 밤낮 불러서 찬송을 드려도 늘 아쉰 마음 뿐일세." "나의 기쁨 나의 소망이 되시며" 할 때 눈물이 쏟아진다. "나의 생명이 되신 주"가 되면 울음이 터진다. "밤낮 불러서 찬송을 드려도 늘 아쉰 마음 뿐일세"는 나의 진정한 고백이 되었다. 이 찬송만 길게 불러 밤을 채웠고, 하나님은 나에게 교회 짓는 문제를 해결해 주셨다. 내게는 교회를 짓게 된 것이 기쁨이 아니었고 그렇게 만드신 주님이 좋았다. 그는 지금도 변함없는 나의 기쁨 나의 소망 되시며 나의 생명이 되신다. 그렇다면 이 몸의 소망은 다른 답이 없는 것이다.

소망은 우리의 뜻을 이루는 것이 아니다. 우리를 맡기는 것이다. 나의 삶은 나에게서 나오지 않는다. 나의 삶은 소망으로부터 온다. 내가 원하는 것을 이룸은 내게 별 도움이 없다. 그러나 나의 소망이 되신 분은 나를 다스리시고 관리하신다. 그는 내 존재의 원천이시다. 여기서뿐 아니라 거기서도 그렇다. 그리스도는 내가 하나님 아버지를 경험하는 중심 자리이다. 왜냐하면, 하나님이 그렇게 정하셨기 때문이다. 무너지는 장막 집을 언제까지 수리해서 살겠는가? 주의 품에 안기는 것보다 더 큰 이 몸의 소망이나 행복이 있겠는가?

몸의 소망은 몸을 가진 자에게서 성립되지 않는다. 가져 봐야 그런 소망은 소용없다. 몸의 소망은 몸을 만드신 분의 뜻에 있다. 주께서 나를 만드셨고 나를 구원하셨다면 그의 뜻에 나의 소망이 있는 것이다. 그런데 우리는 자주 자신이 원해 본다. 그리고 그대로 되지 않으면 쉬 화내고 낙심한다. 이는 자신을 너무도 모르는 처사 아닐까? 믿음은 나를 떠나 주께로 가는 것이다. 몸은 그러라고 주님이 내 영혼에 허락하신 것이다. 노년을 사는 우리는 자주 몸의 한계를 본다. 다른 사람은 몰라도 자신은 안다. 자기 몸이 흔들리는 울타리 같다는 것을. 몸에서는 어떤 소망도 찾을 수 없다는 것을. 몸에 미련을 두지 말고 몸의 소망이신 우리 주 예수께로 나아감이 지혜일 것이다.

소망은 우리의 힘이다. 위르겐 몰트만은 소망의 정신과 소망의 힘 없이는 인류는 스스로 선택된 죽음 속에서 파멸할 것이라고 했다. 소망은 지쳐 버린 인간의 힘이다. 그것은 교회 공동체의 참된 능력이다. 왜냐하면, 소망은 하나님이 작정하신 것이다. 약속의 말씀 안에 두신 소망이다. 그 아들을 보내셔서 보여 주시고 가르치신 소망이다. 기독교 소망은 맹목적인 낙관주의가 아니다. 하나님이 그리스도 안에서 우리에게 보여 주신 하나님의 미래이다. 그 힘이 세상을 살리고 우리를 살린다. 그 힘의 집합이 바로 우리 주 예수인 것이다.

나의 기쁨 나의 소망되신 그리스도께 있는 소망은 사실 나에게만은 아니다. 세계 전체에 미치는 소망이다. 만약 우리가 자신에 대해서 소망을 포기한다는 것은 그리스도가 나의 주가 아니라는 뜻이다. 우리가 이 세계에서 소망을 포기한다면 자신이 세상에서 그리스도를 높이는 이유를 설명하지 못할 것이다. 우리는 열방에 나아가 예수를 구주로 전하며 높이는 것을 사명으로 알았다. 그것은 인간과 열방의 소망이 그리스도라는 것을 천명함이다.

우리는 모두 몸을 가졌다. 파스칼이 말한 대로 그리스도 없으면 우리는 하나의 흙덩이일 뿐이다. 하나님이 이 흙덩이에 숨을 불어 넣으면 살아 있는 영이 된다. 주의 영이 없으면 흙일 뿐이다. 다시 말해 하나님이 계신다는 것은 우리와 세계의 소망이다. 하나님의 말씀이 있다는 것은 세계와 역사의 기회요 소망이다. 내가 숨 쉬는 것, 내가 움직이는 것은 바로 소망 사건이다. 그것이 우리가 가질 믿음 아닐까. 그리스도가 있는 한 나는 있다. 왜냐하면, 그가 나의 소망이기 때문이다. 그러나 그리스도가 없으면 나도 없다. 나는 다른 소망을 말할 수 없기 때문이다.

요즘 자꾸 죽음을 생각하는 밤이 많아졌다. 어떨 때는 불안하고 어떨 때는 고통이다. 모든 관계가 끊어진다는 것은 관계적 존재로서의 인간이 지기 힘든 짐이다. 모든 것의 와해나 해체는 죽음의 특성인데, 그것은 참으로 숨 막히게 하는 고통이다. 그럼에도 나는 포기

할 수 없는 것이 하나 있다. 그리스도이다. 생명의 주 예수이시다. 죽음이 나쁜 아니라 모든 사람을 위협한다고 해도 주 안에서 생명의 지평선은 밝아 온다. 그것은 하나님이 그리스도의 얼굴에 두신 서광이다. 나는 자주 그 빛을 바라본다. "보라 내가 만물을 새롭게 하노라"(계 21:5). 나의 소망이신 주님은 최종적으로 나와 만물을 새롭게 하신다는 것을 나는 믿는다. 그래서 주님만이 나의 소망이시다.

2) 하나님의 어전

칼뱅의 삶의 철학 중 중요한 하나는 코람 데오(Coram Deo)이다. 하나님 앞, 혹은 '하나님의 어전'이란 뜻이다. 사람이 갖는 하나님 앞 인식은 신앙의 현실성 그 기본이다. 성경은 복 있는 사람을 말한다. 시편 1편은 그 대표적인 예가 된다. 복 있는 사람은 금지해야 할 것도 있지만 취해야 할 것이 있다. 그것이 바로 율법-복 개념이다. 주의 율법을 즐거워하고 묵상하는 것이다. "오직 여호와의 율법을 즐거워하여 그의 율법을 주야로 묵상하는도다"(2). 이는 놀라운 인식이다. 그것은 하나님을 가까이함이요 하나님의 현실성을 지지한다. 말씀으로 표현된 하나님의 현실성에 자신을 심어 하나님의 나무가 되게 함이다.

우리에게 다가올 소망의 현실성은 하나님의 말씀이다. 하나님의 말씀 현실이 우리의 신앙 현실이고 하나님의 현실이다. 하나님은 당신을 말씀으로 표현하셨다. 하나님은 항상 그의 말씀으로 당신을 대신하신다. 하나님의 말씀을 믿는 것이 하나님을 믿는 믿음이고, 하나님의 말씀을 멸시하는 것이 하나님께 대한 경멸이 된다. 하나님을 믿으면서 말씀이 없다면 하나님을 믿는 것이 아니다. 자의적인 믿음일 뿐이다. 그렇다면 거기는 산 소망이 없다. 있다면 스스로 만들어 낸 소망에 대한 이념이 있을 뿐이다.

세상에는 헛된 믿음이 많다. 현금의 교회를 보면 쭉정이 믿음이 적지 않음을 시인할 수밖에 없다. 이유는 하나님이 원하시는 것을 주지 않고 사람이 원하는 것을 주고 싶었기 때문이다. 살아 있는 하나님의 살아 있는 말씀이 아닌, 인간이 원하는 인간의 욕심을 채워 주었기 때문이다. 그것은 하나님과는 무관하다. 하나님 앞은 없다. 그렇다면 하나님을 믿는 믿음 또한 있다고 보기 힘들다. 그렇다면 거기는 소망이 없다. 거기에는 하나님의 현실성이 없는 이념의 무덤으로서의 인간성만 난무하기 때문이다. 우리 원로목사는 믿음과 믿음에 따르는 소망을 점검해야 한다. 어디서 하는가? 하나님의 어전이어야 한다. 하나님의 존전, 그 의식은 살아 있는 믿음의 특징일 수밖에 없다.

우리가 앞서 말한 우리의 소망은 그리스도뿐이다. 그런데 하나님의 어전에 있으면 그리스도가 보인다. 그리스도는 아버지 품속에 있는 그의 독생자이시다(요 1:18). 그는 세상에도 계시지만 하늘에도 계신다. 예수께서 빌립에게 하신 말씀이다. "내가 아버지 안에 거하고 아버지는 내 안에 계신 것을 네가 믿지 아니하느냐"(요 14:10). 바로 그 예수가 하나님의 말씀으로 존재하셨다(요 1:1). 그렇다면 우리가 말씀 앞에 자신을 두고, 말씀의 실천자로 자신을 사용할 때 그것이 바로 하나님의 어전 사상에 부합하는 것이다. 그것이 바로 그리스도 안에 있는 소망을 자신의 것으로 만드는 구체성이 아니겠는가?

이스라엘 백성은 하나님 앞의 백성이었다. 전에는 몰라도 출애굽

후는 항상 그랬다. 하나님은 그들을 향해 있었고 그들은 하나님을 중심에 모시고 살았다. 그들의 소망은 하나님 어전 사상에 있었다. 하나님 앞에서 그의 말씀에 순종하고 따랐을 때 소망으로서의 생명이 보장되었고, 그들의 불순종은 그들의 소망을 지웠다. 그래서 가나안 문 앞까지 왔어도 가나안에 들어가지는 못했다. 소망을 잃고 죽음의 길을 선택한 것은 하나님을 떠났기 때문이다. 그들의 마음과 정신이 하나님의 말씀으로부터 멀어졌다. 쏟아지는 것은 원망과 불평의 오물이었다. 하나님의 존전 의식이 조금만 있어도 그런 것은 없다. 자신과 자기 민족의 소망은 오직 하나님께 있고 그 구체성은 모세를 통해 전해진 하나님의 말씀에 있다는 것을 그들은 망각했던 것이다.

하나님은 우리의 아버지시다. 그 아버지가 우리를 구원하신다. 그리스도 안에서. 그래서 우리는 그 앞에 가야 하고, 그 앞에 있어야 한다. 하나님을 이해할 때 가장 중요한 것은 그가 '소망의 하나님'이란 것이다. "소망의 하나님이 모든 기쁨과 평강을 믿음 안에서 너희에게 충만하게 하사 성령의 능력으로 소망이 넘치게 하시기를 원하노라"(롬 15:13). 그렇다. 하나님은 그 존재의 본질로서의 미래를 가진 분이시다. 우리를 만나기 위해 우리를 그 앞에 두신 우리의 아버지이시다. 확실한 것은 내가 그의 앞일 때, 그는 내 앞이다. 소망은 미래의 본질이며, 하나님을 만나는 시간이다. 하나님은 항상 당신의 미래 속에서 인간을 만나시는 분이시다. 우리 아버지 하나님은 인간이 가질 수 있는 하나님이 아닌 인간이 소망 중에 기다리며 오직 그 앞에 서서 만나는 하나님이시다. 이런 소망의 하나님을 떠나서는 소망을 알지 못하는 것이 우리이다.

우리는 심히 약하다. 계속해서 믿음의 길을 걷기에는 많은 장애를 가졌다. 상처로 인해 절고 죄로 인해 신음한다. 더 이상 소망을 말할 수 없는 선상에 있다. 하나님은 바로 이런 우리의 현실을 아시고 우리를 부르셨다. 그의 말씀은 항상 우리를 그의 존전에 불러 세운다. 하나님은 그의 말씀을 우리에게 주시어 우리의 소망을 일러 주신다. 이것은 우리를 택하신 하나님의 어전 사건이다. 그것은 우리의 사건이 아닌 하나님의 사건이다. 그것은 우리에게 소망 사건이며 동시에 생명 사건이다. 우리의 약함은 하나님의 강함을 경험하는 기회이며 바로 그 약함 때문에 소망이 우리에게 선사된다는 점을 우리는 간과할 수 없다.

우리 원로목사 역시 하나님의 자녀라면 하나님의 아들이신 그리스도를 바라보고 하나님의 아들의 삶을 배워 감에서 하나님 안에 있는 소망에 이르는 것 아닐까? 그리스도는 그리스도인이 어떻게 살 것인지를 본으로 보이셨다. "내가 주와 또는 선생이 되어 너희 발을 씻었으니 너희도 서로 발을 씻어 주는 것이 옳으니라 내가 너희에게 행한 것 같이 너희도 행하게 하려 하여 본을 보였노라"(요 13:14-15). 이는 하나님의 어전에 있는 우리 그리스도인들에 대한 명확한 소망의 명제이다. 우리 원로목사에게 있어 종말론은 소망론과 다르지 않다. 성경이 그리스도를 말하는 것은 헬라적 이론의 방식이 아닌 죽음에 던지는 소망의 방식이다. 하나님의 어전에 있으면 그리스도는 우리에게 누구였는가와 함께 그는 우리에게 누구일 것인가가 공지된다. 성경은 한마디로 그는 우리의 소망이라고 한다. "이 비밀은 너희 안에 계신 그리스도시니 곧 영광의 소망이니라"(골 1:27).

우리의 소망은 하나님과 함께 있는 것이다. 명백히 하나님의 말씀과 함께, 그가 계신 교회 공동체 안에서, 그리스도를 통한 그와의 연합이 좋다. 칼뱅은 아푸드 데오(Apud Deo), 즉 '하나님과 함께'를 실천한 사람이었다. 왜 하나님의 어전인가? '하나님과 함께'를 위함이 아닌가? 우리는 그가 나와 함께하기를 늘 기도했다. 틀리지는 않다. 그러나 지금 느지막이 우리가 가질 신앙의 틀은 내가 그와 함께여야 한다. 그것이 우리가 누리는 소망의 신비이다. 그와 함께가 아니면 어떤 소망도 소망이 아니다. 영원히 하나님과 함께하고 함께 사는 것이 하나님의 자녀 된 자의 영원한 소망 아닌가? "사람아 주께서 선한 것이 무엇임을 네게 보이셨나니 여호와께서 네게 구하시는 것은 오직 정의를 행하며 인자를 사랑하며 겸손하게 네 하나님과 함께 행하는 것이 아니냐"(미 6:8). 찬송가 492장 후렴 가사이다. "열린 천국문 내가 들어가 세상 짐을 내려놓고 빛난 면류관 받아 쓰고서 주와 함께 길이 살리." 자신을 그리스도께 비끄러매면 하나님은 성령으로 우리를 그리스도께 매실 것이다. 그러면 자신은 하나님의 어전에서 하나님과 영원히 살 것이다. 그것은 원로목사인 우리에게 있어서 주의 나라에 대한 흔들리지 않는 소망이다.

3) 저 높은 곳, 하나님의 나라

우리는 예수 그리스도를 믿는 사람들이다. 예수는 세상에 오셔서 하나님의 나라를 선포하셨다. "때가 찼고 하나님의 나라가 가까이 왔으니 회개하고 복음을 믿으라 하시더라"(막 1:15). 부활하신 그는 제자들에게 "하나님 나라의 일을 말씀"(행 1:3)하셨다. 하나님의 나라는 그리스도를 믿는 자가 가질 유일한 삶의 방향이다. 우리가, 또는 세상 모든 인간이 가질 소망은 그 나라 자체 외에 없다. 하나님의 나라를 지향하지 않는 사람이라면 참 소망을 모르고 사는 것이 맞다. 따라서 우리는 세상에 소망을 두지 않고 그 나라에 소망을 둔 그 나라 백성임을 잊지 않아야 여생을 바로 살 수 있다.

하나님의 나라는 예수의 선포 이전에 예수 자신이셨다. 그의 가르치심에 의하면 "내가 아버지 안에 거하고 아버지는 내 안에 계신"(요 14:10)다고 하셨다. 그 둘은 언제나 하나이다. 그래서 그가 하시는 일은 사실 그 안에 계시는 하나님이 하신 일이라고 하셨다. 그의 가르침도, 선포도, 그를 통해 일어난 모든 사건이 하나님의 나라를 보여준다. 다른 말로 그리스도를 통해서 나타난 것은 결국 하나님의 나라, 하나님의 통치이다. 예수 안에 나타난 하나님의 다스림이 다름 아닌 하나님의 나라라는 것이다. 하나님 나라의 그리스도 중심성은 성도가 잊지 않을 소망의 과제인 것이다.

그래서 하나님의 나라 없는 우리의 소망은 없다. 다른 말로 예수 그리스도 없는 하나님의 나라는 없다. 우리의 소망인 그 나라는 예수 안에서 일하시는 하나님의 역사 안에 있다. 이 말은 그 나라가 하나님 안에 있는 그리스도에게 있음이다. 그래서 그리스도는 우리의 참 소망이 되신다. 그래서 우리는 예수만 믿고 예수를 바라보고 예수의 길을 가는 것이다. 우리가 말하는 진정한 믿음은 예수께 뒤따름이다. 성경은 예수를 구주로 증거하고 예수는 세상에 빛을 비춘다. 하나님의 일을 하다가 은퇴한 원로목사는 예수 그리스도 중심성을 잊지 않고 굳게 잡아 바르게 걸어야 한다.

교회는 바로 이 그리스도 안에서 하나님이 이루신 예수의 몸이다. 그 몸에서 우리는 하나님의 나라를 내다보고, 그 몸에서 하나님의 나라 그 신비를 읽는다. 교회는 이런 뜻에서 하나님의 나라를 경험하는 세상적 장(場)이다. 교회는 항상 공동체로 존재한다. 그것이 바로 하나님의 나라 형식이다. 역사 안에 공동체로 존재하는 교회를 통해서 하나님의 나라는 우리에게 온다. 이때 공동체로 존재하는 그리스도는 교회의 본질이다. 그리스도를 모르는 하나님의 나라는 존재하지 않는 것이다. 그리스도가 선포하고 가르친 하나님의 나라는 오직 교회를 통해 맞을 수 있는 은혜 그 자체이다.

우리가 아는 하나님의 나라는 하나님의 통치 개념이다. 구약의 말쿠트 야훼나 신약의 바실레이아 투 데우가 그렇다. 만약 우리가 하나님의 통치가 나타나는 하나님의 말씀의 현실을 저버린다면 하나님의 나라 소망이나 하나님의 나라로 가는 길은 없다고 봐야 한다. 현재 우리의 과제는 신실하게 하나님의 말씀을 따라 순종하고 사는 것이다. 원로목사로서 자신의 생각이나 뜻에 집착하면 하나님 나라에 들어갈 적합성을 염려해야 한다. 지금 여기서 우리가 경험하는 하나님의 나라는 오신 그리스도와 그리스도를 중심한 하나님의 말씀에 있다. 말씀 앞에 겸손할 것과 겸손히 순종하는 것은 그 나라 백성의 진면모일 것이다.

인간 이성은 하나님의 나라를 모른다. 이성이 숭상하는 과학은 더더구나 하나님의 나라를 모른다. 인간이나 인간 이성이나 이성의 업적이 하나님의 나라를 알고 확인할 정도로 하나님의 나라가 작지 않다. 단지, 이성이 계시를 받으면 하나님이 허락한 만큼 알게 된다. 그래서 우리는 하나님의 나라를 입증하려 하지 않는다. 믿는다. 하나님의 말씀인 성경을 믿는다. 성경은 하나님 나라에 대한 입증으로 인간을 설득하지 않는다. 단지 약간 정도 알려 주는 계시가 성경의 입장이다. 명백한 것은 하나님의 나라가 있다는 것이다. 그래서 우리는 저 높은 곳을 잊지 않아야 한다. "괴롬과 죄가 있는 곳 나 비록 여기 살아도 빛나고 높은 저곳을 날마다 바라봅니다"가 우리의 방향성이어야 한다.

사실 우리가 가진 성경은 우리가 지금까지 헌신했던 규범이었다. 하나님의 말씀인 성경은 그 핵심에 하나님의 나라를 둔다. 구약에서 신약에 이르는 구속사의 줄기는 하나님의 나라에서 하나님의 나라로 뻗어 있다. 하나님의 나라에서 시작된 구속이 인간을 데리고 하나님의 나라로 가는 과정에 대한 진술이다. 그래서 성경 전체를 파악하는 한 방법이 하나님의 나라 개념이기도 하다. 그렇다면, 원로목사 된 우리는 우리와 함께 다른 믿는 자들이 이 진리에서 벗어나지 않도록 앞서가며 빛을 비추어야 한다. 성경을 가졌으나 하나님의 나라를 모르거나 하나님의 나라로 가지 않는다면 그것은 성경에 대한 몰지각이고 성경에 대한 역행이라고 보는 것이 옳겠다.

하나님의 나라가 잘 정리되지 않는다면 그 반대개념을 보는 것도 도움이 된다. 하나님 나라의 반대는 지옥이다. 지옥은 고통과 형벌이 집약된 곳이다. 하나님 나라에 대해 상상이 못 미치듯 지옥에 대한 것도 그렇다. 그 고통의 처절함은 우리가 지금 이성으로 알아낼 수 있는 정도가 아니다. C. S. 루이스는 그의 『고통의 문제』에서 주님이 지옥에 대해 말씀하실 때 세 가지 상징을 사용하셨다고 했다. 첫째는 형벌의 상징, 둘째는 파멸의 상징, 셋째는 배제의 상징이 그것이다. 지옥은 마귀와 그의 사자들을 위해 만든 형벌의 자리이다. 하나님은 인간의 몸과 영혼을 멸하신다. 어리석은 자는 바깥 어둠으로 쫓겨나거나 추방된다. 이 고통은 인간이 감당하거나 견뎌 낼 수 있는 고통이 아니다. 천국에 들어가지 못하는 자에 대한 최후는 이토록 비참하다는 사실을 성경은 보여 준다.

하나님의 나라는 믿음으로 간다. 믿음은 소망하는 것이다. 소망이 없다면 믿는 것은 자연 없다. 따라서 하나님의 나라는 우리의 간절한 소망 안에 있다. 우리는 지금 많이 힘든 길을 걸어야 한다. 무슨 박해나 그런 고난은 없지만, 이런저런 일로 고난 못지않은 삶의 연속이 있다. 풍진세상에서 당하는 육체적 세상적 모든 것에 대한 핍절은 힘들 수 있다. 떠나갈 사람들에 대한 세상이나 사람의 눈초리는 차갑기만 하다. 건강 문제로 가중되는 고통은 우리에게 거의 필연이다. 그럼에도 불구하고 하나님의 나라는 그런 모든 것을 상쇄하고도 남는다. 하나님의 영광이 있어 그 빛을 바라보고 우리는 높은 곳으로 나아가야 한다.

하나님의 나라는 우리가 돌아갈 우리의 본향이고 우리 아버지의 집이다. 그것은 명절에 고향 가는 기분과는 사뭇 차원이 다르다. 그곳은 우리가 영원히 살 고향이고, 소망은 영원히 함께할 아버지를 만나는 과정이다. 아버지의 집은 우리 집이다. 우리는 하나님의 자녀이다. 만약 자녀가 밤이 되어 집으로 가지 못한다면 어찌 될까? 집에는 아버지가 기다린다. 비록 탕자라 해도 그렇다. 죄로 만신창이가 되었다 해도 그렇다. 신분이 하나님의 자녀이면 아버지는 자녀로 받으신다. 비록 힘이 부족해도 눈을 들어 멀리 본향을 바라보고 집으로 가자. 그것은 우리 소망의 궁극적 실현 아니겠는가.

하나님의 나라에 가면 우리 아버지 하나님을 얼굴과 얼굴로 대한다. 하나님을 만나면 그는 우리를 새롭게 하신다. 옷을 갈아입히시고 신발을 신기시고 가락지를 끼울 뿐만 아니라 우리는 그의 형상을 따라 바뀐다. 그것을 우리는 부활하신 그리스도에게서 본다. 성경은 주와 같이 된다고 했다. "사랑하는 자들아 우리가 지금은 하나님의 자녀라 장래에 어떻게 될지는 아직 나타나지 아니하였으나 그가 나타나시면 우리가 그와 같을 줄을 아는 것은 그의 참모습 그대로 볼 것이기 때문이니"(요일 3:2). "이전 것은 지나갔으니 보라 새 것이 되었도다"(고후 5:17). 정말 모든 것은 지나가고 우리 자신과 우리의 모든 환경이 새롭게 되는, 시간의 차원이 아닌 하나님의 차원에서 그의 영광에 참여하는 곳이 하나님의 나라이다. 바로 그것을 우리는 믿고 소망한다.

이스라엘 사람들은 믿음과 순종이 끝나는 지점에서 가나안에 들어가는 것도 멈췄다. 가나안에 못 들어가는 것은 단지 못 들어감이 아닌 자신들의 죽음이었다. 소망은 믿음을 만들어 낸다. 소망은 순종으로, 하나님이 이끄시는 그의 나라로 들어가게 한다. 하나님 나라의 소망은 믿는 자가 이를 삶의 종점이다. 하나님의 나라 소망이 없다면 우리는 성경과 기독교를 하나의 윤리 수준으로 끌어내림이다. 예수가 하나님 나라 복음을 전했고 그가 하나님 나라 자체로 세상에 오셨음을 우리는 간과해서는 안 된다.

4) 소망으로 얻는 구원

구원은 분명 현재의 문제이다. 그것은 현재 신앙의 문제이고 현재 결단의 문제이다. 우리는 어느 날 갑자기 구원에 이르는 것이 아니다. 이스라엘 백성들은 모두 애굽에서는 구원을 받았으나 가나안에는 들어가지 못하는 사람이 있었다. 구원은 하나님이 하시는 것이나 하나님께 응답하는 것은 구원받는 자의 몫이다. 여기에 대한 분별은 확실히 우리가 가질 지혜이다. 왜냐하면, 우리는 지금 구원이 필요한 세상에 있기 때문이다. 자기에게 하나님의 구원이 필요하다는 사실을 인식하지 못하면 구원을 받지 못한다. 회개나 믿음이나 순종은 자신의 처지를 아는 자에게서 주어지고 나타난다. 말하자면 소망의 눈은 죄의 험한 길과 그 길에서 만나는 고난에서 빛난다는 것이다.

세상에는 탄식이 있다. 만물의 탄식도 있고 사람의 탄식도 있다. 사람이 자신과 자신의 죄적 상태를 잘 안다면 탄식하지 않아도 될 사람은 없다. 바로 이 탄식은 자주 자신을 구원자에게로 인도한다. 왜냐하면, 자신의 죄와 죽음에 대한, 그리고 자신의 처절한 현실에 대한 영적 인식이 깨기 때문이다. 사람은 배고프면 밥을 찾고, 목이 마르면 물을 찾고, 아프면 약을 찾는다. 우리 몸은 없는 것을 찾고 부족한 것을 채우는 기능을 가졌다. 가장 탁월한 몸의 상태는 하나님을 찾는 것이다. 노년을 보내는 우리에게는 더욱 그렇다.

하나님은 소망의 하나님이시다(롬 15:13). 소망의 하나님은 우리 앞에 계시고 우리 앞서 가신다. 우리가 장차 건너야 할 가시밭이나 죽음의 강도 문제 되지 않는다. 우리는 불가능하고 무능하지만, 그는 우리보다 먼저 가 계신다. 그는 이미 길을 내셨고, 돌아보며 어서 오라고 손짓하신다. 그래서 소망은 우리의 힘이다. 우리가 현재를 이기는 힘이요 순례의 길을 잘 갈 수 있는 힘이다. 절망적인 세상, 그런 상황에서 하나님이 안 계시고 소망이 없다면 우리는 아무것도 할 수 없다.

성경은 소망으로 구원을 얻었다고 한다. "우리가 소망으로 구원을 얻었으매 보이는 소망이 소망이 아니니 보는 것을 누가 바라리요"(롬 8:24). 소망은 구원의 방법이다. 동시에 그 상태이다. 우리는 믿음으로 구원을 받는다고 한다. 그렇다. 믿음으로 구원받는다. 그런데 그 믿음은 눈 없는 믿음이 아니다. 못 보는 것을 보는 믿음이다. 그럴 때 그 눈은 소망이다. 보이는 소망은 소망이 아니다. 믿음은 보이지 않는 것을 보는 것이다. "믿음은 바라는 것들의 실상이요 보이지 않는 것들의 증거니"(히 11:1). 구원 얻는 믿음은 소망 안에 있다. 소망 없는 몸에 믿음이 깃들겠는가? 보이는 것은 현실이다. 보이지 않는 미래가 소망의 장이기 때문이다. 그래서 성경은 소망으로 구원을 얻는다고도 하는 것이다.

소망은 항상 우리를 이끈다. 소망은 우리를 이 세상으로부터 분리시킨다. 동시에 소망은 우리를 하나님께 결합시킨다. 소망은 이미 구원의 시작이고 그 시작은 구원의 끝을 보장한다. 성경이 말하는 하나님의 구원은 상당 부분 아직 약속에 있다. 믿음은 그 약속을 붙잡는 것이고 소망은 약속 안에서 인내하는 것이다. "만일 우리가 보지 못하는 것을 바라면 참음으로 기다릴지니라"(롬 8:25). 우리의 장래 구원은 우리 손안에 있지 않고 하나님의 손안에 있다. 구원의 소망을 깨끗하게 하는 것은 더없이 맑은 믿음이다. 힘들고 어려워도, 늙고 병들어도 눈을 들어 하나님을 바라보는 것은 더없이 아름다운 믿음과 소망의 모습인 것이다.

몰트만은 종말론은 소망론이라 했다. 우리 개인의 종말은 적어도 자신에게는 세계의 종말과 다르지 않다. 그런데 죽음이란 끝점에 왔을 때 왜 절망하는가? 불신자가 아닌데 왜 방황하는가? 오고 있는 죽음을 왜 최고의 고통과 비참으로 경험하며 눈물을 흘리는가? 사람이기에 그럴 수도 있겠다. 그렇지만 우리는 그렇게 되지 않도록 자신을 가르쳐야 한다. 신앙은 삶에 한 부수적인 것이 아니다. 소망은 삶의 한 장식물이 아니다. 기독교 종말론이 그렇듯 우리는 예수 그리스도와 그의 미래로 가는 것이다. 우리 앞에는 곧 해체될 헌 옷 같은 우리 존재와 결정적 절망만이 보이지만, 소망은 우리에게 그리스도의 부활과 부활하신 분의 생명을 보여 준다.

믿음은 사실 소망과 결합된다. 기독교 신앙은 사실 세상에서 도피하는 것이 아니다. 소망을 빙자해 도피적 탈역사화가 아닌 생명의 미래를 찾아가는 것이다. 소망은 항상 현재 현실을 뛰어넘어 초월하는 얼개이다. 죄는 현실이고 죽음도 현실이며, 부패는 썩는 부패이다. 사람은 이 현실을 저버릴 수 없다. 고난 가운데서 십자가의 의미를 체현해야 한다. 그러면서 미래를 찾아가는 것이 소망이다. 신앙은 우리를 그리스도께 엮어 준다. 이 일에는 성령의 역사가 전제된다. 칼뱅은 성령을 우리를 그리스도께 매는 띠라고 했다. 그런데 소망은 그리스도의 포괄적인 미래로 우리를 데려다준다. 따라서 소망은 믿음의 뗄 수 없는 동반자이다. 왜냐하면, 소망이 없는 믿음은 없기 때문이다.

그렇다면 소망 없음은 믿음 없음이고, 믿음 없음은 소망 없음이 된다. 불신앙이 죄라면 소망 없음도 죄가 된다. 죄는 물론 인간이 하나님과 같이 되려는 교만과 관계있다. 그러나 또 다른 면은 소망 없는 것, 곧 절망이 죄이다. 인간이 가진 이 절망이 하나님이 선물로 주신 모든 것에 비애와 좌절을 일으킨다. 하나님은 우리의 현재의 존재만이 아니고 우리 존재의 영원한 현재이다. 소망이 우리로 하여금 영원을 발견하지 못한다면 우리만이 죽는 것이 아닌 하나님의 약속도 무위가 되는 것이다. 그러고 보면 우리는 소망으로 구원 얻는 진리를 따라 항상 눈을 위로 들어야 한다.

우리 삶에는 고난이 많다. 믿음의 현실도 그렇고, 그리스도를 믿는 우리의 전 현실도 그렇다. 고난으로 가득 차 있다. 뿐만 아니라 우리가 질 십자가도 있다. 현존하는 고난만이 아닌 계속 주어지고 생겨나는 고난의 과제들이 있다. 왜냐하면, 삶은 곧 고난이고, 그 고난은 우리에게 있어 신앙의 밭이기 때문에 그렇다. 그래도 분명한 것은 밤이 깊으면 아침이 가깝다는 것이다. "생각하건대 현재의 고난은 장차 우리에게 나타날 영광과 비교할 수 없도다"(롬 8:18). 그래서 우리는 참아야 한다. 인내는 소망의 필연이다. 바라는 소망은 기다리는 인내에서 그 열매를 맺는 것 아닐까? 소망을 버리면 발걸음이 둔탁하고 무겁게 되는 것이 죄인의 모습 아닐까?

구원은 소망 안에 있다. 영원한 하나님의 나라에 가기 위해서는 소망 안에 있는 구원을 힘써 이루어야 한다. 그것은 싸우는 것이다. "험하고 높은 이 길을 싸우며 나아갑니다. 다시금 기도하오니 내 주여, 인도하소서." 싸움은 기도이다. 기도는 잇는 것이다. 나를 하나님께로, 하나님을 내게로 잇는다. 나를 미래로 잇고, 미래는 현재로 오는 것이다. 기도는 자신을 그리스도의 이름으로 하나님께 결합시킨다. 하나님은 기도에서 우리에게 와 우리를 구원하시고 돌보신다. 싸움은 사실 머리의 문제도 된다. 우리 머리, 우리 생각이 계시로 성화되어야 생각을 바로 하고, 생각이 바를 때 승리는 담보된다. 머리에 마귀가 들어오면 미친 사람보다 못해진다. "구원의 투구와 성령의 검 곧 하나님의 말씀을 가지라"(엡 6:17). 우리는 낮에 속하였으니 정신을 차려야 한다. 그리고 "구원의 소망의 투구를 쓰자"(살전 5:8)는 하나님의 말씀을 들어야 한다.

오늘도 나는 눈을 뜨고 해를 본다. 해가 없으면 내가 어떻게 살까? 오늘도 나는 가슴을 열고 숨을 쉰다. 숨을 못 쉬면 10분인들 살겠는가? 오늘도 나는 가슴으로 사람을 찾는다. 나의 당신이 없으면 나는 무엇일까? 사람들은 더러 눈을 감는다지만 나는 눈을 뜬다. 냉철하게 보고 하나님께 감사드리고 싶다. 하나님께 감사드리며 하나님의 아들 예수 그리스도께 소망을 말해 본다. 이 소망이 사라지면 생명의 끈도 끊어지겠지.

5) 떠나가기 쉽게 살기

성경은 우리에게 마지막에 대한 말씀을 들려준다. 그중의 열 처녀 비유는 슬기를 가르쳐 준다. 그것은 한마디로 준비에 대한 지침이다. 우리가 그리스도의 신부라면 신부는 신랑을 맞을 준비에서 그 정체성을 찾는 것이다. 미련한 처녀들은 준비가 미흡했고, 슬기로운 처녀들은 등과 기름을 준비했다. 그것이 바로 신랑을 맞이하는 방법이고 신랑께 가는 방법이다. 결국 마지막에 대한 준비는 인생 전체에 대한 결론 같은 것이라 보아 틀리지 않을 것이다.

꽃은 끝이 되면 열매가 된다. 자연 그렇게 되어 좋다. 그런데 나는 끝이 와도 열매 될 준비가 빈약하다. 너무나 자주 하나님이 정하신 법칙을 버리고 자기의 어리석음이 자신을 지배하게 한다. 그래서 하나님의 나라에 반하는 존재 양식을 만든다. 스스로가 자신의 미래 지평을 묻지 못하고 죽음 후의 자신을 내다보지 못한다. 원로목사가 주의 말씀과 거기 담긴 신학과 신앙을 저버리고 하나님 앞에 묻는 것이 없으면 소망의 지평을 의심해 봐야 할 것이다. 그래서 나에게 있어 오늘이란 시간은 사실 긴박한 시간이다. 위기의 시간이다. 자신을 흔들어 깨울 때이다. 지금을 자다가 깰 때로 인식하는 사람은 은혜 안에서 마지막 자기 관리에 실패하지 않을 것이다.

  원로목사도 사람이다. 사람이 가진 것의 일부는 분명 필요하다. 그것은 하나님의 뜻이고 하나님도 거절하지 않으신다. 그런데 우리가 만일 탐심이 생겨 자신을 물신(物神) 아래 둔다면 통곡할 일이다. 무엇을 모으고 쌓는 것이 인생 석양에 있는 자에게 무엇을 의미하는가? 얻으려는 욕망을 죽이고 높은 자리를 탐하지 않으며, 철저히 교만을 척결해야 한다. 절망은 죽음에 이르는 병이다. 교만도 절망도 버리고 일용할 양식, 그 있는 것에 족한 줄 알면서 감사로 자신과 자신의 삶을, 그리고 자기 집을 채워야 한다.

  사람들은 인생을 나그네라고 표현한다. 성경에도 그런 개념이 있다. 그러나 우리는 자신을 순례자로 인식한다. 나그네나 순례자는 자신을 길에 둔다. 나그네는 떠도는 성향이 있지만 순례자는 목적지 지향적이다. 향방 없는 발걸음이 아니라 주께로 가는 것이다. 영원한 고향으로 가는 길에 우리가 있다. 우리는 목회자들이었다. 지난 시간은 하나님의 자취였다. 하나님의 말씀과 지난 시간을 돌아보며 앞으로 가는 나그네이다. 뒤를 돌아보면서 전진하고 옛 은혜를 생각하며 새 은혜에 거해야 한다. 하나님이 오라고 하실 날이 가깝기 때문에 더더욱 순례자 영성을 정비해야 한다.

순례자는 길 위에 있다. 길이 곧 삶이다. 길이 곧 삶이라면 우리는 확실히 방랑자가 아니다. 길 위에 있으면 도착한 것과 같다. 그런데 우리는 자꾸 잘못된 길로 접어든다. 날은 저물어 가는데 "내가 곧 길이요 진리요 생명이니 나로 말미암지 않고는 아버지께로 올 자가 없느니라"(요 14:6)고 말씀하신 주님의 말씀을 듣지 못한다. 우리는 지금 탕자처럼 아버지의 재산을 가졌다. 그 '있음'은 창조주의 선물이지만 우리는 주신 분이 없다는 듯이 그것으로 자신의 삶의 방식을 따라 산다. 자신의 행복을 찾아 떠난 길이지만 스스로 결코 알지 못하는 길에 선 사람과 같이 살지 않는가?

우리는 이미 지금까지 온 길에서, 많은 시행착오를 겪었다. 자신을 자신이 살아야 하는 굶주린 땅으로 만들기도 했다. 헛된 것을 보고 헛된 것을 갈망한 나머지 쉼이 없었다. 마음의 갈망은 무한하기에 유한한 것에 대한 갈망은 결국 실망일 수밖에 없다. 우리는 어떤 것으로도 만족을 누리지 못하는 이상한 피조물이 아니었던가? 길이 우리를 집으로 인도하는 것을 깨닫기보다 길을 집으로 삼으려 하지는 않았는가? 하나님께 대한 성결은 저버리고 세상 가치에 빠져 갈 길을 멈춘 순례자로 살지는 않았는가? 모든 시간에 사랑할 기회는 놓치고 사람을 미워하고 시기하고 비판하고 싸운 결과 하나님의 자녀 신분을 저버린 것은 아닌가? 묻고 또 물으면서 오늘을 걸어야 한다. 항상 새롭게 세상에서 하늘길을 걷는 자가 순례자인 것이다.

홍해를 건너도 가나안은 즉시 오지 않았다. 적들이 모조리 사라지는 것처럼 손쉬운 싸움도 없었다. 이스라엘은 여전히 광야의 외로움과 거친 삶과 많은 적과 장애물에 직면해 있었다. 우리 역시 그렇다. 선택된 종들이었지만 지금도 고난과 피곤은 연속된다. 약속된 고향을 그리워하지만 아직 우리 눈에는 보이지 않는다. 예수는 우리에 대한 하나님의 외침, 하나님이 우리에게 달려오는 은혜의 방식이지만, 우리는 여전히 홀로인 것 같다. 오늘도 내일도 하늘의 만나만 바라본다. 구름 기둥, 불 기둥을 찾는다. 길에서 길을 잊고, 길의 목적지를 상상한다. 여기가 아닌 거기를 사모하며 우리는 오늘을 살아야 한다.

아우구스티누스는 "나는 나 자신을 짓누르는 짐이다"라고 했다. 자신이란 짐이 순례길에 가장 무거운 짐이다. 우리 원로목사들의 삶을 보면 자신이 자신에 걸려 넘어지는 경우가 더러 있다. 자신이 자신의 고생이다. 하나님을 향해 가면서 곳곳에서 투덜대는 것은 오직 자신이다. 자신이 사고 치고 자신이 자신의 길을 파괴한다. 그리고 보면 자신과의 싸움은 순례자에게 있어 필수적이다. 원망하고 불평하는 자신을 은혜로 먹여야 한다. 어리석고 무능하고 무지한 자신을 하나님의 말씀으로 일깨워야 한다. 길을 가는 동안 안전한 곳은 그 어디도 없기 때문이다.

순례자는 가기 쉽게 자신을 비워야 한다. 더 좋은 집에 가면서, 더 완전한 것이 있는 데로 가면서, 웬 거지 보따리인가? 가서 필요치 않은 것을 짐으로 만드는 것은 여행자의 어리석음이다. 순례자는 행복한 순례를 위해 짐을 줄여야 한다. 우리에게는 짐이 너무 많다. 그 대부분은 하나님께, 그리고 그의 나라에는 필요치 않은 세상에서의 수집물이다. 때가 묻어 더러운 것들이고 불완전하여 쓸모없으며, 죄가 있어 추한 것들이다. 훌륭한 믿음의 선배들은 다 버렸다. 그가 세상을 떠난 후 그 자리를 보는 사람들은 거기서 순례의 진실을 보았던 것이다. 짐을 줄이는 것 자체가 순례자의 영성임이 맞다.

떠나가는 사람은 시급히 다른 사람을 살펴야 한다. 가까이서부터 멀리까지. 자신이 잘못했으면 용서를 빌고 상대가 잘못했으면 용서해야 한다. 하나님 앞에 가서 다 그의 용서를 기다려야 하는 자들로서, 성경적으로 명백한 죄인들인데, 용서하고 가는 것이 신앙 양심 아닐까? 그럴 때 가는 길이 쉽고 떠난 자리가 아름다움 아닐까? 사람과 세상을 공히 더럽히는 것은 죄이다. 그것을 그냥 두고, 혹은 가지고 가는 것은 믿음의 올바름이 못 된다. 떠난 곳에서 하나님의 은혜와 사랑이 있도록 용서하고, 용서받는 것은 우리에게 있어 순례길의 과제가 맞다고 본다.

우리가 길 위에서 거룩한 곳을 바라보고 갈 때 떠나가기 힘들게 하는 것이 또 있다. 그것은 이별과 상실이다. 지금까지 살면서 맺었던 모든 관계를 끊어야 한다. 가까이는 부부 관계로부터 부모와 자녀와 형제와 친척과 친지에 대한 관계는 더 이상 유지되지 않는다. 그 외에도 자신이 사랑했고 사랑을 받았던 모든 사람과의 관계도 끊어진다. 이 이별은 잠시의 이별이 아니다. 누구에 대해서는 영원한 이별이다. 이 이별 뒤에 순례자의 발걸음이 있다. 이 이별이 잠시 이별이 되게 함은 이별을 쉽게 함이다. 이 이별이 하나님의 나라에서 다시 만날 만남이 되도록 하고 가는 것은 하나님의 뜻이요 우리가 갖출 영성이다. 그뿐만 아니라 참으로 고통스러운 과제 하나가 상실이다. 갈 때는 사실 모두를 잃는다. 우리는 세상에 있고 육체를 가졌다. 빈 몸으로 왔지만 가지고 살았다. 그런데 우리가 세상을 떠나가는 길에서 그 모두를 두고 간다. 그냥 두고 가지만 그것은 상실의 고통이 된다. 우리가 그토록 애착했던 생명마저 상실함이 바로 죽음이다. 그래서 몸을 가진 사람은 다 죽음을 힘들어한다. 그래도 우리는 그 죽음을 거쳐야 아버지 집으로 간다. 그것이 순례자의 길이다.

아우구스티누스는 순례자들에게 일러 준다. 우리가 배워야 할 새로운 기술이 있다면 그것은 한때 우리 자랑이자 기쁨이었던 모든 것에 작별을 고하는 기술이라고 했다. 그런데 그 기술이 소망의 강도와 비례된다. 강한 소망은 강한 힘이다. 하나님과 하나님의 나라, 그리고 우리를 구원하신 구세주 예수, 그리고 이 모든 것을 도와 우리에게 은혜를 베푸시는 성령을 소망하는 마음은 세상과 세상의 것을 쉽게 비우게 되는 첩경이다. 하나님의 말씀은 이 소망을 지탱하는 확실한 하나님의 약속임이 분명하다.

원로목사인 우리에게 세상은 우리가 살아 본 유일한 곳이지만, 우리는 여기서 이방인이다. 우리의 고향, 우리의 집은 저 천국이다. 우리 본향, 우리의 영원한 집이 우리를 기다린다. 참으로 우리의 행복한 삶은 주님 안에 있다. 주님 안에 살면서 주님으로부터 오는 기쁨을 누리는 것이 우리의 행복이다. 그 쉼과 평화만 참된 것이며, 다른 것은 존재하지 않는다. 어찌하면 그곳에 바로 찾아들까? 늘 기도해야 한다. 소망이 기도를 진실하게 만들어 줄 것이다. "소망이 우리를 부끄럽게 하지 아니함은 우리에게 주신 성령으로 말미암아 하나님의 사랑이 우리 마음에 부은 바 됨이니 우리가 아직 연약할 때에 기약대로 그리스도께서 경건하지 않은 자를 위하여 죽으셨도다"(롬 5:5-6).

끝맺는 말

사람은 자신에게 찾아오는 노화를 막을 길 없다. 잘 관리할 수는 있어도 노화를 피하는 길은 없다. 사람은 앞으로만 간다. 그렇다 해서 인생의 노화는 곧 인생의 슬픔과 비극인 것은 아니다. 그것은 존재의 아름다운 조화요 주님께 감사할 일이다. 노인으로서의 원로목사는 그 자신이 세상의 한 부분이요 세상에 대한 하나님의 표현이다. 그 무게는 영광의 표현이다. 그러나 강조점은 자신에게 있는 것이 아니다. 하나님의 무게를 담아낼 때 원로목사는 그 존재감을 드러낼 수 있다는 것이다.

따라서 원로목사는 겸손해야 한다. 정말 겸손의 덕목을 강화해야 한다. 자신을 줄이고 지워 가야 하며, 받기보다 베푸는 삶을 예수께 다시 배워야 한다. 결정적으로 예수를 닮아 가는 것을 자신의 마지막 과제로 알아, 거기에 남은 힘을 쏟아부어야 한다. 자신의 후임을 존중하고, 자신보다 교회를 생각해야 한다. 후임보다 자신이 먼저인 것은 무질서를 초래하고, 교회보다 자신이 먼저라면 자신의 지난 사역을 저버리는 것이다. 원로목사에게 있어 보다 중요한 것은 자신의 신앙이다. 성경을 근본으로 삼아 환경에 영향을 덜 받으며, 자신이 선포하고 가르쳤던 사실을 외면하지 말아야 한다. 교회법에 따라 시무는 은퇴했으나 목사는 여전히 목사이다. 원로목사 역시 믿음으로 구원받는 사실을 명심하고, 행위와 삶으로 그것을 표현하며, 오늘이 마지막인 것처럼 매일 믿음으로 살아야 한다.

우리에게 있어서 예배는 지난 과제가 아니라 그 신학과 실천에 있어 항상 현재의 과제이다. 이제는 진실로 주님 앞에 엎드려야 한다. 주님과 만나고 주님께 눈을 맞추며 주님의 영광을 섬기는 이 깊은 진실에 있어 부실이 있어서는 안 된다. 이를 위해 항상 우리는 정결을 기억하자. 신체적 건강과 영적 육적 정결에 힘써 예배자의 영광을 어지럽히지 않는 지혜를 갖자. 세상에서 눈을 감는 순간까지 정결을 중시하여 깨끗함과 성결에서 품위를 지켜 가야 원로다움이 아닐까 생각한다.

인간은 관계적 존재이다. 그러나 관계에 항상 서툴거나 그릇됨이 우리 인간성의 결함이다. 그것은 죄가 주는 재앙 같은 것이다. 하나님과의 관계, 사람과의 관계는 사람이 하나님의 뜻을 따라 영원으로 가는 얼개이다. 이 관계에 있어서 거리 조정과 거리 이어 가기는 관계의 신비요 묘미 같은 것이다. 상당한 열정과 절제가 동시에 요구되는 덕목이다. 원로목사가 관계에 실패하는 것을 우리는 자주 본다. 애석하게 바라본다. 관계의 핵심은 사랑이다. 성경은 관계의 책이다. 성경의 핵심에는 사랑의 강이 흐른다. 사랑은 성경의 중심이며 하나님과 이어 주고 사람과 이어 주는 하나님의 도구이다. 잘못된 사랑은 곧 죄다. 그러나 올바른 사랑은 그 가치가 하늘을 채운다. 십계명도 쉐마도 그리스도와 그리스도의 교훈도 바로 이 사랑에서 집약되고, 그리하여 우리에게 다가온다.

우리는 교회라는 터전에서 거의 일생을 수고했다. 그것이 사실이라면 은퇴라 해서 교회로부터의 졸업은 아니다. 하나님은 그 누구도 어머니와 같은 교회로부터, 교회란 진리의 학교로부터 일생 졸업하는 것을 허락지 않았다. 교회는 공동체요 이 공동체는 신비가 담긴 하나님의 공동체이다. 그래서 성경은 교회를 그리스도의 몸이라고 했다. 그리스도의 몸은 어느 정도 그리스도 자신이다. 우리는 교회를 떠나 그리스도를 찾는 방황을 그쳐야 한다. 여기 이 땅에서 우리가 아직 육체의 제약성 안에 있는 동안은 성육신하신 그리스도의 몸인 교회에서 그리스도를 만나고 배우고 사랑하고 섬기는 일을 게을리해서는 안 된다.

노인으로서의 원로목사는 자주 그 정신이 회색으로 가득 찰 수 있다. 그것은 하나님을 믿고 성경을 가진 자로서의 그릇된 자기 부정이다. 하나님은 우리의 긍정이요 우리의 아멘이다. 우리는 하나님의 자녀이다. 그래서 하나님의 아들인 그리스도 안에서 모든 것이 yes이고 모든 것이 긍정임을 고백해야 한다. 그것이 하나님의 아들 됨을 훼손하는 마귀로부터 자아를 지킴이다. 우리가 죄인임은 사실이나, 죄인만은 아니다. 우리 홀로는 스스로 긍정할 수 없는 죄인이나 그리스도 안에서는 무한 긍정이 된다. 그래서 노년에 항상 웃을 수 있는, 그래서 하나님과 다른 사람의 기쁨과 위로가 되는 공동체 안에서의 꽃 같은 사람이 되는 은혜를 누림이 어떨까? 다 살았다 하나 다 산 것이 아니다. 하루를 더 살아도 살 이유가 있어 우리는 지금 여기 있는 것이다. 여기 있는 날들에는 하나님의 꽃이면 어떨까?

사람은 그가 누구이든 자연인으로서는 소망이 없다. 오직 절망이요 오직 죽음이다. 그것이 인간의 마지막 말이 된다. 그러나 그리스도 안에서는 다르다. 왜? 그리스도가 우리의 소망이기 때문이다. 우리는 그를 기다린다. 그것이 우리의 믿음이다. 성경은 그리스도 안에서 우리에게 무한 소망을 준다. 그리스도는 우리의 영원한 소망이다. 그 안에서 우리는 새사람이 되고, 그 안에서 우리는 '하나님의 어전' 의식을 갖고 산다. 우리는 바로 이 소망으로 구원을 얻고, 그 소망은 신앙과 다르지 않다. 바로 이 소망의 길을 따라 우리는 저 높은 곳으로 간다. 하나님의 나라는 하나님이 계신 곳이고, 그리스도가 이 땅에 가지고 오셨으며, 그 나라는 그리스도의 선포와 가르침 가운데 있다. 우리는 바로 그 나라에 들어갈 그 나라의 사람들이다. 그 나라는 우리 아버지의 나라이고 아버지의 집이며, 우리는 오직 집에 가는 길에 있다. 그것도 이제는 석양을 맞고 있다. 그렇다면 우리는 떠나가기 쉽게 정리하고 비움에 있어 미련이 없어야 한다. 멀어져 가는 세상을 아쉬워하지 말고 다가오는 하나님의 나라를 기쁨으로 마음에 채우자. 세상에서는 비록 가진 것이 없어도, 자유롭게 하나님만 믿는 믿음으로 공중 나는 새들과 들에 핀 꽃들처럼 사는 하나님의 꽃이 되면 어떨까?

그리스도인의 자리는 교회이다. 공동체는 우리가 심긴 하나님의 밭이다. 거기서 우리는 사람들이 혐오하는 존재가 되어서는 안 된다. 꽃이 되어야 한다. 꽃은 아름답다. 꽃은 향기롭다. 처음에는 없었으나 때가 되어 피어난 것이다. 그러나 꽃은 영원하지는 않다. 꽃은 반드시 떨어지고 없어진다. 원로목사는 꽃 같아도 이제 곧 없어질 단계에 있다. 그것을 기뻐해야 한다. 그것이 바로 자연의 이치이다. 사실 사람은 만물보다 부패했다. 그러나 사람 중에 아름다운 사람은 꽃에 비할 바가 못 된다. 그러면 아름다운 사람은 누구인가? 그리스도의 사람이다. 마음에 주님을 모신 사람이다. 은퇴하신 분들이나 원로목사는 평생을 주님을 모시고 살았다. 당연히 꽃 같고, 꽃보다 귀하다. 그러나 세상에는 그렇지 못한 현실도 분명 있다. 바로 이 슬픈 현실, 여기가 우리가 있는 삶의 자리이다. 교회에서 꽃 같은 원로목사가 되면 '우리 교회는 원로목사가 있어서 좋다'는 말도 있을 것이다.

나는 몇 년 전 한 신학대학교 교수가 은퇴하는 은퇴식에서 권면의 순서를 맡은 적이 있다. 지금까지 가르쳤으니 그것을 실천할 때라는 주제넘은 권면을 했다. 이제 그것이 내게 왔다. 지금까지 가르치고 설교했던 것을 실천해 나가는 것은 나의 즐거운 과제이다. 이것이 내가 가질 신학이고 나의 신앙이다. 나는 그렇게 살고 싶다. 그것이 내가 말하는 원로목사의 길이다. 그렇게 가면서 남는 향취는 꽃의 향기보다 진할 것이다. 꽃이어도 질 날이 가깝기에 마지막 향기를 거룩하게 하고 싶다. 그렇게 힘 빼고 있으면 바람이 데려가리. 해와 달이 그리고 계절이 나를 하나님의 나라로 데려가리. 나는 그것을 믿는다.

우리는 순례자이다. 집으로 간다. 아무리 아니라 해도 매일 힘겹고 짐은 무겁다. 매 주일을 지키면서 하늘의 안식을 내다본다. 그리고 그 안식을 만든 분을 바라본다. 그것은 우리의 영혼만이 아닌 몸까지 영원히 안식할 것을 예표한다. 나는 이 글을 마치면서 아우구스티누스의 『하나님의 도성』에 나오는 마지막 말을 인용하고 싶다. "그때 우리는 쉬면서 보고, 보면서 사랑하고, 사랑하면서 찬양하리라. 끝없는 끝에 있을 일을 보라. 끝없는 나라에 도달하는 것 이외에 무엇이 우리의 끝이며 목표인가?"

SOLI DEO GLORIA

꽃 같은 원로목사

초판 발행일 2023년 6월 19일

지은이 김영동
펴낸이 임만호
펴낸곳 크리스챤서적
등 록 제16-2770호(2002. 7. 23)
주 소 서울 강남구 선릉로112길 36(삼성동) 창조빌딩 3F(우 : 06097)
전 화 02) 544-3468~9
F A X 02) 511-3920
E-mail holybooks@naver.com

ISBN 978-89-478-0385-4 03230
정 가 13,000원

※ 잘못된 책은 바꾸어 드립니다.